1868

Das Buch

Viele Merkel-Beobachter tun so, als hätte die Kanzlerin der Welt die Augen verhext. Sie sei ein Rätsel, sie sei unlesbar, man wisse nichts über sie – so ein hartnäckiges Klischee.

Wirklich? Torsten Körner beweist das Gegenteil und lädt uns ein, Merkel-Neuland zu betreten. Sein Buch zeigt, wer die mächtigste Frau der Welt war, wenn sie nicht mächtig war. Denn den Menschen Angela Merkel entdeckt man nicht hinter all den bekannten Bildern, sondern zwischen ihnen, an ihren Rändern und in ihren Schatten. Dass die Kanzlerin Wladimir Putin und Barack Obama traf, wissen wir, aber was geschah, als sie Campino oder Hape Kerkeling begegnete? Warum kamen ihr einst als Umweltministerin die Tränen? Warum gab sie ihr erstes Westgeld für einen Döner aus? Wann fluchte sie derb und deutlich? Und wie ging es zu, als die Klimakanzlerin auf Greta Thunberg traf? Mit den Antworten auf diese Fragen und auf noch viel mehr ist ein brillant geschriebenes Erinnerungsbuch mit spannenden Einblicken in Angela Merkels Persönlichkeit entstanden.

Der Autor

Torsten Körner ist Schriftsteller, Dokumentarfilmer, Journalist und Fernsehkritiker. Er schrieb die hochgelobten SPIEGEL-Bestseller-Biografien über Heinz Rühmann, Franz Beckenbauer und Götz George und war Juror des Grimme- und des Deutschen Fernsehpreises. Zuletzt war er auch als Regisseur von Dokumentarfilmen tätig, u. a. »Angela Merkel – Die Unerwartete«, »Drei Tage im September« (nominiert für den Deutschen Fernsehpreis 2018) und »Schwarze Adler« (Deutscher Fernsehpreis Beste Doku 2021). 2020 erschien bei Kiepenheuer & Witsch sein von der Kritik gefeiertes Buch »In der Männer-Republik. Wie Frauen die Politik eroberten«, der nicht minder gelobte Dokumentarfilm zum Thema (»Die Unbeugsamen«) kam 2021 in die Kinos.

Torsten Körner

Die Kanzlerin am Dönerstand

Miniaturen aus dem Leben von Angela Merkel

Kiepenheuer
& Witsch

... ist die, nach der man sich die Erde aus den Kleidern schüttelt und wieder aufsteht, ist die, nach der man sein ganzes Leben noch vor sich hat, nach der man sich ausschüttet vor Lachen, weil alle so doofe Gesichter gemacht haben.

Sie muss zehn oder elf Jahre alt gewesen sein. Familie Kasner hatte auf dem Waldhof in Templin einen Garten, einen eingezäunten Garten. Innerhalb des Gartens gab es eine Sandkiste, was insofern komisch wirkte, weil der ganze Waldhof ein Abenteuerspielplatz war, eine Buddel- und Wühlgrube, ein Reich aus Erde, Wiese, Bäumen, Büschen und landwirtschaftlichen Gebäuden aller Art. In dieser Umgebung war der Sandkasten ein geradezu vornehmer Statthalter städtischer Spielplätze. Auch war sein Sand feinkörniger als die sonst vorherrschende uckermärkische Scholle. In diesem Sandkasten spielten einige der Waldhof-Kinder bisweilen Beerdigung. Die Kinder des Diakons, die Kinder des Verwaltungsleiters, die Geschwister Kasner, die Kinder des Leiters der Werkstätten, vielleicht fünfzehn Kinder, Mädchen und Jungen gemischt. Jeder und jede wurde nach seiner und ihrer Fasson eingebuddelt und feierlich beerdigt.

Die meisten stammten aus religiösen und kirchlich geprägten Elternhäusern, weshalb sie mit den kirchlichen Ritualen des Abschiednehmens vertraut waren. So wurden die Beerdigungen im Sandkasten individuell angepasst. Man sprach ein paar Trauerworte, man bat den lieben Gott um Beistand für den Verstorbenen und erinnerte seine vorzüglichsten Tugenden. Jeder bekam eine Grabbeigabe, jeder suchte sich etwas Reiseproviant aus. Angela Merkel, so erinnert es eine ihrer Totengräberinnen, wünschte sich einen Bund Petersilie, der der soeben Dahingegangenen zwischen die Lippen gesteckt wurde. Da lag sie, stumm und mit angehaltenem Atem, fühlte den Sand auf ihrer Brust ... Da spielte sie das erste Mal völlige Reglosigkeit – so lange, bis das Gelächter der anderen sie ins Leben zurückrief.

Spring

Das Mädchen steht mit mageren Beinen auf dem Sprungturm. Sie ist nur zögernd nach oben geklettert. Sie hat jeder Stufe misstraut, sie hat mit den Füßen tastend Materialkunde betrieben und dabei das Kinn fest an die Brust gezogen. Nun steht sie dort oben, die Lippen blau und die anderen warten. »Spring, Angela, spring!« Die, die partout nicht springen wollten, sind gar nicht erst hochgestiegen; die, die Angst bekamen, sind wieder heruntergeklettert – und alle anderen sind längst gesprungen, mit lautem Gejohle oder still mit angelegten Armen, manche mit Kopfsprung, grade wie ein Speer. Nur sie steht noch dort oben, schon eine Dreiviertelstunde, und versucht, das Für und Wider abzuwägen. Der Sportlehrer sieht auf die Uhr. Die Stunde ist gleich um. Springt sie jetzt? Die Schüler verlassen das Becken, kaum jemand achtet noch auf sie. Dann lässt sie das Geländer los, geht vorwärts: Springt sie oder stürzt sie? Sie hat sich überwunden, das zählt. Das Wasser nimmt kaum Notiz von ihr, als sie – ohne großes Aufsehen zu erregen – eintaucht. Das kribbelt so schön an den Sohlen und stolz ist sie auch.

Notwehr

Sie lässt sich schubsen, nein, sie schubst nicht zurück. Sie steht oft am Rand. Sie steckt ein, sie steckt zurück. Wenn die anderen drängeln, wartet sie, selbst auf die Gefahr hin, zu kurz zu kommen. Wenn sie jemand schlägt, läuft sie weg. Die Eltern sehen das mit Sorge, vor allem ihre Mutter ermutigt die Tochter, sich zur Wehr zu setzen. Wenn dich einer haut, hau zurück! Lass dir nichts gefallen! Sie muss wohl dreizehn gewesen sein, als sie aus ihrer Rolle der Dulderin heraustritt, sie fährt ganz plötzlich aus ihrer allzu geduldigen Haut.

In der Goethe-Schule schreiben sie eine Mathearbeit. Angela konzentriert sich, aber der Junge neben ihr macht Faxen, wippelt mit dem Stuhl, stört. Die Zahlen auf dem Papier tanzen wild durcheinander, sie kann die Aufgabe nicht lösen, obwohl sie den Weg zur Lösung kennt. Unvermittelt wendet sie sich ihm zu, mit heißem Zorn, und gibt dem Störenfried eine saftige Ohrfeige. Der Lehrer, der die sich anbahnende Szene bereits kommen sah, applaudiert spontan: Bravo, Angela!

Die Geschichte erreicht die Eltern auf verschiedenen Wegen. Da wussten wir, seufzt die Mutter noch viele Jahre später erleichtert auf, jetzt schafft sie es. Die Geschichte aber hat ein Nachspiel. Der Geohrfeigte rächt sich. Über Wochen verfolgt er Angela, demoliert ihr Rad, lässt ihr die Luft aus den Reifen, hänselt sie. Aber schließlich wird sie dann doch wieder zum Geburtstag des Quälgeistes eingeladen und die Affäre ist ausgestanden.

First Daughter

Wenn Ivanka die Augen schloss, um die Kanzlerin zu herzen, sah es aus, als fiele Puderzucker aus den Wimpern, so süß, so weihnachtlich nahm sich die First Daughter aus. Die Bundeskanzlerin hatte Ivanka Trump zum Women20-Summit 2017 nach Berlin eingeladen. Sie versprach sich davon, einerseits einen Kontakt zum irrlichternden Präsidenten Donald Trump aufzubauen und andererseits das Frauenthema auf die globale Agenda zu setzen. Mehr Frauen in Führungspositionen in Wirtschaft und Politik. Ivanka als Verbündete also. Auf dem Podium saßen neben der Tochter des Präsidenten auch Christine Lagarde, Direktorin des IWF, und Königin Máxima der Niederlande. Am Abend gab es im Hotel InterContinental ein festliches Diner. Die Kanzlerin saß neben der Tochter aus Gold und Seide. Diese wandte sich an Angela Merkel und fragte mit honigfarbener Stimme – die bisweilen irritierend der des Vaters gleicht –, wie sie denn ihre Wochenenden verbringe, wie sie ausruhe, sich ablenke und entspanne. Die Kanzlerin drehte sich Ivanka zu und antwortete, sie sitze in ihrem kleinen Garten oder höre zusammen mit ihrem Mann Musik. Ivanka schloss die Augen. Der Puderzucker war gefroren. Als sie die Augen wieder öffnete, zeichnete sich tiefe Ratlosigkeit in ihr Gesicht. Was um alles in der Welt hat die Kanzlerin gemeint? War das ein Code? Eine verschlüsselte Botschaft an meinen Vater?

Als sich die Frauen zwei Jahre später in München treffen, twittert Ivanka begeistert: »Ich habe in unseren Gesprächen so viel von ihr gelernt und freue mich schon auf die Fortsetzung unserer Zusammenarbeit in Zukunft. Danke!«

Fahrkarten bitte

Die Kanzlerin ist auch nur ein Mensch. Gelegentlich muss man daran erinnern, wenn man liest und sieht, welche Macht ihr zugeschrieben wird, wessen Tochter sie angeblich sein soll (Hitler, Honecker, Aliens) und welche Pläne sie hegt, dieses Land und dann gleich die ganze Welt ihren monströsen Plänen zu unterwerfen. Als sich im Herbst 2020 die zweite Corona-Welle aufbaut, sucht die Kanzlerin Rat. Sie findet ihn bei Virologinnen, Epidemiologen und Expertinnen, die den zukünftigen Verlauf der Pandemie vorausberechnen.

Die bekannte Virologin – auch sie gehört zum Beraterkreis um Merkel – steht am Hauptbahnhof in Hannover, als ihr Handy klingelt. Der Zug fährt ein, ein infernalisches Gewimmel von Durchsagen ertönt. Die Virologin nimmt das Gespräch dennoch an, als sie sieht, wer da anruft. »Frau Professor, ich muss von Ihnen wissen, ist es fünf vor zwölf oder zwölf?« – »Frau Merkel, es ist zwölf, es wäre jetzt Zeit zu handeln.« Die Virologin ist kaum eingestiegen und hat sich einen ruhigen Winkel zum Telefonieren gesucht, als sich plötzlich der Schaffner nähert. »Die Fahrscheine bitte!« Die Virologin hat die Kanzlerin am Ohr, zwei Taschen über der Schulter, die Fallzahlen steigen, die zweite Welle rollt, der Zug auch. »Die Fahrkarten bitte!« Der Schaffner steht wie ein Ausrufezeichen. Die Virologin versucht ihm zu signalisieren, dass sie in fünf Minuten so weit sei. »Es ist dringend!«, flüstert sie dem Mann zu. Der Mann steht unbeirrbar wie eine Eins. Die Kanzlerin wartet auf Rat. Die Virologin gerät in Wallung. Sie hält dem Schaffner das Handy hin, wo man auf dem Display erkennt, wer da gerade anruft. »Die Kanzlerin, es ist dringend!«, flüstert die Virologin noch einmal und bittet den Schaffner mit allen ihr möglichen Gesichtsausdrücken um Verständnis und Geduld. Aber der Schaffner ist auch nur ein Mensch oder ein Schaffner und bleibt stehen, jetzt wie eine deutsche Eiche. Die Virologin bittet die Kanzlerin um Verständnis, sie müsse jetzt erst mal ihre Fahrkarte vorzeigen, die überdies noch auf dem Handy gespeichert ist. »Na, wir waren ja auch so gut wie fertig, Frau Professor!«, zeigt sich die Kanzlerin entspannt. So wurde verhindert, dass die Kanzlerin endgültig die Macht in Deutschland übernahm, danke, Deutsche Bahn!

Drahtesel

Solange sie noch unsicher war, wo rechts und links ist, durfte Angela nicht mit dem Rad zur Schule fahren. Auch das Aufsteigen wollte beherrscht werden und noch herausfordernder war das Absteigen. Lange Zeit tat sie sich schwer damit, blickte sehnsüchtig den anderen Kindern nach, die – selbst wenn sie jünger waren – den Balanceakt instinktiv besser beherrschten und wie von Zauberhand fuhren. Sie hingegen übte, übte, übte, bis ihre Mutter sie ziehen ließ. Dann jedoch fuhr sie morgens und mittags vom Waldhof zur Goethe-Schule und zurück, gute drei Kilometer, bisweilen blitzschnell, bisweilen bummelnd, fast immer in Gesellschaft.

Die schönste und sicherste Strecke führte durch den Templiner Bürgergarten, ein randständiges Stadtwäldchen, das nicht genau wusste, ob es nun Park, Grüngürtel oder Wald sein sollte und mal mehr oder weniger vernachlässigt aussah. Die Behörden zerbrachen sich alle Jahre wieder den Kopf darüber, wie man denn nun mit dem Bürgergarten verfahren sollte und wie man ihn schützen könnte, vor Kindern und Jugendlichen, die die Wege bisweilen zu Rennstrecken umfunktionierten und mit ihren Rädern sehr unsozialistischen Staub aufwirbelten. So wurde eines Tages verfügt, dass das wilde Fahrradfahren im Bürgergarten nicht mehr gestattet sei, und die neue Ordnung sollte durch die Präsenz von Volkspolizei durchgesetzt werden.

Zu den Kindern des Waldhofs hatte sich das entweder nicht herumgesprochen oder sie ignorierten die neuen Regeln geflissentlich, denn die angebotenen Ausweichrouten waren länger und verkehrsreicher. So kam es, dass Angela auf dem Weg von der Schule nach Hause direkt dem Staat in die Arme fuhr und es nicht mehr schaffte, ihm auszuweichen. Das Mädchen, das vor ihr gefahren war, hatte die uniformierten Parkwächter bereits von Weitem gesehen, war blitzschnell abgebogen und hinter ein paar Bäumen verschwunden. Angela jedoch, entweder unaufmerksam oder zu schwungvoll, um noch rechtzeitig bremsen und umsteuern zu können, geriet schnurstracks in die Polizeikontrolle. Die Staatsmacht, die sich durch mehrere Volkspolizisten repräsentieren ließ, setzte die Schülerin erst einmal fest und unterzog sie einem Vor-Ort-und-Stelle-Verhör, während die entkommene Begleiterin die Szene aus ihrem Versteck beobachtete. Die Zeit schien sich endlos zu dehnen. Mit wem bist du denn da grad gefahren? Wer war die andere an deiner Seite? Mädchen, wir haben sie doch gesehen! Willst du uns nicht helfen? *Wir* können hier lange stehen, wenn du nichts sagen möchtest! Aber das Mädchen hält dicht, druckst herum, nennt aber keinen Namen. Endlich lassen die Polizisten sie gehen. Jetzt wird aber geschoben, Fräulein! Das Mädchen hat eine Prüfung bestanden. Sie, heißt es nun, ist keine Petze.

In Deutschland fahren nur Kandidaten Fahrrad, Kanzler nehmen in gepanzerten Limousinen Platz. In der politischen Bildergalerie der Bundesrepublik wird man kaum einen Kanzler auf einem Drahtesel finden, zu viel Draht und zu viel Esel. Das Fahrrad taugt nicht als Machtsymbol, es verkörpert Alltag, aber nicht den Ausnahmehelden, es birgt zu viele Gefahren (die Unsportlichkeit des Kanzlers wird offenbar, er wirkt alltäglich, die Aura der Macht zerbröselt). Matthias Brandt hat einmal erzählt, wie sein Vater, damals amtierender Bundeskanzler, mit Herbert Wehner zu einer Fahrradtour aufbrechen wollte, um eine versöhnliche Gesprächsatmosphäre anzubahnen, doch die Pedalen-Diplomatie endete, ehe sie begonnen hatte. Der radentwöhnte, eingerostete Brandt fiel vom Rad und zog laut fluchend zu Fuß davon. Kanzler fahren nicht mehr Rad, sie erinnern sich nur noch daran, etwa, wenn sie Reden auf das Fahrrad halten müssen, und auch das kommt im Autoland Deutschland sehr selten vor. Doch dem Siegeszug des E-Bikes konnte sich auch die Bundeskanzlerin nicht mehr entziehen und so eröffnete sie 2013 die Fahrradmesse Eurobike 2013 in Friedrichshafen: »Ich gebe zu, dass die Zeit als Bundeskanzlerin meinen Enthusiasmus für das praktische Ausüben des Fahrradfahrens etwas gesenkt hat. Ich glaube aber nicht, dass das dauerhaft ist, wenngleich ich mich mit den immer wieder neuen technischen Entwicklungen gar nicht so leichttue. Die vielen Gangschaltungen und jetzt auch noch das E-Bike – das müsste ich dann einmal in Ruhe ausprobieren.«

Als junge Frau las Angela Merkel den 1976 in der DDR erschienenen Roman »Kindheitsmuster« von Christa Wolf. Das Buch habe sie sehr beschäftigt, sagte sie einmal. In dem Buch heißt es: »Das Vergangene ist nicht tot; es ist nicht einmal vergangen. Wir trennen es von uns ab und stellen uns fremd.« Als die Mauer fiel, war Angela Merkel fünfunddreißig Jahre alt. 2021 feierte sie ihren 67. Geburtstag. Sie hat also immer noch mehr als die Hälfte ihres Lebens in der DDR verbracht. In »Kindheitsmuster« sucht die Erzählerin nach ihren Vergangenheiten, nach den Mustern, die sie prägten, und nach den Zäsuren, die tief in ihre Biografie einschnitten.

Angela Merkel wurde 1954 in Hamburg geboren, blieb aber nur wenige Wochen dort. Dann zog die Familie zunächst ins brandenburgische Quitzow, drei Jahre später nach Templin in die Uckermark. Der Theologe Horst Kasner folgte dem Ruf seiner Kirche, die Lehrerin Herlind Kasner folgte ihrem Mann. Die Familie Kasner schwimmt also gegen den Strom. Millionen von Menschen fliehen vor dem Mauerbau 1961 vom Osten nach Westen, die Kasners jedoch ziehen vom Westen in den Osten. Zwar wächst Angela in der DDR auf, aber der Staat ist nur ein Gehäuse, eine Mentalitätsprägestätte neben anderen, er ist nur ein Land neben anderen. Diese anderen Länder und Orte, durch die Angela Merkel geprägt wird, heißen Uckermark, Templin, das Pfarrhaus, die Geburtsstadt Hamburg, die eine Großmutter dort, die andere in Ostberlin. Die Grenze, die Teilung geht durch die Familie. Ein Land kann man teilen, die Familie trennen, aber Gefühle und Gedanken gehen hin und her. Es bleibt ein wandernder Riss im Bewusstsein. Die seltenen Besuche der Verwandten in Templin, die Pakete aus dem Westen, nur zu besonderen Anlässen dürfen Herlind oder Horst Kasner in den Westen reisen. Nie als Familie, sie könnten ja fliehen, Menschen als Unterpfand.

Bin ich so glücklich wie meine Cousinen in Hamburg? Angela bejaht das für sich. Das Kind vermisst noch nichts. Seine Kinderwelt ist groß und abenteuerlich. Der Waldhof ist ein Kosmos für sich, er ist kirchliche Fort- und Weiterbildungsstätte und zugleich Heimstätte für mehrfach geistig und körperlich behinderte Jugendliche und Erwachsene. Es gibt Holz- und Tischlerwerkstätten, eine Gärtnerei, Stallungen, eine Wäscherei, es gibt Schlafsäle, eine Aula, verschiedene Wohnhäuser und Landwirtschaft. Kartoffel- und Erdbeerfelder, Spargel wird angebaut, Möhren, Erbsen, Bohnen, Kräuter. Tiere werden geschlachtet, Tiere werden geboren, Katzen streunen umher, Hunde halten Wacht. Angela sitzt auf einem großen Kessel, dem Kartoffeldämpfer, und beobachtet, wie Tierfutter hergestellt wird. Sie darf Gemüse putzen, Erdbeeren pflücken, sie schaut dem Gärtner über die Schulter, sie stromert beim Schmied vorbei und der Tischler baut manchmal Stelzen für die Kinder. Der Tag hat eine klare Ordnung, morgens, mittags und abends werden die Glocken geläutet. Um 18 Uhr ruft die Glocke zum Abendbrot, jetzt heißt es, sich zu beeilen. Als sie ihr Studium in Leipzig beginnt, wird sie noch monatelang das abendliche Läuten vermissen.

Im Pfarrhaus teilt der Pastor die großen Worte aus, seine Frau spricht die entscheidenden, die kleinen, die alltäglichen, die Worte, die einen tragen, geleiten, behüten und strafen. Horst Kasner ist für die pastoralen Lebensweisheiten zuständig und für die schneidende Strenge, Herlind Kasners Strenge ist milder, sie ist zudem die Zuversichtspolitikerin im Alltag. Sie ist das Ohr für die Tochter, deren Sorgen und Sehnsüchte sie kennt. Jeden Tag kann sich das Kind alles von der Seele sprechen, sich freisprechen mit und bei der Mutter. Der Vater ist oft fort, oft länger fort als versprochen, die Tochter steht dann am Tor mit lauter ungesagten Worten und wartet vergeblich. Zeit für alle Welt ist beim Vater reichlich vorhanden, gegenüber der Tochter ist er jedoch zeitknausrig. Sie empfindet das als Ungerechtigkeit, ebenso sein scheinbar grenzenloses Verständnis für Rat- und Hilfesuchende, für Gäste aller Art, aber für sie selbst bleiben nur kümmerliche Krümel an Aufmerksamkeit und Verständnis.

Aber so wie der Vater vor allem anwesend ist als Abwesender, ist die Mutter abwesend als Anwesende.

Sie ist Lehrerin für Latein und Englisch und darf als Frau eines Pfarrers nicht in der DDR unterrichten. Sie ist also eine Lehrerin, die nicht lehren darf, und eine Hamburgerin ohne Hamburg. Sie ist ihrem Mann in die Fremde gefolgt, wo er eine Aufgabe findet und eine Überzeugung lebt, währenddessen sie vieles aufgeben muss. Umso mehr nimmt sie sich der Kinder an. Da ist Marcus, der Zweitgeborene, und Irene, das Nesthäkchen, zehn Jahre nach der älteren Schwester geboren. Angela ist die Vermittlerin zwischen den Kindern, vielleicht auch zwischen den Erwachsenen, sie gilt als harmoniebedürftig. Viel später, als Erwachsene, als Politikerin, wenn alle Welt ihren Namen ausdeuten will, korrigiert sie diejenigen, die Angela mit »Engel« übersetzen, sie bevorzugt die andere Bedeutung, sie ist die »Botin«.

Die Lehrerin, die nicht lehren darf, unterrichtet ihre Kinder. Jeden Morgen gibt sie die Parole aus, ihr müsst besser sein als die anderen, als Kinder eines Pfarrers müsst ihr besser sein, sonst dürft ihr nicht studieren. Herlind Kasner bringt Angela Englisch bei, fragt sie Vokabeln ab, vermittelt Wissen jeder Art. Ob Geschichte oder Geografie, die Mutter packt der Tochter manchen Sinn- oder Merkspruch in den Gedächtnisranzen. *Isar, Iller, Lech und Inn fließen rechts zur Donau hin; Altmühl, Naab und Regen fließen links entgegen.*

Ab und an gibt es eine Ohrfeige für das Kind, jedoch selten, eher schon mal eine Kürzung des Taschengelds, wenn die Tochter wütend wird und sich weigert, Aufträge auszuführen. Warum muss ich jetzt wieder die Petersilie aus dem Garten holen? Ärger handelt sie sich ein, als sie mit vierzehn das erste Mal gegen den Willen ihrer Eltern ins Kino geht, »Heißer Sommer« mit Chris Doerk und Frank Schöbel, das Traumpaar aller DDR-Teenager. Die Eltern haben nichts übrig für diese DEFA-Klamotte, einen, wie sie wohl finden, albernen Schlagerfilm, dessen Handlung aus Sommer, Sonne, Strand und Küsschen hier und da besteht.

Wolkenloser Himmel und der Wind der schweigt
Kaum zu glauben wie das Barometer steigt
Heißer Sommer in diesem Jahr
Ist ein heißer Sommer wie wunderbar

Der Film ist eine Ferienfantasie. Befreit von Regeln und Alltagsdrill toben sich Oberschüler ohne Eltern an der Ostsee aus. Ohne Eltern genießt auch Angela größere Freiheiten: »In den Ferien bin ich oft zu meiner Großmutter nach Berlin gefahren. Das waren die tollsten Zeiten, das vollkommene Kinderglück. Abends durfte ich bis zehn Uhr fernsehen, was meine Eltern nie erlaubt haben. Und morgens um neun bin ich aus dem Haus gerannt und habe systematisch alle Museen abgegrast. Dort habe ich viele internationale Bekanntschaften geschlossen. Ich habe Bulgaren, Amerikaner und Engländer kennengelernt, bin im Alter von fünfzehn mit Amerikanern essen gegangen und habe denen alles über die DDR erzählt.«

Die Schülerin ist kontaktfreudig, auch in der Schule ist sie beliebt. Sie ist Klassenbeste, aber nicht als Streberin verschrien, sie ist mittendrin, lässt abschreiben, motiviert andere zum Lernen und greift auch zu ungewöhnlichen Motivationstricks. Als eine Schulfreundin Bammel vor einer Klausur hat, verspricht sie ihr, ausnahmsweise mal mit ihr eine Zigarette zu rauchen, wenn sie sich richtig reinhängt und besteht. Für die gleiche Freundin klaut sie einen Strauß Blumen, als diese sich sehr jung verlobt. Angela ist ein guter Kumpel. Keine Königin auf der Tanzfläche, sondern eher eine Beobachterin am Rand, die darauf wartet, dass sie jemand anspricht. Zu Hause pflegt sie eine Kunstpostkartensammlung, interessiert sich vor allem für expressionistische Maler und am Sonntag geht sie in die Maria-Magdalenen-Kirche, wo sie am 3. Mai 1970 konfirmiert wird. Das Leben ist sicher kein Poesiealbum, aber mancher Spruch, mancher Vers, manches Zitat wird zum Lebensbegleiter. Angela Merkels Konfirmationsspruch lautet »Nun aber bleiben Glaube, Hoffnung, Liebe – diese drei. Am größten aber ist die Liebe«. Sehr viel weltlichere Leitsätze begegnen dem Kind, wenn es sein Geld zur Templiner Sparkasse trägt. An dem alten Fachwerkhaus kann man Sinnsprüche wie diese lesen: »Wer früh sich übt in Sparsamkeit, der bringt's im Leben doppelt weit« oder auch »Wer spart, erfüllt eine große gesellschaftliche Aufgabe«. Eine Verschwenderin ist sie nie gewesen, weder als Kind noch als junge Erwachsene.

Zum großen Kinderglück gehören die kleinen Freuden, Apfelsaft und Buletten, Schwimmen in den nahen Seen. Nur in der Schule stört der Status als Kind eines Intelligenzlers. Im Klassenbuch gab es die Spalte »soziale Herkunft«, dort stand bei ihr ein großes »I« für Intelligenz. Dieses »I« verhinderte auch einmal, dass sie dem Rat eines Sitznachbarn folgte. In einer Vertretungsstunde fragte der Lehrer alle Schüler nach dem Beruf des Vaters und ihr Mitschüler riet ihr, einfach »Fahrer« statt Pfarrer zu sagen. Aber schon als sie aufstand, wusste sie, dass der eigentlich charmante Trick sofort auffliegen würde, wenn der Vertretungslehrer ins Klassenbuch schaute. Deshalb galt es, sich unangreifbar zu machen und ein so gutes Abitur hinzulegen, dass selbst der Arbeiter- und Bauernstaat mit seiner absurd-ungerechten Verteilung von Bildungschancen nicht an ihr vorbeikam. Sie musste glänzen und sich anpassen, herausstechen und doch nicht auffallen. Auch in der Erweiterten Oberschule sprachen die Lehrer von Leistung, Leistung, Leistung. »Erfolg zu haben ist Pflicht«, verkündete der Klassenlehrer mit schöner Regelmäßigkeit und Inbrunst. So galt Bildung in der Schule als Dienst am Staat und im Elternhaus galt Bildung als Schutz vor dem Staat. Und lehrte die Kirche, ihr protestantischer Glaube, nicht auch, dass man Gott am besten diene, indem man seine Vermögen auf der Erde ausschöpfe und sich zu einem gottgefälligen Menschen ausbilde? Sie ist dann nach dem Abitur gerne nach Leipzig gegangen und nicht nach Berlin, das näher lag. Sie musste da raus, Distanz braucht es zum Erwachsenwerden. Aber auch in Leipzig blieb sie auf dem Fleißpfad, dem Leistungsgedanken verpflichtet. Es galt nicht nur vorwärts-, es galt auch über vieles hinwegzukommen. Die junge Studentin Angela Kasner kam sehr oft am Kroch-Hochhaus am Leipziger Augustusplatz vorbei. Oben auf dem Turm schlugen zwei Glockenmänner die Stunde und erinnerten daran, dass Zeit kostbar ist. Und auf dem Sockel, auf dem sie standen, prangte der weithin sichtbare Spruch: Omnia vincit labor. Über alles siegt die Arbeit.

In der Maria-Magdalenen-Kirche, in der 1970 ihre Konfirmation gefeiert wurde, fanden 2011 und 2019 die Trauerfeiern für die Eltern statt, zuerst für Horst und dann für Herlind Kasner. Doch Templin und die Uckermark werden wohl immer ein Teil von Angela Merkel bleiben, selbst nachdem die beiden Portalfiguren ihres Lebens, Vater und Mutter, verstorben sind.

Schmuggelware

Die elterliche Küche bebte, schwarzer Rauch stieg auf, für einen Moment war ungewiss, ob es Überlebende gab. Die wissenschaftliche Laufbahn von Rudolf Zahradník begann mit einem Knall. Der Zauberlehrling hatte Schwefel und Kaliumchlorat mengentechnisch in ein explosives Beziehungsverhältnis zueinander gesetzt. Die Eltern des angehenden Chemikers bewiesen Toleranz, allerdings mussten die Experimente fortan im Badezimmer fortgesetzt werden.

Professor Zahradník war ein Gentleman und Gelehrter. Und ein Pionier der Quantenchemie, ein Wissenschaftler von Weltruf. Als 1989 die »samtene Revolution« die kommunistische Herrschaft beendete, hofften viele Tschechen, dass er das Präsidentenamt übernehmen würde. Angela Merkel lernt die Koryphäe Anfang der Achtzigerjahre kennen, als sie für verschiedene Forschungsaufenthalte mehrere Monate in Prag verbringt. Auch Joachim Sauer, ihr späterer Mann, ist damals in Prag, um am Institut von Rudolf Zahradník zu forschen. Erkundet werden aber auch, so erinnerte es Angela Merkel anlässlich eines Staatsbesuches in Tschechien, die berühmten Weinanbaugebiete in Böhmen und Mähren, woher ihre Schwäche für gute Weine rührt.

Exzellente Wissenschaftler blicken immer über den Tellerrand hinaus, so auch Zahradník, der sicherlich als ein Mentor der angehenden Wissenschaftlerin gelten kann. Mit ihm konnte die Physikerin aus Ostberlin offen über Ideologie und wissenschaftliche Evidenz und über Lebensverhältnisse in Ost und West sprechen. Schon damals war Prag eine besondere Stadt für sie. Die Niederschlagung des Prager Frühlings 1968 hatte sich der vierzehnjährigen Schülerin unauslöschlich ins Gedächtnis geschrieben, da sie das historische Ereignis sozusagen hautnah erlebte. Sie machte damals mit ihren Eltern im tschechoslowakischen Riesengebirge

Urlaub, wo die Kasners bei Einheimischen eine Ferienwohnung gemietet hatten. Eines Tages begann der Sohn des Vermieters, Briefmarken zu zerreißen, auf denen das Konterfei von Antonín Novotný zu sehen war, der Erste Sekretär der Kommunistischen Partei. Was machst du denn da? Warum zerreißt du denn die Briefmarken? – Jetzt ist Dubček der große Held. Jetzt geht ein anderer Wind.

Horst und Herlind Kasner lassen sich vom Aufbruchsgeist anstecken. Sie sind neugierig. Ist das die Revolution? Kommt jetzt der erhoffte »Sozialismus mit einem menschlichen Antlitz«? Wird sich auch die DDR verändern? Die Erwachsenen fahren nach Prag und lassen Angela und ihren Bruder zwei Tage in der Obhut der Gastgeber in Pec pod Sněžkou. Die Hoffnung jedoch, das Leben könne sich im Ostblock zum Besseren wenden, freiheitlicher und demokratischer werden, währt nur kurz. Als Angela wenig später die zweite Hälfte der Sommerferien bei ihrer Großmutter in Ostberlin verbringt, hört sie im Radio, dass die Truppen des Warschauer Pakts in die Tschechoslowakei einmarschieren, Panzer rollen durch Prags Straßen. Der »Prager Frühling« findet ein gewaltsames und blutiges Ende. Eiszeit. Doch Zahradník ist ein Überwinterungsvirtuose. Er weiß um die Endlichkeit von Systemen, er weiß um die Gesetze des Zerfalls.

Als Bundeskanzlerin absolviert Angela Merkel 2008 ihren Antrittsbesuch in Tschechien, es ist auch ein Wiedersehen mit ihrem alten Professor, der an diesem Tag

seinen achtzigsten Geburtstag feiert. Beide sind sichtlich gerührt und sie drehen im privaten Gespräch das
Rad der Zeit zurück. In ihrer Rede an der Karls-Univer-
sität geht die Kanzlerin in besonderer Weise auf ihren
Mentor ein: »Ich erinnere mich natürlich sehr gerne an
meine Zeiten als Wissenschaftlerin hier in Prag. Es ist
für mich ein sehr bewegender Moment, dass Professor
Rudolf Zahradník mit seiner Frau heute hier unter uns
weilt – an einem Tag mit einem runden Geburtstag, zu
dem ich ihm noch einmal herzlich gratulieren möchte.
Ich hatte viele Monate lang die Freude, als Wissenschaftlerin bei Professor Rudolf Zahradník und seinen
Mitarbeitern zu sein. Wenn ich zurückblicke, dann war
dies eine Zeit, in der er uns, die Jüngeren, immer wieder dazu angehalten hat, sich trotz der widrigen gesell-
schaftspolitischen Umstände niemals hängen zu lassen, niemals leichtfertig und ungenau zu sein, sondern
selbst unter diesen Umständen zu versuchen, an die
Grenzen der eigenen Leistungsfähigkeit zu gelangen.«
Zahradník lächelte, da sprach die Bundeskanzlerin des
wiedervereinigten Deutschlands – und er war ihr Lehrer
und Anstifter zu zollverletzendem Verhalten gewesen.

Weil Zahradník sowieso ein Mensch der Zuversicht
war, weil er sowieso gerne lächelte – er absolvierte sogar seine Experimente mit einem Lächeln – und weil
er zudem gerne erzählte, erzählte er am liebsten grenz-
überschreitende Zuversichtsgeschichten: »Angela hat
ein paarmal für unseren Enkel Filzpantoffeln aus der
DDR mitgebracht. Die waren schlichtweg besser als die,

die es bei uns zu kaufen gab. Und sie hat für Kolleginnen eine Nähmaschine nach Prag mitgebracht, weil es derlei bei uns gar nicht gab. Das war ein richtiger Liebesdienst. Der Zöllner, der sie kontrollierte, war fassungslos und sagte: ›Um Gottes willen, sie fahren zur wissenschaftlichen Arbeit nach Prag, wozu brauchen Sie da eine Nähmaschine?‹ Angela hat ihm ernsthaft gesagt, dass sie darauf nach Feierabend Kleider nähen wolle.« Die Kanzlerin revanchierte sich dafür mit anderen Zuversichtsgeschichten, so etwa der, dass sie sich in Prag glücklicher-, aber verbotenerweise mit ihrer Hamburger Cousine treffen konnte. Oder sie erzählte die Geschichte vom total verspäteten Vorzeigezug des Sozialismus, der Vindobona von Ostberlin nach Prag. Der Triebwagen der Deutschen Reichsbahn der DDR war dem westdeutschen TEE, dem TransEuropExpress, nachempfunden und sah aus wie eine Mischung aus Rakete und Haifisch. Seit 1957 befuhr der Vindobona die Strecke, gehobene Ausstattung, gern benutzt auch von Diplomaten. Allerdings betrug die Fahrtzeit zwischen elf und vierzehn Stunden, inklusive der ermüdend langen Grenzkontrollen an der DDR- und an der tschechoslowakisch-österreichischen Grenze. »Der Vindobona hatte oft Verspätung. Einmal hatte er viele Stunden Verspätung. Ich habe zu Rudolf Zahradník gesagt, dass das alles ganz schrecklich und schlimm sei. Dann hat er gesagt: Regen Sie sich bitte nicht auf. Wir beide sind doch die Einzigen, die wissen, dass wir an einem Experiment teilnehmen, das nicht funktionieren kann, nämlich dem Sozialismus. Aber es wissen leider noch nicht alle. Deshalb müssen wir noch eine Weile mit den Unzulänglichkeiten leben.« Am Abend des Tages, an dem sie diese Geschichte erzählt hat, fliegt die Kanzlerin noch zurück nach Berlin. Sie braucht fünfunddreißig Minuten.

Von ihrem Lehrer hat Angela Merkel etwas gelernt, für das erst später ein Wort gefunden wird: Resilienz. Lächeln. Widerstehen. Aufstehen. Das eigene Betriebssystem am Laufen halten. Manchmal braucht es Bier, böhmische Knödel, Wein. Meistens reicht Zuversicht, Besinnung auf das, was unbeschädigt geblieben ist. Weitermachen. Rudolf Zahradník ist ein Langstreckenläufer der Zuversicht. Wie Merkel auch. Als er neunzig Jahre alt wird, nimmt sie überraschend an seiner Geburtstagsfeier teil. Manchmal lassen sich Staatsbesuche auch so planen, dass der Staat zur Neben- und der Mensch zur Hauptsache wird. Zwei Jahre später, im Oktober 2020, stirbt der große Gelehrte und Lehrer Angela Merkels. In einem Nachruf auf ihn heißt es: »Zahradníks Motto war: nach vorne schauen, Vertrauen schenken und Menschen miteinander verbinden. Rudolfs Haltung fand eine wunderbare Entsprechung in seiner symbiotischen Ehe mit Milena Zahradníková, geb. Bílková. Beide hatten sich während des Prager Aufstandes im Mai 1945 in einem Keller kennengelernt. Milena verstarb sechs Tage vor Rudolfs Tod. Die Trauer um den Verlust dieser wunderbaren Menschen will nicht weichen.«

Der Leutnant

Die Kindheit ist der Webstuhl unserer Identität. Wer wir später sind und wer wir nicht sind, entscheidet sich hier. Der Waldhof, wo Angela Merkel aufwuchs, lag inner- und außerhalb Templins, er war eine eigene Welt, ein Dorf am Rande der Stadt, hier begegneten sich Menschen, die sich nur hier begegnen konnten, weil sie woanders versteckt und verschwiegen wurden. Der Waldhof wurde 1854 gegründet und war zunächst eine »Knabenrettungsanstalt« für jene, die aus Familien kamen, die unter den Industrialisierungsprozessen litten, verwahrloste, verhaltensauffällige Kinder. Im Laufe der Zeit entstanden Werkstätten aller Art, landwirtschaftliche Betriebe, eine Gärtnerei, eine Tischlerei, Gemeinschaftsküchen. Als Horst Kasner mit seiner Frau Herlind und der kleinen Angela auf den Waldhof zog, befand sich dieser gerade im Umbruch. Statt schwer erziehbarer oder verhaltensauffälliger Kinder und Jugendlicher, die in die sogenannten Jugendwerkhöfe der DDR abgeschoben wurden, zogen jetzt, 1958, Menschen mit geistigen und körperlichen Behinderungen auf den Waldhof. Zur gleichen Zeit baute Horst Kasner dort das Pastoralkolleg auf, eine Weiterbildungsstätte für Priester und andere Angestellte der evangelischen Kirche.

So wuchs Angela inmitten von Menschen auf, die – auf den ersten Blick – nirgendwo als normal gegolten hätten. Erinnern wir uns: Auch in der Bundesrepublik galten Menschen mit geistiger Behinderung vielfach als »Bekloppte«, als »Krüppel«, sie wurden weder systematisch gefördert noch waren sie sichtbare Akteure im gesellschaftlichen Leben. Sie waren irgendwo, aber nie mittendrin. Diese Unsichtbarkeit war in der DDR noch stärker ausgeprägt, hier blieben behinderte Menschen weitgehend der Obhut der Kirche überlassen, im sozialistischen Triumphbild des werktätigen Menschen waren sie unerwünscht, Störenfriede, menschlicher Utopie-Ausschuss.

Seit frühester Kindheit bewegt sich Angela also Tag für Tag zwischen Menschen mit Behinderung, sie gehören zur Gesellschaft des Waldhofs, sie sind Mitglieder der erweiterten Familie: »In ihrer Nachbarschaft aufzuwachsen war eine wichtige Erfahrung für mich. Ich habe damals gelernt, mit Behinderten normal umzugehen. Es gab dort ›Mongoloide‹ (Interview von 1991), und viele von ihnen waren bettlägrig. Die wurden in der DDR-Zeit unsäglich schlecht behandelt. Es gab keine pflegerischen Erfahrungen in den Sechzigerjahren. Ich habe noch Bilder in meinem Kopf – einige mussten ständig angebunden auf Bänken sitzen. Bei uns hat immer jeweils einer der erwachsenen Patienten gearbeitet. Wenn in der Familie jemand Geburtstag hatte, kamen sie gerne, um Kuchen zu bekommen. Wir hatten zu ihnen ein gutes Verhältnis. Das sind prägende Kindheitserinnerungen.« Für viele Klassenkameraden waren die Besuche auf dem Waldhof nicht normal und es gab Mitschüler, die es vermieden, Angela dort zu besuchen. Sie fürchteten sich vor diesen Menschen, die vom Normalitätsbild abwichen, die unvermittelt riefen und schrien, die gar nicht antworteten oder überraschend intim, Menschen, die sich anders bewegten und den Fremden unvermittelt umarmten oder vor ihm flohen. Diese Menschen entzogen sich den Verhaltensroutinen und waren stets für Überraschungen gut.

An einen der Heimbewohner erinnert sie sich besonders. Er brachte den Kasners oft die Kohlen, half im Garten, rupfte Unkraut und lächelte. Dass er eine leichte geistige Beeinträchtigung hatte, hinderte ihn nicht daran, glücklich zu sein. Nur einen Tick hatte er, der ihn manchmal in schwierige Situationen brachte, er wollte partout ein Soldat sein, ein Leutnant, und niemand wusste, woher dieser Wunsch rührte. Er exerzierte gerne, wusste militärische Dienstgrade rauf und runter zu sagen und manchmal marschierte er zum Bahnhof und wollte dort mit zackigen Botschaften Züge abfahren lassen: Alles hört auf mein Kommando! Auf dem Waldhof störte sich niemand daran, alle kannten seine Geschichte, aber in der Stadt wurde er, als man noch nicht so vertraut mit ihm war, ausgelacht und gehänselt. Dann nahm ihn Angela Kasner in Schutz und stellte sich schützend vor ihn.

Er trug gerne eine Prinz-Heinrich-Mütze, so wie einst Helmut Schmidt, die machte ihn zwar nicht zum Offizier, aber sie passte gut zu seinen Träumen von Ruhm und Ehre. Als Angela Merkel Bundeskanzlerin wurde, gelang es einer Zeitung, ihn zu Angela Merkel zu befragen. Es war das einzige Interview, das er je geben sollte. Man zitierte ihn nur mit dem einen Satz: »Sie hat mich getröstet, wenn ich weinte, weil mich andere auslachten. Und wer mich angreifen wollte, den hat sie davongejagt.« Unter der Prinz-Heinrich-Mütze steckte stets ein kindliches Gesicht, das jung blieb, auch noch im hohen Alter. Der Leutnant befehligt seine Armeen bis heute.

Generation Wartburg

In der DDR herrschte Reiseunfreiheit. DDR-Bürgern unter 65 Jahren war – bis auf wenige Ausnahmen – verboten, ins nicht sozialistische Ausland zu reisen. Angela Merkels erste Reise in den Westen hätte sie nach Amerika geführt. Ein Mauermenschentraum. Die endlosen Highways waren das Gegenteil einer eingemauerten Existenz. Der Highway war ein großes Ungewissheitsversprechen, eine Straße, die weder am Horizont noch am Grenzstreifen endete. Der Highway war ein Weg von sich selbst weg zu sich selbst hin. Sie habe darauf gehofft, verriet sie einmal einem Reporter, mit dem Auto durch Amerika zu fahren. In einem amerikanischen Straßenkreuzer?, lautete die Nachfrage. Nein, entgegnete die Kanzlerin, sie sei ein Freund kleinerer Autos. Aber etwas Besseres als der Trabant hätte es schon sein sollen.

Etwas Besseres als den Trabant hatte sie bereits in der Kindheit gefunden. Ihr Vater war stolzer Besitzer eines Wartburg, das Auto der gehobenen Mittelschicht in der DDR. Nicht jeder konnte es sich leisten, nicht jeder wollte fünfzehn Jahre – so lang war die offizielle Wartezeit – warten. Der Wartburg Kombi bot reichlich Platz und konnte auch in Notfällen eingesetzt werden. So ein Notfall lag etwa vor, wenn es in Strömen regnete und die Waldhof-Kinder zur Schule mussten. Dann – aber nur dann, der Regen musste erwiesenermaßen stark sein oder jemand musste arg verschlafen haben – sprang der Fahrdienst Horst Kasner ein. Kurzerhand wurden die Grundschüler der Goethe-Schule in den Kombi verfrachtet und los ging die Expresstaxe. Da Angela und ihr Bruder Marcus nicht die einzigen Grundschüler des Waldhofs waren, kam es bisweilen vor, dass das geräumige Auto überquoll vor Fahrgästen. Vater Kasner machte sich einen Spaß daraus, den Ernst der Lage zu betonen. »Wenn die Polizei kommt«, warnte er die Kinder verschwörerisch, »geb ich euch ein Zeichen und ihr duckt euch schnell unter die Decke!«

Auf den Straßen der DDR fuhren in jenen Jahren sehr viele Traumautos, imaginäre Pkw, die erwünscht und herbeigesehnt wurden, aber nie ankamen, weil die Produktionskapazitäten nie ausreichten. Auch Angela

Merkel fuhr so einen Geisterwagen, der zwar bestellt wurde, aber nie das Band verließ. Denn ehe der Trabi, den sie sich gewünscht hatte, an die DDR-Bürgerin Merkel ausgeliefert werden konnte, war die DDR Geschichte. Nach dem Mauerfall wurde die Nachwuchspolitikerin dann stolze Besitzerin eines weißen VW Golfs, den sie im September 1990 als Gebrauchtwagen erwarb. An sonnigen Wochenenden befuhr sie damit uckermärkische Alleen, bedächtig, sie schob eine Musikkassette mit sinfonischer Musik (zum Beispiel Mahler) in den Bordrekorder und ließ die Untiefen des politischen Alltags in Bonn hinter sich. Am schönsten war's, die Bonn-Vergessenheit am gelungensten, wenn alte Kopfsteinpflasterwege sie durchschüttelten.

Alles hat seine Zeit, 1996 trennten sich die Wege der Ministerin und des Golfs. Im Frühjahr 2012 wurde der betagte Wagen auf Ebay für 10.165 Euro und zwei Cent versteigert. Der Wartburg hingegen war schon viel länger Geschichte. Am 10. April 1991 läuft der letzte Wartburg in Eisenach vom Band. Er ist knallrot lackiert, die Belegschaft hat ihm einen Trauerflor umgehängt. Viele Beschäftigte haben Tränen in den Augen, ihre Zukunft ist ungewiss: in Eisenach und anderswo.

Tatort

Ich komme aus dem Märchenland, schnibbel-die-
  schnabbel-die Scher,
bin allen Kindern wohlbekannt und reise weit umher.
Die schönsten Märchen kenne ich und alle, alle Kinder
  freuen sich,
schnibbel-die-schnabbel-die Scher, auf Meister Nadelöhr.

Diese Zeilen und ihren Sänger kannte jedes Kind in der
DDR. Meister Nadelöhr war ein singender und fabulie-
render Schneidermeister, der im Kinderfernsehen Märchen präsentierte und selbst aus Märchen gewoben war.
Das tapfere Schneiderlein der Brüder Grimm steckte
in ihm ebenso wie E. T. A. Hoffmanns Sandmann. Und
den spitzen weißen Bart, den er trug, teilte er mit dem
Sandmännchen und Walter Ulbricht. Der Schauspieler Eckhart Friedrichson lieh Nadelöhr seine jugendliche Aura und die Kinder liebten es, wenn er auf seiner Schneider-Elle-Gitarre spielte. Zugespitzt ließe sich
sagen, die DDR-Bürger maßen ihrem Fernsehen und
ihrer Regierung eine hohe Märchenkompetenz zu, für
die Realitätsdarstellung jedoch orientierten sie sich am
Westfernsehen, wenn man nicht gerade, wie die Menschen im Raum Dresden, im »Tal der Ahnungslosen«

lebte, wo Westprogramme kaum empfangen werden konnten.

Der erste Fernseher auf dem Waldhof wurde im Gemeinschaftsraum für die geistig und körperlich behinderten Heimbewohner aufgestellt. Hier saßen bisweilen auch die Kinder des Waldhofs und verfolgten die Abenteuer von Meister Nadelöhr, das Sandmännchen oder, ein kollektives Seherlebnis, die internationale Friedensfahrt, die Tour de France des Ostens. Auch Familie Kasner gehörte zu den frühen Besitzern eines Fernsehgeräts. Zum Pflichtprogramm gehörte die »Tagesschau«, und auch der »Tatort« avancierte bald zu einem Favoriten. Während der historischen Teilung war der »Tatort« ein gesamtdeutsches Fernsehereignis, gerade weil er den Ostdeutschen einen Einblick in einen vermeintlich authentischen westdeutschen Alltag bot. Während des Studiums in Leipzig von 1973 bis 1978 besaß die Studentin Angela Merkel keinen Fernseher, daher tauchte sie erst wieder regelmäßig in die »Tatort«-Lande ein, als sie nach Berlin zog, um dort zu promovieren. Die schmissige Titelmelodie von Klaus Doldinger und das Fadenkreuz-Logo prägten ihre Vorstellungswelten und überzogen die nah-ferne Bundesrepublik mit einem Zwielicht des Verdachts, mit dem Gefühl, dort drüben sei das Verbrechen ein omnipräsenter Zeitgenosse, lauernd, verschlagen.

Diese imaginäre Wirkmacht machte sich bemerkbar, als die junge DDR-Bürgerin 1986 das erste Mal in ihrem Leben in die Bundesrepublik reisen durfte, um

Verwandte in Hamburg zu besuchen. Eine Cousine heiratete, in diesem Fall erlaubte die DDR den strikt befristeten Verwandtschaftsbesuch. Nach der Familienfeier fuhr sie nach Konstanz, um dort einen anderen Physiker zu besuchen. Die Reisende erfreute, ja, begeisterte sich an dem schönen IC, was für ein toller Zug, und war hellauf empört, als junge Leute ihre beschuhten Füße achtlos auf die Sitze stellten. Sie sagte nichts, schluckte den Ärger hinunter. In Konstanz verbrachte sie die erste Nacht allein im Hotel. In Hamburg hatte sie sich sicher gefühlt, bei den Verwandten, hier war sie jetzt auf sich allein gestellt und auf einmal wurde es ihr mulmig. Das Hotel gehörte zur Topografie des Kriminalfilms, so manches »Tatort«-Opfer starb in düsteren Hotelzimmern, lag mit aufgerissenen Augen in zerwühlten Betten. Misstrauisch fragte die ostdeutsche Frau daher an der Rezeption, ob es denn für eine allein reisende Frau hierzulande überhaupt sicher sei, ohne Begleitung in einem Hotel zu übernachten. Sie erntete ein mitleidiges Lächeln. Als sie die Tür ihres Zimmers hinter sich zuzog, war sie trotzdem froh, in Sicherheit zu sein. Ihr fehlte die Erfahrungswirklichkeit des Westens, die sie gegen die Krimi-Bilder hätte halten können.

Auch heute noch gehört der »Tatort« zu den Konstanten in Angela Merkels Leben. Wenn es die Zeit erlaubt, ist die Bundeskanzlerin am Sonntagabend mit dem Fadenkreuz verabredet. Aber – das ist der Unterschied – heute haben Mord und Verbrechen im »Tatort«-Format eher die Wirkung von Kamillentee für die Kanzlerin, die mittlerweile die Welt kennt.

Bardame

Anekdoten werden sträflich unterschätzt. Im dauererregten Gefechtsfeld der Medienöffentlichkeit obsiegen die narrativen Knirpse oftmals über fußnotenreiche Studien. Im aufziehenden Bundestagswahlkampf 2013 erscheint ein Buch, das aus der Kanzlerin den eisigen Racheengel der DDR machen will, die Frau, die aus dem Osten kam und nun die arglose Bundesrepublik zugrunde richtet. Und weil diese Frau im Grunde ihres Herzens eine Kommunistin sei, die nie die Einheit gewollt habe, habe sie mit einer nie gesehenen Abgebrühtheit den großen Einheitskanzler Helmut Kohl vom Denkmalsockel gestoßen. Das Buch findet zwar viel Beachtung, aber der Skandal, den es entfachen will, bleibt aus. Nicht nur, weil sich das denunziatorische Potenzial des Buches den meisten Rezensenten erschließt, sondern auch weil die Kanzlerin mit einer Anekdote in die Gegenoffensive geht und einen wirklichen Skandal einräumt: Sie habe ihr Studium in Leipzig unter anderem als Bardame finanziert.

Im Wahlkampf 2013 zeigt sich Angela Merkel stärker als Mensch jenseits der Politik und sie erzählt auch über ihr Leben in der DDR. Sie besucht das Heinrich-Schliemann-Gymnasium in Berlin und hilft dort eine Stunde als Vertretungslehrerin im Fach Geschichte aus, einige Schülerinnen und Schüler sind erstaunt über die Offenherzigkeit der Bundeskanzlerin. Sie lässt sich im Maxim-Gorki-Theater zum ersten Mal von der Frauenzeitschrift »Brigitte« interviewen und sie stellt in der Veranstaltungsreihe der Deutschen Filmakademie ihren Lieblingsfilm vor. Hier erzählt sie auch von ihrer Studienzeit in Leipzig an der Karl-Marx-Universität von 1973 bis 1978. Sie wird persönlich, streift die Hülle der Politikerin mühelos ab und das Publikum ist regelrecht verzaubert, als stelle man soeben fest, die Dame sei gar keine Erfindung der Medien oder der Geschichte, sondern ein Geschöpf aus Fleisch und Blut. Und nun das Geständnis: Ich war Bardame! Der Saal kichert, gluckst und wirft sich weg. Die Bardame erläutert ihren Job. Man habe Disco gemacht an der Uni, zweimal die Woche, im Physikgebäude. Dort galt dann die berüchtigte 60/40-Regel, sechzig Prozent der Musik musste aus dem Osten kommen, nur vierzig Prozent Westmusik war erlaubt. Dieses seit 1958 geltende Gesetz sollte die DDR-Jugend vor dekadenten Westeinflüssen schützen. Den Kontrolleuren wurde jedoch vielfach ein Schnippchen geschlagen, indem man die Osttitel nur an- und die Westtitel hingegen in voller Länge ausspielte. Nein, nein, für die Musik sei sie nicht zuständig gewesen, aber eben für die Bar. Bardame. Gelächter. Und dann erzählt sie, wie sie tagsüber mit der Straßenbahn Kirschmost besorgt habe, der dann abends mit Wodka gemixt wurde, ein modisches Getränk in der DDR der Siebzigerjahre. Durch kostenbewusste Mischungsverhältnisse und das geschickte Neigen des Glases beim Servieren sei es ihr gelungen, ordentliche Gewinne zu erwirtschaften. Das Publikum ist entzückt, die Entdeckung, dass eine Bundeskanzlerin einmal als Kirsch-Wodka-Mixerin gearbeitet hat, wirkt wie eine Offenbarung.

Bereits als Jugendministerin hatte Angela Merkel entdeckt, dass die Öffentlichkeit dankbar für diese Art von Geschichten ist. In einem Interview mit dem »Spiegel« hatte sie damals berichtet, dass sie bei ihrer Abiturfeier sturztrunken aus einem Ruderboot gefallen sei: »Ich hatte zu viel von dem Kirsch-Whisky getrunken, und dann hatte ich plötzlich einen Aussetzer. Für einen Moment hatte ich vergessen, dass ich ins Wasser falle, wenn der neben mir aufsteht.«

Die Offensive der Bardame im Wahlkampf 2013 war auch eine Reaktion darauf, dass die alte Bundesrepublik, zumindest Teile ihrer Eliten und bestimmte Milieus, den Ostdeutschen ein Leben vor 1989 nicht zugestehen wollten. Der Ostdeutsche hatte beschädigt zu sein, er hatte immerzu zuzugeben, dass die DDR nicht nur ein sehr, sehr böser Staat gewesen sei, sondern auch, dass das Leben in diesem Staat unweigerlich zu einer ideologischen Vergiftung geführt habe, weshalb der Westdeutsche immer noch den Ostdeutschen im wiedervereinigten Deutschland exorzieren müsse, damit der Westen nicht selbst angesteckt werde von dieser lebensgeschichtlichen Kontamination. Diese Art retrospektiver Teufelsaustreibung prägte viele deutsch-deutsche Debatten und bis heute halten sich viele Ressentiments und teils irrsinnige Verdächtigungen gegen Merkel, weil sie eine erfolgreiche Ostdeutsche ist.

Die ehemalige Bardame jedoch weiß, wie man zurückschlägt.

Die Universität Leipzig verleiht Dr. Angela Merkel 2008 ihre zweite Ehrendoktorwürde. Der Dekan der Fakultät für Physik und Geowissenschaften Tilman Butz hält an diesem Tag im Mai eine Laudatio auf die ehemalige Studentin, in der er erklärt, was die Physikerin mit der Politikerin verbindet und was die naturwissenschaftliche Arbeitsweise ausmache: »Dazu gehört das sorgfältige Recherchieren der Ausgangslage und der Randbedingungen, das Wissen um die Strukturen, Korrelationen, Nichtlinearitäten, des Einflusses von stochastischen Elementen – vulgo Streufeuer –, das Wissen oder Erahnen möglicher Lösungen, das analytische Denken, die Besonnenheit und Unaufgeregtheit sowie die beharrliche Verfolgung der Ziele.« Man könnte auch sagen, dass diese Qualifikationen auch für eine Bardame gelten: Sie muss wissen, wer kommt, wie viele Gäste auflaufen, wie viel Wodka es braucht, um gute Stimmung zu erzeugen, sie muss individuelle alkoholische Exzesse vermeiden, aber doch kollektive Heiterkeit befördern, sie muss hier und da Feuer streuen, aber doch keinen Flächenbrand entstehen lassen. Vor allem aber muss sie am nächsten Morgen früh aufstehen,

Scherben zusammenkehren, Leergut entsorgen und taufrisch zur Vorlesung erscheinen.

Die Bundestagswahl 2013 gewinnt die Union mit 41,5 Prozent, das beste Ergebnis, dass die Bundeskanzlerin, die Physikerin, die Bardame jemals erzielt hat.

Gänsebraten

In der Weihnachtszeit ist es gute Sitte und Brauch, Gänse mit Nachdruck auf deutsche Teller zu zwingen und dazu Klöße und Rotkohl zu servieren. Auch und gerade die CDU/CSU-Fraktion macht da keine Ausnahme, man isst Gans für Deutschland, man legt kauend seit Jahrzehnten ein lebensweltliches Bekenntnis ab. 1991 ist Angela Merkel als Abgeordnete das erste Mal dabei. Doch vor dem Fest wartet die Pflicht, vor dem Mahl wartet Heiner Geißler. Heiner Geißler ist ein Schlachtross, so nennt man das damals, lange Jahre ist er Helmut Kohl loyal ergeben, er ist sein bissiger Generalsekretär, sein Ideengeber und sein medial-rhetorisches Vorauskommando, ein Medienprofi, der um alle Fallen und Finten weiß. Geißler fängt Merkel also auf dem Weg zum Gänsebraten ab und erteilt ihr einen kleinen Nachhilfeunterricht für Ortsunkundige. Es könne, sagt er, mitunter laut werden, wenn man mit dem Kanzler einen Konflikt habe, deshalb empfehle es sich, sofern dieser Konflikt am Telefon ausgetragen werde, den Hörer möglichst weit weg zu halten, denn des Kanzlers Lautstärke sei dann doch beträchtlich und gefürchtet. Außerdem rät er: Ziehen Sie, wenn Sie können, wenn Sie etwas erreichen wollen, wenn Sie Reichweite brauchen, eine Fernsehsendung immer einer Kundgebung vor, denn mit dem Fernsehen werden Sie immer sehr viel mehr Publikum erreichen als auf irgendeinem Marktplatz oder einer Stadthalle, und sei sie noch so groß. Ein Letztes noch: Wenn Sie dann von den Journalisten ausgequetscht werden, wenn man Ihnen die Fragen unter die Nase reibt, antworten Sie niemals direkt, denken Sie immer daran, was Sie sagen wollen, und sagen Sie nie, was der andere hören will. Die Antwort bestimmen Sie, denken Sie daran. Und nun einen guten Appetit!

Döner

Der Kanzler saß. Der Park vor dem Fenster lag. In Frühjahrsroutine. Bonn 1992. Der Kanzler thronte, mächtiger denn je, im zehnten Jahr auf seinem schwarzen Ledersessel. Eine Batterie Pfeifen ruhte im Gestell, Mönche und Elefanten grüßten aus den Regalen. Das Aquarium betrachtete die junge Abgeordnete wie ein grünes Auge. Die junge Frau mit Wahlkreis in Nordrhein-

Westfalen war aus Helmut Kohls Vorzimmer angerufen worden. Sie möge doch bitte einmal ins Kanzleramt kommen. Der Mönch im Regal hielt sich behaglich den Bauch. Die Abgeordnete wartete. Der Kanzler: »Sie werden Staatssekretärin bei Frau Merkel!« Die Pfeifen ruhen, der Mönch lacht, das Aquarium glotzt. »Aber ich kenne Frau Merkel doch gar nicht«, wendet sie ein. »Mit der werden Sie sich schon verstehen!« Sie darf gehen. Es war entschieden.

Die Ministerin für Frauen und Jugend, Dr. Angela Merkel, nahm die ihr verordnete Staatssekretärin freundlich auf. Sie ließ es die Neue nicht spüren, dass ein anderer die Entscheidung für sie beide getroffen hatte. Die Entscheidung war unantastbar, gesichert durch einen hohen Zaun, durch Leibwächter, durch die Macht, die Partei, den Mantel der Geschichte.

Ein paar Monate vergehen. Die Ministerin und ihre Staatssekretärin gehen essen. Das italienische Restaurant ist stadtbekannt. Akkurat gefaltete Servietten paradieren, die Weingläser trübt kein Fleck, die Tischdecken sind schneeweiß. Das Essen ist köstlich, die Weine sind delikat, die Kellner aufmerksam. Zwischen den Frauen entspinnt sich ein lebhaftes Gespräch, die Wangen gewinnen unpolitische Farbe, Behaglichkeit verdrängt die Bonner Wachsamkeit. Plötzlich, der Nachtisch ist verspeist, sieht die Ministerin ihr Gegenüber direkt an und fragt mit Nachdruck: »Sagen Sie einmal, das schmeckt ja hier alles ganz wunderbar, aber haben Sie schon mal einen Döner gegessen?«

Klassentreffen

»Vielen Dank! Wir haben noch eine Menge zu lernen von den neuen Bundesländern und ihren Bewohnern. Meine Damen und Herren, das war das ›Klassentreffen‹, vielleicht ein wenig ernsthafter als sonst, aber das Thema war es wert.« Mit diesen Worten verabschiedete der Showmaster Wim Thoelke die Gäste und Zuschauer der Sendung »Klassentreffen« im Frühjahr 1992. Das Konzept dieser Show sah vor, dass ein Prominenter auf ehemalige Klassenkameraden traf und man vergnügt alte Schulkamellen austauschte. Die dergestalt Wiedervereinigten saßen pennälerhaft in Schulbänken, während der gastgebende Moderator wie ein Lehrer an der Tafel stand und die Erinnerungen ankurbelte, wenn das Gespräch zu stocken drohte. Die ganze Aufmachung der Sendung erinnerte an die sagenhaft erfolgreiche Filmreihe »Die Lümmel von der ersten Bank« und zielte auf heiter-unverbindliches Wühlen in Anekdoten. Der Star, das war stets die Botschaft, ist ja auch nur ein Mensch. Franz Beckenbauer, Hans-Dietrich Genscher, Ingrid Steeger, Norbert Blüm, Thomas Gottschalk, Oskar Lafontaine oder auch Heino ließen sich blicken und der Höhepunkt der Veranstaltung war erreicht, wenn sich alte Freunde in die Arme fielen oder ein hochbetagter Lehrer sich wie ein sagenumwobenes Fossil aus den Kulissen schälte und ein bisschen »Feuerzangenbowle«-Atmosphäre verbreitete.

Doch diesmal war alles anders: Das erste Mal war eine Klasse zu Gast, die ihre gesamte Schulzeit in der DDR verbracht und dort ihr Abitur abgelegt hatte. Es handelte sich um die zwölfte Klasse der Erweiterten Oberschule »Hermann Mattern« aus Templin. Der Stargast war die damals Klassenbeste (Abitur mit dem Notendurchschnitt 1,0), die Bundesministerin für Frauen und Jugend Dr. Angela Merkel. Als sie das Kulissen-Klassenzimmer betritt, zieht sie das linke Bein nach, dass sie sich wenige Monate zuvor in Berlin auf eisglattem Bürgersteig gebrochen hatte. Sie nimmt in der ersten Reihe Platz, das Bein lang ausgestreckt. Wim Thoelke versucht zuallererst die Anredeform zu klären: »Sind Sie lieber Frau Minister oder Frau Ministerin?« Die Angesprochene erwidert leicht spöttisch, aber doch auch ernsthaft: »Ich bin lieber die Frau Merkel!«

Von heute aus betrachtet, dreißig Jahre später, dreißig Jahre nach der Wiedervereinigung, ist dieser Fernsehauftritt ein aufschlussreiches Dokument, weil sich an ihm studieren lässt, warum die innere Wiedervereinigung immer noch nicht gelungen ist und weiterhin tiefe Gräben zwischen Ost und West bestehen. Liest man Wim Thoelkes Körperpräsenz symptomatisch, könnte man an ihr die soziale Taubheit und das fehlende Sensorium für *die von drüben,* die neuen Bundesbürger feststellen. Thoelke wirkt müde, im wahrsten Sinne des Wortes, der herzkranke Mann stirbt drei Jahre später. Zu seiner manifesten Müdigkeit gehört die Aura der Ratlosigkeit, weil sich dieses Klassentreffen den üblichen nostalgischen Floskeln entzieht. Je länger dieses Klassentreffen dauert, desto deutlicher wird, dass Thoelke der Schüler ist und die vermeintlichen Schüler seine Lehrer. Er entschuldigt sich sogar für seine begriffliche und lebensweltliche Unwissenheit und seine showmunteren Fragen werden immer zaghafter. Er hat eine Klasse vor sich, die vom Leben tatsächlich noch mal auf die Schulbank gezwungen wird, Menschen, die fünfunddreißig waren, als die Mauer fiel, die mitten im Leben stehen und sich doch wieder erneut bewähren, qualifizieren, weiterbilden, total neu anfangen müssen. In dieser Sendung ist viel von ABM-Maßnahmen, Betriebsstilllegungen, Arbeitslosigkeit, Umschulungen, Rückerstattungsfragen, Neuanfängen, ideologischem Überbau und Anpassung die Rede. Es geht um ausgestorbene Berufe wie »Veterinäringenieur«, die von der Bundesrepublik nicht anerkannt werden. Und da sitzt eine Ministerin inmitten ihrer Mitschülerinnen und Mitschüler, die von Amts wegen damit befasst ist, auch ihre Lebensbedingungen zu verbessern, und sich zugleich eingestehen muss, wie schwer das ist und wie ohnmächtig sie sich mancher Aufgabe gegenübersieht.

Die Sendung ist keineswegs eine Startreppe für die prominente Politikerin, vielmehr sind es ihre Mitschülerinnen und Mitschüler, die nach vorne treten und – wie Merkel auch – von neuen Lebenswegen und Lebenswenden zu berichten haben. Gleichwohl ist das, was jene über ihre Angela sagen, keineswegs unvorteilhaft und das, was gesagt wird, wirkt authentisch. Die Spitzenschülerin, Spitzname »Kasi«, habe ihr Wissen geteilt, sie habe, ruft einer, alle abschreiben lassen. Im Unterrichtsfach Staatsbürgerkunde, das den Schülern ein »gefestigtes Klassenbewusstsein« nahebringen und sie auf den »Arbeiter- und Bauernstaat« verpflichten sollte, habe die Pfarrerstochter einen eigenen Kopf bewiesen. Sie sei diskussionsfreudig gewesen, den Lehrern argumentativ gewachsen und ohne Konfliktscheu. Wenn Angela das Diskutieren anfing, so ein Mitschüler, konnten wir uns innerlich zurücklegen und wussten, das dauert jetzt erst mal, so schnell geraten wir nicht mehr in die Schusslinie.

Jedes Klassentreffen – und sei es auch durch das Fernsehen inszeniert – wirbelt Zeiten durcheinander, bringt weit auseinanderliegende Persönlichkeitsstufen zusammen: Das Mädchen trifft die Abiturientin, die der Studentin begegnet, die die Wissenschaftlerin trifft, die wiederum auf die Politikerin stößt. In Merkels Gesicht und Verhalten finden sich Spurenelemente aus all diesen Lebensstufen. Vor allem aber versucht sie sich selbst, ihren Mitschülern und ihrer Entwicklung treu zu bleiben. Sie will und muss die »Kasi« sein, zugleich verteidigt sie ihr Leben in der DDR, ohne den ostdeutschen Staat zu legitimieren; sie gibt die Ministerin (ohne jede ministerielle Aura) und Politikerin, lässt sich aber nicht als Ostdeutsche festlegen. Für sie und

die gesamte Klasse hat die Verwandlung gerade eben
erst begonnen. Während die ZDF-Klassentreffen sonst
Arrivierte und Angekommene zeigen, die selig zurückblicken, schaut diese Klasse ebenso hoffnungs- wie sor-
genvoll nach vorne. Für diese Klasse bleibt noch fast
alles zu tun, obwohl sie doch schon ein ganzes Leben
geführt haben, Berufe erlernt, geheiratet, Kinder bekommen und Häuser gebaut haben. Alles und alle auf
Anfang. Nur Thoelke darf müde sein. Seine größte Zeit
liegt hinter ihm, er wirkt wie ein leutseliger, aber ver-
ständnisloser West-Onkel, dem es schwerfällt, diese
neuen Bundesbürger in seinem alten Klassenzimmer
unterzubringen.

In der leutseligen TV-Kulisse als heiterem Retro-Chic
manifestiert sich eine Lebenslüge der Wendejahre, ein
Veränderungsunwille der alten Bonner Republik: Die
Neubürger aus dem Osten sollen all jene Tugenden leben, die der Westen glaubt für sich gepachtet zu haben:
berufliche Veränderungsbereitschaft, Mobilität, Flexi-
bilität, biografische Risikobereitschaft, Fortbildung,
Anpassungswilligkeit. Während die Ostdeutschen ihr
Gestern total verabschieden sollen, wollen die Westdeutschen ihr Gestern total begrüßen, es ist schließlich
eine Erfolgsgeschichte. Die Kapitulation des Ostens,
der DDR, des Sozialismus wird als bekräftigendes Ausrufezeichen hinter dem westdeutschen Lebensmodell
und Staat verstanden.

Die Klasse fliegt zurück. Sie nehmen eine Linienma-
schine von München nach Berlin, auch die Ministerin.

Sie sitzt vorne mit ihren Leibwächtern und hinten sitzt das Gestern, die Klasse der Erweiterten Oberschule, die neuen Bundesbürger, die – wie ihre »Kasi« – von vorn beginnen müssen, um im westdeutschen Gestern willkommen zu sein.

Tränen

Der jungen Ministerin sind mitunter die Tränen gekommen in Bonn. Aus Wut, Erschöpfung, Bitterkeit. Aber nie waren es Kapitulationstränen, niemals Ich-streck-die-Waffen-Tränen. Merkel kannte Bertolt Brechts Gedicht *Wahrnehmung*, in dem es heißt: *Die Mühen der Gebirge liegen hinter uns, vor uns liegen die Mühen der Ebenen.* Der lange Flur im Ministerium für Frauen und Jugend war eine endlos wirkende Ebene, an deren Ende das Büro der Ministerin lag. Wenn sie diesen Gang nahm, stets rasch, zielstrebig, kam sie an vielen Büros vorbei. An diesem Tag blieb es nicht verborgen, dass sie nach einem Termin im Kanzleramt mit feucht schimmernden Augen zu ihrem Dienstzimmer ging. Warum weint die Ministerin, fragt eine Beamtin ihren Chef. Der Mann zuckt die Achseln. Der Alte, meint er, habe sie wohl mal wieder zusammengestaucht. Warum?, fragt die Beamtin. Sie ist etwas jünger als Merkel und fühlt mit ihr. Der Chef senkt die Stimme: Der Alte findet wohl, dass die

Mundwinkel der Frau Ministerin zu sehr nach unten zeigen. Dass eine Jugendministerin mit derart abweisenden Zügen als Jugendministerin eine totale Fehlbesetzung sei.

Als der Kanzler die junge Frau aus dem Osten das erste Mal ins Kanzleramt rief, bevor er sie zur Ministerin machte, hatte er nur beiläufig gefragt, ob sie sich denn gut mit Frauen verstünde. Das hatte sie ohne Argwohn bejaht. Das Verhältnis zu ihrer Mutter und Schwester sei gut, keine Probleme, auch sonst. Von einem Ministerium war nicht die Rede und von Jugendlichen und der Jugend an sich erst recht nicht.

Die Ministerin tat alles, um Helmut Kohls Vorwurf, sie sei als Jugendministerin eine Fehlbesetzung, zu widerlegen. Und war denn der Kanzler ein Magnet für jugendliche Wählerschichten? War dieser Koloss des Plüsches und des Biedermeiers nicht eine Persona non grata in allen jugendlichen Lebenslagen? Die Ministerin gab nicht auf, sie stürzte sich ins Getümmel, sie lächelte eisern und nahm sich vor, selbst den dümmsten Provokationen nicht mit physiognomischer Eiszeit zu begegnen.

Mitunter jedoch bildeten sich unheilige Allianzen gegen sie. Was hatten Helmut Kohl und der Sänger der »Toten Hosen« gemeinsam? Campino tauchte 1994 im Ministerium auf. Der »Spiegel« hatte das Streitgespräch inszeniert. Der Punk sollte sich als Rebell und Politikquälgeist zeigen, die Ministerin wollte sich als unerschrockene Jugendforscherin beweisen. Der Punk, acht

Jahre jünger als die Politikerin, schmeißt Fragen wie Bierflaschen: Waren Sie überhaupt irgendwann einmal jung? Waren Sie mal auf einem Popkonzert? CDU und Jugend, ist das nicht ein Widerspruch in sich? Können Sie sich vorstellen, was Jugendliche an Ihnen – nicht an Ihrer Person, sondern an Ihnen als Jugendministerin – hassen? Haben Sie sich das schon mal überlegt?

Die Ministerin versucht, das Terrain zu behaupten und zugleich witzig zu sein. Schlagfertig ist sie. Der Punk lässt nicht locker:

»Waren Sie mal richtig betrunken? Ich meine: Hat es mal einen Zeitpunkt gegeben, an dem Sie jung waren und richtig betrunken?«

»Ja.«

»Können Sie uns das mal erklären?«

»Was heißt erklären? Waren Sie noch nie betrunken?«

»Ich würde sagen: Die Frage ist dumm. Ich gebe sie an Sie zurück.«

»Ich bin mal aus einem Boot gekippt. Das war nachts, vier Uhr früh, nach der Abiturfeier. Ich war damals achtzehn. Ich hatte zu viel von dem Kirsch-Whisky getrunken, und dann hatte ich plötzlich einen Aussetzer. Für einen Moment hatte ich vergessen, dass ich ins Wasser falle, wenn der neben mir aufsteht.«

Über seine Zeit in Bonn hat Lothar de Maizière einmal gesagt, er habe gefroren wie niemals in seinem Leben zuvor. Er habe sich anziehen können, was er wollte, es blieb immer das Frieren, Frösteln und innere Zittern. Merkel hat nicht gefroren, sie hat allenfalls geweint, heißer Tränentreibstoff, Tränenansporn. Sie hat keine Disco, keinen Jugendclub, keine Talkshow gescheut, um ihre Tauglichkeit als Jugendministerin unter Beweis zu stellen. Der Drogenkonsum, der Drogenmissbrauch ist ein großes Thema jener Jahre und gehört zu ihrem Ressort. Sie muss den Staat und ihre Partei repräsentieren, sie darf aber auch nicht als lebensferner Politik-Zombie auftreten. Talkshows mit ihren schillernden Gästen sind die ultimative Herausforderung, diese Balance zu finden.

Nina Hagen ist ein sehr bunter Schmetterling. Sie ist ein Jahr jünger als Angela Merkel, auch im Osten aufgewachsen, aber wie sie da sitzen, 1992, in Erich Böhmes Sendung »Talk im Turm«, könnte man sie für unterschiedliche Lebensformen halten. Während Nina Hagen ihre Lippen dramatisch in die Runde wirft, grell geschminkt, versucht Merkel, perlenkettengesichert und scheinbar grau, ein Konsenslächeln. Doch Zu- und Einstimmung verweigert die Sängerin selbst dort, wo sie mit der Ministerin einer Meinung ist. Auch für sie, wie für Campino, ist die Politikerin an sich eine allergische Substanz, von der man sich redend abgrenzen muss – ganz gleich, ob man sich selbst widerspricht oder nicht. Sie schrillert:

»Sie sagen, wenn Sie ein Gläschen trinken, macht das keinen Rausch. Das stimmt doch nicht!«

»Ich trinke nicht um des Rausches willen!«

»Warum trinken Sie denn dann?«

»Weil's schmeckt.«

»Warum trinken Sie? Um Ihre Leber zu schädigen? Dann müssten Sie alkoholfreies Bier trinken!«

»Das schmeckt eben nicht!«

Merkel lächelt in die Runde.

Auf den Online-Seiten von Schönheitschirurgen findet man heutzutage folgende Texte: »Als Mentolabial-, Marionetten- oder Merkelfalten bezeichnen wir tiefe Furchen, die sich von den Mundwinkeln hinab in Richtung Kinn erstrecken. In ihrer dominantesten Ausprägung laufen sie – wie bei ihrer Namensgeberin Angela Merkel – mit der Nasolabialfalte zusammen. Sie entstehen durch natürliche Alterungsprozesse: Die Oberlippe drückt über Jahrzehnte auf die Unterlippe. Wenn die Haut mit der Zeit an Elastizität verliert, bilden sich durch dieses stetige Gewicht zunehmend Fältchen.« Eine Unterspritzung mit Hyaluronsäure wird empfohlen, um wieder liebenswert und lebenslustig zu erscheinen. Merkel lacht gern. Sie kann sich ausschütten vor Lachen. Sie kann giggeln und kichern, prusten und quietschen. Sie hat nicht verlernt, auch über sich selbst zu lachen. Bei einem Festakt in Berlin sagte sie 2010: »Ehrlich gesagt, dass überhaupt der Eindruck entstehen konnte, Protestanten, Freude und Fröhlichkeit gehörten nicht zusammen, verwundert mich. Jedenfalls ist mir das als evangelischer Pastorentochter nie in den Sinn gekommen, auch wenn man von mir ab und an Bilder sieht, auf denen ich etwas heruntergezogene Mundwinkel habe, was irrtümlicherweise mit Freudlosigkeit verwechselt wird. Ich glaube, es handelt sich dabei eher um eine erbliche Veranlagung, die bestimmt auch hundert Jahre zurückreicht.«

Das Publikum dankte ihr diese Passage mit Gelächter.

Adler

Wo die wilden Kerle wohnen, will sie hin. Sie streift dann einen Wolfspelz über und zieht in den Kampf. Es sind Muskelspieljahre. Wenn die Oppositionsführerin im Bundestag spricht, blecken der Kanzler und sein Außenminister bisweilen die Zähne, fläzen sich auf der Regierungsbank und grinsen höhnisch. Die Frau kann das nicht. Das denken viele Unionsmänner auch. Die Angela ist ein politischer Leichtmatrose, gegendert wird noch nicht, 2003, schon gar nicht vom Edmund, vom Roland, vom Friedrich oder vom Horst. Dass diese Frau Kanzlerin werden will, kann jeder hören. In jeder Rede knallt sie den wilden Kerlen Wilderes an den Kopf. Wenn sie den Gerhard und den Joschka verbal prügelt, jubeln der Edmund und der Friedrich pflichtschuldigst, aber insgeheim wissen sie, dass sie auch gemeint sind. Wenn die Angela von Deutschlands Zukunft spricht, dann meint sie sich, wenn sie von Aufbruch spricht, dann meint sie sich und wenn sie von Verkrustungen und Stillstand spricht, dann meint sie eben nicht nur Rot-Grün, sondern sie meint auch Horst, Roland, Edmund, Friedrich, die Männerrepublik. Die Angela spricht von einer neuen sozialen Marktwirtschaft, sie spricht von einer zweiten Gründerzeit der Bundesrepublik, sie bleckt die Zähne, fährt Krallen aus, sie spricht von Adenauer und Erhardt und meint doch sich, alles auf Anfang, alles auf Angela.

Der Adler hingegen ist mythologisch eine problematische Größe. Ist er nicht ein männerbündisches Wappentier, ein Macho mit Federkleid? Hängt er nicht selbstgefällig im Bundestag herum? Hat man ihn nicht schon in den Sechzigerjahren als fette Henne verspottet? Und jeder politische Karikaturist macht den Bundesadler irgendwann zur Zielscheibe seines Spotts. Für die wilden Kerle jedoch ist der Adler immer noch das Kraftversprechen, das Sinnbild des Höhenflugs schlechthin, erst recht des industriellen. Wer die Zukunft gewinnen und Kanzlerin werden will, muss hingehen, wo die wilden Kerle wohnen: In Berlin-Mitte residiert der Bundesverband der Deutschen Industrie (BDI), Breite Straße 29. Ein Reformkongress mit dem Titel »Für ein attraktives Deutschland. Freiheit wagen – Fesseln sprengen!« soll 2003 die Wende für die lahmende Wirtschaft und den Arbeitsmarkt bringen.

Im Jahr 2003 hieß der Vorsitzende des BDI Michael, heute, 2021, heißt er Siegfried. Eine Frau hat den BDI bis zum heutigen Tag noch nie geführt. Im Publikum sitzen denn auch überwiegend Männer, Kerle, selbstbewusste »Es-muss-etwas-geschehen, es-wird-etwas-geschehen«-Anführer. Ihr Tatendrang, ihr Reformeifer seufzt und stöhnt aus stahlblauen Anzügen. Am Tag zuvor hat der Edmund in Bayern die Landtagswahl gewonnen, triumphal, er ist der stärkste Kerl von allen.

Und da kommt die Oppositionsführerin. Der Michael tritt ans Mikrofon und sagt: »Es geht uns darum, Deutschland, den Adler, zurzeit eine gebeutelte, gefesselte Kreatur, zu befreien, zu entfesseln, damit er wieder fliegen kann.« Es muss etwas geschehen, es wird etwas geschehen. Drei Adler warten auf ihren Einsatz. Diese Inszenierung hatte sich Michael ausgedacht. Drei Adler waren gebucht worden, samt Falkner, drei Adler, die für nationalen, wirtschaftlichen und industriellen Aufschwung stehen sollten. Am Vortag hatte man eifrig geprobt, nichts sollte schiefgehen. Wieder und wieder waren die Adler durch die weite Halle des Hauses der Deutschen Wirtschaft gesegelt, hatten sich aus dem dritten Stock gestürzt und waren zum Podium geflogen, wo dann die Redner ihren lederbeschirmten Arm als Landeplatz anbieten sollten. Drei stolze Feder-Majestäten für drei aufbruchshungrige Reformer: Michael Rogowski (BDI), Pat Cox, Chef des EU-Parlaments, und Angela Merkel. Die Oppositionsführerin hatte das Adler-Kunststück jedoch schon vorher abgelehnt; das sei ihr einfach zu doof. Eine junge Frau sitzt inmitten der tatendurstigen Manager und hört die Kommentare: Frau Merkel solle sich mal nicht so anstellen, mutig geht anders, so wird das nichts mit der Kanzlerschaft! Und auch Michael Rogowski, der Chef-Entfessler des Adlers, findet, dass die Angela wohl ein bisschen Angst gehabt habe. Und jetzt ist es so weit, jetzt startet der Adler ... und steigt und fliegt ... er ignoriert das Podium, von Freiheitsdurst beseelt, und steigt auf zur gläsernen Decke des Atriums, wo ihn ein endlos blauer Himmel lockt, die totale Entfesselung. Doch der Vogel knallt gegen das Glas und krallt sich ins Drahtgeflecht der Decke, bleibt so kopfüber erst einmal hängen und wirkt jetzt wie eine riesige Fledermaus, die die Orientierung verloren hat.

Ob die Oppositionsführerin gelächelt hat, ist nicht überliefert.

»Den Adler hat sie sich dann ja doch noch geholt«, sagt Michael Rogowski achtzehn Jahre später. »Bitte?« – »Na, den Bundesadler, sie hat sich den Adler genommen, nicht umgekehrt!« Das stimmt in mehrfacher Hinsicht. Angela Merkel ist nicht nur Bundeskanzlerin geworden, sondern sie hat 2007 die Patenschaft für ein Exponat im Museum für Naturkunde in Berlin übernommen: ein Seeadler (Haliaeetus albicilla). Der Vogel steht majestätisch und stolz in einer Glasvitrine, eher randständig und völlig reglos.

Am Dönerstand

Kemal Atatürk hängt über allen. Früher hieß der Imbiss »Döner Kebap am Regierungsviertel«, dann »Café Motiv«, jetzt »Teras Döner«. Sie war immer zu Gast, ganz gleich, wie die Läden hießen, Angela Merkel kam. Als junge Ministerin war sie Anfang der Neunzigerjahre in die Wilhelmstraße gezogen, in einen Plattenbau. Gleich gegenüber auf der Ecke lag der Imbiss, dem sie bis heute die Treue hält. Atatürk, der Staatsgründer der modernen Türkei, schaut streng. Unter ihm hängen Helmut Kohl, ein erschreckend schlanker Peter Altmaier, Julia Klöckner, Franz Müntefering, Hans Eichel und die Kanzlerin. Auf dem gerahmten Foto steht sie neben dem Chef, er in hellgrüner Schürze, die Kanzlerin mit moosgrüner Jacke, deutschtürkische Freundschaft. Der Chef weiß zu berichten, dass die Bundeskanzlerin stets ohne Aufhebens kommt. Ein Leibwächter bleibt vor der Tür, die Kanzlerin stellt sich in die Schlange, wartet geduldig. Sie nimmt immer Döner ohne Zwiebeln und Soße. Sie sei eine Frau, die vor ihrem Volk keine Angst habe. Was, fragt sich der Chef, sind das für Herrscher, die Angst haben vor ihrem Volk? Die alles absperren? Die in riesigen Palästen wohnen? Die Demonstranten knüppeln lassen? Kemal Atatürk ist auch unters Volk gegangen, sagt er, wie Frau Merkel. Keine Berührungsangst habe die Frau. Eine ganz normale Frau, aber eine sehr starke Frau, sagt der Chef. Auch Atatürk, der Vater der Türken, hat auf starke Frauen gesetzt. Es gibt da dieses Foto, das um die Welt wandert: Merkel steht mit einem Dönermesser an einem Dönerspieß und lässt sich zeigen, wie man das Fleisch fachgerecht absäbelt. Mal warb damit ein Imbiss in Odessa, dann tauchte es mit dem Slogan »Döner macht schöner« vor einem Grill im schwedischen Kristianstad auf oder es hängt in einem Leipziger Dönerimbiss. Das Foto entstand bei einem Sommerfest des CDU-Mittelstands, als dort auch ein Dönerimbiss aufgebaut war. Obwohl die Kanzlerin den EU-Beitritt der Türkei nie unterstützt hat, gilt dieses Foto vielen Deutschtürken als Geste des Willkommens. Sie sei, sagt der Chef, ganz anders als der Herr da am Bosporus. Meinen Sie, der geht einkaufen wie die Frau Merkel? Er zeigt über die Straße, wo in Rufweite der Stamm-Supermarkt der Kanzlerin liegt. Da habe ich sie oft getroffen, zwei Leibwächter nur, sie wählt alles selbst aus, sie will kein Pascha sein, die lässt sich nicht bedienen. Nun entschuldigen Sie mich, sagt der Chef, ein Schwall Touristen strömt herein, er muss bedienen.

Mon Chéri –
Wer kann dazu schon Nein sagen?

Kleine Dinge halten bisweilen die große Welt zusammen. Süßigkeiten sind Botschafter und Diplomaten, sie gehen von Land zu Land, von Frau zu Mann, von Generation zu Generation. Süßigkeiten halfen auch dabei, die deutsch-deutsche Teilung zu überwinden. In den meisten Westpaketen an die Verwandtschaft im Osten durften Süßigkeiten nicht fehlen. Beliebt waren vor allem jene Produkte, die Noblesse ausstrahlten, die so taten, als stecke in ihnen nicht nur das Halbland BRD, sondern der ganze freie Westen gleich mit, italienisches, französisches oder englisches Flair. Mit Ferrero Küsschen, Mon Chéri und After Eight durch Europa reisen, der Duft der freien Welt. Auch in Angela Merkels Familie wurden die Pakete der Hamburger Verwandtschaft beinahe andachtsvoll geöffnet. Das Bonbonpapier der Mon-Chéri-Kirsche war viel zu schön, um es einfach wegzuschmeißen.

Selbst die Bundeskanzlerin erschreckt bisweilen darüber, dass selbst in den kleinsten Dingen große Politik steckt. Als sich osteuropäische Politiker immer häufiger bei ihr beschweren, dass bestimmte Nahrungsmittel in ihren Ländern ganz anders schmecken als in den westeuropäischen Herstellungsländern, ist sie alarmiert. Der EU ist das Problem bekannt, weshalb sie eine Richtlinie erlässt, die festlegt, dass Produkte, die europaweit angeboten werden, sich nicht *erheblich* in ihrer Zusammensetzung unterscheiden dürfen, sonst sei das Etikettenschwindel. In der Brust einer Kanzlerin schlagen immer viele Herzen. Sie hängt an der Piemont-Kirsche, sie denkt mit Rührung zurück an den Geschmack schmelzender Schokolade. Nach dem Willen der EU soll die likörgeschwängerte Kirsche überall gleich schmecken, nach dem Willen der Industrie soll sie in verschiedenen Ländern verschieden schmecken dürfen. Welchen Ausweg findet eine deutsche Kanzlerin, wenn sie vor den Vertretern der Mon-Chéri-Hersteller spricht? Sie bekennt sich 2019 vor den Vertretern des Markenverbandes zunächst einmal als Fan: »Ich muss Ihnen ganz ehrlich sagen: Als ich zum ersten Mal davon gehört hatte, dass, sagen wir einmal, die Mon-Chéri-Kirsche an verschiedenen Orten Europas anders zusammengesetzt ist, bin auch ich erschrocken und habe gesagt: Es kann doch nicht sein, dass meine Mon-Chéri-Kirsche anders schmeckt, wenn ich sie in Bratislava kaufe. Nun kann es aber sein, dass die Verbrauchsgewohnheiten dort anders aussehen und man zum Beispiel die Bitterschokolade in Bratislava anders einschätzt. Ich weiß das aber gar nicht, ich habe die Mon-Chéri-Kirschen noch nicht europaweit probiert.« An dieser Stelle der Rede vermerkt das Protokoll große Heiterkeit. Die Vorstellung, dass diese Bundeskanzlerin die Mon-Chéri-Praline europaweit probiert, erscheint abwegig, aber nicht ganz und gar ausgeschlossen.

Kartoffelsuppe

Im Sommer 2017 bebt die Republik. Die Kanzlerin enthüllt ein Geheimnis. Die Kanzlerin gibt preis, die Kanzlerin verrät, die Kanzlerin erstaunt. Was verrät sie? Das Geheimnis, warum ihre Kartoffelsuppe so gut gelingt. Jahrelang hat das Land diesem Tag entgegengefiebert, könnte man meinen, wenn man die Schlagzeilen landauf, landab liest. In einem Illustrierten-Interview hatte Angela Merkel gesagt: »Ich zerstampfe die Kartoffeln immer selbst mit einem Kartoffelstampfer und nicht mit der Püriermaschine. So bleiben in der Konsistenz noch immer kleine Stückchen übrig.« Es rauscht im Blätterwald, es ist Wahlkampf. Martin Schulz, der Kanzlerkandidat der SPD, hat diesem Rezept nichts entgegenzusetzen, seine Partei lässt alle Hoffnung fahren.

Langjährige Beobachter konnten da nur staunen, welche medialen Wellen die Kartoffelsuppe immer noch schlug, wie wirkmächtig und multifunktional Merkels Kartoffelsuppe immer noch war, obwohl die Politikerin die Suppe nie versteckt hatte, eher das Gegenteil war der Fall. Bereits 2013 hatte sie zur großen Erheiterung des Publikums bei einer Fragestunde in Stuttgart gesagt: »Ich möchte in meiner Freizeitbeschäftigung wirklich nicht auf Kartoffelsuppe reduziert werden. Darum bitte ich sehr stark.« Die Kartoffelsuppe war also bereits zu diesem Zeitpunkt ein Dauerbrenner und eine mediale Allzweckwaffe: Immer wenn zudringliche Fragesteller etwas aus dem privaten Leben der Kanzlerin wissen wollten, zauberte sie die Kartoffelsuppe als private Miniatur hervor und entzückte damit die Interviewer meistens so sehr, dass diese völlig vergaßen, weitere Nachfragen zu stellen. Die Suppe bewährte sich als Schnellsättigung des Hungers nach Intimität. Die Vorstellung, dass eine Bundeskanzlerin selbst Suppe koche, muss für die meisten Deutschen eine geradezu sensationelle Mitteilung gewesen sein, vielleicht auch deshalb, weil man sich Kanzler immer männlich dachte, dramenumwölkt und tatendurstig, zu diesem Bildkomplex passte die Kartoffelsuppe nicht. Oder konnte man sich Helmut Schmidt und Helmut Kohl etwa mit Küchenschürze und Kartoffelstampfer vorstellen? Merkels Regierungssprecher indes lernten am Telefon bald, dass die Chefin sehr wohl die Kochtopfdeckel tanzen und klappern lassen konnte, während sie sie über die Weltlage unterrichteten, und ein Regierungssprecher mit Kartoffelsuppen-Intoleranz wäre erst gar nicht ihr Regierungssprecher geworden. Aber die Sache, die Suppe hat durchaus auch ernste Seiten.

Der Chef des Berliner Büros des »Spiegel« stöhnte manches Mal, wenn er mit Kollegen zum Hintergrundgespräch im Kanzleramt weilte: »Es gibt Kartoffelsuppe, wieder gibt es Kartoffelsuppe.« Natürlich lässt die Kanzlerin in diesem Fall kochen, den Ritterschlag einer selbst gekochten Kartoffelsuppe hat vermutlich noch kein Journalist erfahren. Immerhin wusste der Kollege zu berichten, dass die Kanzlerin auch bei fremdgekochten Kartoffelsuppen um Nachschlag bittet: »Zwei Kellchen«, heißt es dann. Es wäre jedoch verfehlt anzunehmen, die Kartoffelsuppe für Journalisten sei eine Art subtiler Rache an ihnen oder eine Übung in Askese, nein, vielmehr ist die Kartoffelsuppe eine äußerst bodenständige und schmackhafte Gefährtin und Alltagsbegleiterin der Kanzlerin, sie betrachtet die Kartoffelsuppe als existenzielle Rückversicherung und Identitätstankstelle.

Okay, hier steckt ein gewisses Interpretationsmoment, aber ist es wirklich Zufall, dass Angela Merkel 2005 und 2009 nach ihrer Vereidigung zur Bundeskanzlerin im allerengsten Kreis – mit Mutter und Vater zudem – jeweils Kartoffelsuppe reichen ließ? Die Kartoffelsuppe ist eben auch Herkunft und Heimat und ohne Herkunft keine Zukunft. Wenn die Kanzlerin also anlässlich ihrer Vereidigung Kartoffelsuppe kredenzen ließ, war das die Einbindung des Alltags in das Festmoment und die Verteidigung des eigenen Herkommens gegen das zu erwartende Wegkommen von sich selbst, ein Stück kleiner Geschichte in der ganz großen. Nichts verändert so sehr wie die Macht und kein anderes Amt in diesem Land zerrt so sehr am Menschen wie das Amt des Bundeskanzlers, der Bundeskanzlerin. Die Kartof-

felsuppe ist also nichts anderes als ein brückenschla-
gender Lebensversicherungsnachweis und ein Memento: Vergiss nicht, wo du herkommst, vergiss nicht,
wer du bist!

Als die junge Ministerin für Frauen und Jugend gerade im Amt war und das erste Mal der Dienstwagen
vorfuhr, drehte sich der Fahrer zu ihr um und sagte:
Passen Sie mal auf, Sie sind der achte Minister, den ich
jetzt fahre, und Sie werden sich in den nächsten zwei
Jahren total verändern, Sie werden sich noch wundern,
so anders werden Sie. Die Ministerin erschrak, ja, sie erbleichte innerlich, denn das, die Totalveränderung und
Wesensentstellung, war ihre größte Sorge. Natürlich
hatte Angela Merkel die folgende Keuner-Geschichte
von Bertolt Brecht gelesen: »Ein Mann, der Herrn K.
lange nicht gesehen hatte, begrüßte ihn mit den Worten: ›Sie haben sich gar nicht verändert.‹ ›Oh!‹, sagte
Herr K. und erbleichte.« Sie wollte sich durchaus verändern, sie wollte den Wandel ergreifen und eigene Grenzen erproben, an Grenzen gehen, aber sie wollte sich
nicht untreu werden, sich nicht deformieren lassen,
kein Wendehals sein. Und schließlich hatte sie im irr-
witzig schnellen Transformationsprozess 1989/90 gesehen, wie Menschen, die gerade noch normale Bürge-
rinnen und Bürger waren, vom politischen Betrieb in
zappelige Comicfiguren verwandelt wurden, die abho-
ben, Sprechblasen aufsteigen ließen und sich selbst verloren. Das wollte sie alles nicht. In den frühen Neunzi-
gerjahren zeigt sich Angela Merkel der Öffentlichkeit

noch sehr verwundbar, sie verbirgt sich kaum und spricht auch über Privates. So gibt sie der Fotografin Herlinde Koelbl für das Projekt »Spuren der Macht« ungewöhnlich freimütige Interviews. In einem Gespräch aus dem Jahr 1992 spricht sie davon, wie sie von den Zeitläuften und Terminen, den Kalendern und politischen Rhythmen nahezu verschlungen wird, jedenfalls so in Anspruch genommen wird, dass zu Hause, auch in der Beziehung zu ihrem Lebensgefährten, vieles ungetan bleibt, verkümmert. Und dann bricht es an einer Stelle regelrecht aus ihr heraus: »Aber neulich habe ich endlich einmal wieder Kartoffelsuppe gekocht. Niemand auf der Welt kann so Kartoffelsuppe kochen, wie ich sie koche. Ich habe es aufgegeben, dafür jemanden zu finden. Solche Dinge bleiben leider häufig auf der Strecke.«

Das liest sich beinahe wie eine komisch anmutende emotionale Aufwallung und ein Sehnsuchtsbekenntnis: Die beste Kartoffelsuppe der Welt bleibt ungekocht, weil die Köchin keine Zeit mehr findet, sie zuzubereiten. Die Suppe steht daher auch für ein unerreichbares Gestern, in dem man noch von Mutter in den Garten zum Petersilieholen geschickt wurde, sie steht für die Kindheit und Jugend auf dem Waldhof, wo sie Kartoffeln aus dem Boden zog und lernte, wie man erntet, wie man pflanzt, sät und gießt. Der Gärtner auf dem Waldhof hat sich viel Zeit für die junge Angela genommen, anders als der Vater, der oft unerreichbar blieb und seinen eigenen Pflichten nachging. An diesen Gärtner hat sie oft gedacht, sie hat ihn vielfach in Reden und Interviews erwähnt und sie hat stets hervorgehoben, mit welcher Geduld er ihr Pflanzensorten, Fruchtfolgen und Wachstumskreisläufe nahebrachte, wie man bestimmte Pflanzen zurückschnitt und pflegte, wie man Unkraut zupfte und Schädlinge erkannte, wie man düngte und frühe Blüte gegen Frost schützte. Diese Figur, die das Prinzip des geduldigen Hegens, Pflegens und Förderns verkörperte, steht ihr auch heute noch lebhaft vor Augen. Und einen Garten hat sie auch noch hinterm Sommerhäuschen am See. Selbstverständlich sind Kartoffeln hier Stammgäste. Auf die Frage, was sie denn zu ihrer Entspannung unternehme, antwortet sie meist, sie betreibe Gartenarbeit, wozu auch das Jäten von Unkraut gehöre. Das sei eine Übung in Demut.

Schreckliche Eltern

Zu den Aufgaben einer Bundesjugendministerin gehört es, jugendlichen Bundesbürgern gegenüberzutreten und ihnen eine verheißungsvolle Zukunft zu verheißen. In ihrer Amtszeit als Jugendministerin zwischen 1991 und 1994 trifft Angela Merkel viele Kinder und Jugendliche. Sie bemüht sich redlich. Nun muss man zwar zugeben, dass Jugendliche ohnehin sehr rätselhafte Wesen sind, umgekehrt gilt das aber auch. Politikerinnen und Politiker, die sich auf Jugendliche zubewegen, kommen selten in selbstloser Absicht. Man spricht einander fremde Sprachen, man lebt in anderen Körpern, man besiedelt unterschiedliche Planeten. Aus Sicht vieler Jugendlicher ist der Politiker eine besonders verdächtige Abart der Erwachsenen, eine extraterrestrische Lebensform, die sich jederzeit in eine feuerspuckende oder wasserwerfende Mutation verwandeln kann. Als die Kanzlerin 2007 an einer Hochschule in Hamburg eine Rede hält, räumt sie freimütig ein, wie schwer es mitunter für sie war, diese existenziellen Wesensunterschiede mit Small Talk zu überbrücken: »Einmal wurde ich zu zugegebenermaßen schon etwas älteren Jugendlichen in Baden-Württemberg geführt, die auf Rathausstufen sozusagen ›vor sich hinsaßen‹. Es waren drogenabhängige Jugendliche. Keiner wusste so richtig etwas mit ihnen anzufangen. Man führte mich als Jugendministerin dahin und ich wusste ehrlich gesagt nicht, was man von mir wollte. Ich habe mich mit ihnen unterhalten und es war auch ganz angenehm. Hinterher habe ich dann gefragt: Was glauben Sie jetzt, was wir, Sie und ich, tun sollten? Sie guckten mich an und meinten: Finden Sie nicht auch, dass wir einfach schreckliche Eltern haben?«

Wenn eine in ihr dreißigstes Jahr geht, wird sie anfangen, Zweifel zu nähren, ob sie noch jung genannt werden darf oder ob sie nicht schon, von Erinnerungen beschwert und niedergehalten, den größten Vorrat an Möglichkeiten verbraucht hat. Wie viel Zukunft liegt noch vor ihr? Als Angela Merkel dreißig Jahre alt wurde, lag ein Leben hinter ihr und die Möglichkeiten schienen eng umgrenzt. Die DDR gestattete ihren Bürgern die Ausreise erst, wenn sie nahezu möglichkeitsleer, wenn sie grau und alt waren, wenn die systemstabilisierende Arbeitskraft ausgepresst war. Die junge Physikerin träumte davon, wenn es ihr der Staat denn erlaubte, nach Amerika zu reisen, die Weite des Landes zu durchqueren, Bruce Springsteen zu hören. Für Frauen galt die Reisefreiheit ab dem sechzigsten Lebensjahr. Im Orwell-Jahr 1984 war Angela Merkel von diesen Möglichkeitswelten weit entfernt und zugleich nahm die Potenzialität möglicher Lebenswege und Lebensentfaltungen dramatisch ab. Angela Merkel war 1984 eine promovierte Physikerin, sie war geschieden, kinderlos, die Zeit des zukünftigen Stillstands war ablesbar an jeder Wand, jedem Treppenaufgang, an den Fassaden, in den Gesichtern der Menschen, in der verhärteten

Physiognomie der Staatsführung. Das Politbüro war eine Tafelrunde froststarrer Bürokraten, die einen modrigen Traum hüteten. Nach der Trennung von Ulrich Merkel war die junge Frau aus der gemeinsamen Wohnung ausgezogen, mit stiller Entschiedenheit. Ein Zwischenunterschlupf war schnell bei einer Kollegin aus der Akademie der Wissenschaften gefunden, doch eine dauerhafte Bleibe musste her. Die Kollegen des Zentralinstituts für Physikalische Chemie schwärmten aus und betätigten sich als Wohnungsbeschaffungsbrigade. In der Templiner Straße im Prenzlauer Berg wurde eine leer stehende Wohnung mit einem Bohrer aufgebrochen und dann in mehrtätiger Kollektivanstrengung instand gesetzt. Einige Möbel fanden sich auf der Straße, anderes stammte aus aufgelösten Beziehungen und Wohnungen. Ein Herd fehlte ganz, immerhin funktionierte der Kohlenofen. Aus der Pfarrerstochter und Doktorin der Physik wurde unversehens eine Wohnungsbesetzerin, die sich zwar nicht gegen den Staat auflehnte, aber dem amtlichen System der Wohnungsverwaltung und den bürokratischen Wunschkontrollorganen ein Schnippchen schlug. Die Aktion *Wohnung für Angela* hatte den Charakter eines basisnahen Happenings, das gekrönt wurde durch das neue Schloss an der Tür und ein Einzugsfest.

Die Szenerie erinnert ein wenig an den Lieblingsfilm von Angela Merkel, »Die Legende von Paul und Paula«, den sie 1973 in Leipzig gesehen hatte. Paul, ein Karrierist im Staatsdienst, unglücklich verheiratet, beginnt eine Affäre mit seiner Nachbarin Paula, einer Kassiererin in der nahen Kaufhalle. Paula ist eine unbedingte Enthusiastin des Gefühls, jeder Streit ein Sturm, jede Träne ein Ozean, jede Versöhnung eine himmlische Versöhnungsfeier, jeder Liebesakt ein Abfackeln aller Alltagsgesichter. Zwar siegt die Liebe zwischen den beiden, aber zuletzt kommt der Tod und holt Paula. Der Film ist also zutiefst melodramatisch, er ist komödiantisch, romantisch, aber auch tragisch. Unvergessen, wie Paul sich mit einer Axt den Weg zu Paula freischlägt. »Die Legende von Paul und Paula« ist ein unbedingtes Plädoyer für die systemsprengende Kraft des Gefühls und die Liebenden sind Abtrünnige des sozialistischen Alltags.

Bei einer Veranstaltung der Deutschen Filmakademie im Jahr 2013 stellte die Bundeskanzlerin ihren Lieblingsfilm vor und hob im Gespräch mit Andreas Dresen mehrfach auf die Kraft der Emotionen ab, auf die Resistenz der Gefühle gegen Ideologien, Karriereverpflichtungen und befohlene Staatsloyalität. Angela Merkel ist, entgegen ihres Rufs, entgegen des Images der total kontrollierten, bisweilen eisigen Machtfrau, eine Dissidentin des Gefühls, die sich in der Ehe mit Ulrich Merkel eben nicht mit der dauerhaften Unterversorgung durch Glück zufriedengeben wollte. Sie wollte Bewegung, Aufbruch, die Axt an der Tür, eine Alternative zum alternativlosen Leben in der DDR.

Zu ihrem dreißigsten Geburtstag empfing die nicht mehr ganz junge Wissenschaftlerin Besuch von ihrem

Vater in der wild besetzten Wohnung in der Templiner Straße. Die Tochter brühte dem Vater, dessen Blick die wenigen Habseligkeiten und Möbel in der Anderthalbzimmerwohnung rasch gemustert hatte, einen türkischen Kaffee und bat ihn, sich auf dem zerschlissenen Sofa niederzulassen. »Weit hast du es ja nicht gebracht!«, sagte Horst Kasner und vergaß die Gratulation zum Geburtstag. Nicht eben charmant sei das gewesen, bemerkte Angela Merkel später und sammelte mit diesem Geständnis in der Filmakademie die Sympathien ein. Doch der souverän-heitere Tonfall der Erinnerung kann nicht verbergen, dass es die Dreißigjährige geschmerzt haben muss, von ihrem Vater so auf ausgebliebene und unerfüllte Hoffnungen reduziert zu werden. Wie weit und wohin hätte es die promovierte Physikerin Angela Merkel nach Auffassung ihres Vaters im dreißigsten Lebensjahr gebracht haben müssen? In einem Land, in dem man weit nur nach innen reisen konnte, reich allenfalls an Erfahrungen wurde und jede Karriere sich unter dem eifersüchtigen Leitstern der Partei zu entfalten hatte. Hatte sich ihr Vater Enkelkinder gewünscht, eine bürgerliche Solidität, währenddessen die Dreißigjährige im Habitat ihres Instituts und ihrer wilden Wohnung noch wie eine Studentin aussah? Ging es um wissenschaftliche Reputation und Exzellenz? Horst Kasner und seine Frau waren leistungsorientiert. Die protestantische Ethik des Fleißes trieb diese Familie an, die in einem Staat lebte, dessen Atheismus den Menschen auf das Kollektiv und die

Klasse verpflichten wollte und Gott nur in Randzonen zuließ. Fleiß und Tüchtigkeit schützten vor dem Totalzugriff des Staates und garantierten eine gewisse Freiheit im Unfreien.

Im Sommer 2001 besucht der Reporter Alexander Osang Horst Kasner in Templin. Sie sitzen einen langen Nachmittag zusammen und reden und reden. Gegen Ende seines Besuches, es wird allmählich dunkel im Zimmer, bilanziert Kasner die Lebensleistungen seiner Familie. Die Tochter hat es schon weit gebracht, sie ist mittlerweile Parteivorsitzende der CDU. Der Reporter, den der alte Kasner an Richard von Weizsäcker erinnert, hält über dessen Leistungsbilanz fest: »Er ist ehrgeizig, nicht nur was sein Leben anbetrifft. Er berichtet über die Karrieren seiner drei Kinder und seiner Frau, als müsse er das abrechnen. Er hatte wenig Zeit für seine Kinder, sagt er. Angela Merkel sagt, dass sie oft draußen stand und nach ihm Ausschau gehalten hat. Er hat seine Versprechen nicht gehalten, er kam immer später, als er versprochen hatte. Er hat sie längst verloren, auch wenn sie ihm noch immer etwas zu beweisen versucht.«

Als Angela Merkel 2005 zur Bundeskanzlerin vereidigt wird, sitzen auch die Eltern auf der Besuchertribüne. Horst Kasner ist vorsichtig geworden und lässt sich nicht mehr interviewen. Nur ein knappes Lob lässt er sich von den zahlreichen Journalisten noch entlocken: »Das kommt nicht alle Tage vor.« Die Tochter hat es so weit gebracht, wie es ein Mensch nur bringen kann. Sie hat die Vorstellungskraft des Jahres 1984 lächerlich gemacht.

Katzengleich

Zu sagen, die Männer hätten sich nicht gemocht, wäre, wohl untertrieben. Jeder trug schwer an den Wunden, die der andere ihm geschlagen hatte. Der schwarze Ministerpräsident und sein Stellvertreter von der SPD bildeten ab 1994 eine sehr ungeliebte Große Koalition in Mecklenburg-Vorpommern. Es krachte im Gebälk vom ersten Tag an. Nach kaum anderthalb Jahren drohte die Koalition zu scheitern. Jetzt war das Fingerspitzengefühl der CDU-Landesvorsitzenden gefragt und die hieß seit 1993 Angela Merkel. Sie reiste als politische Bombenentschärferin nach Schwerin. Die Männer der CDU saßen vor ihr, mit verschränkten Armen, geladen und gereizt, bereit, die Koalition platzen zu lassen. Passt mal auf, sagte die Frau aus Bonn, die SPD ist jetzt wie eine Katze auf den Baum geklettert, wie eine Katze in Panik, die bleibt da, die kommt so schnell nicht runter und jetzt verlangt ihr, dass sie runterspringen soll, mit einem Satz. Das wird aber nicht funktionieren. Wenn die Katze auf einen Baum gesprungen, in Panik hochgeschossen ist, sich verklettert hat, dann sieht sie vor Schreck den Rückweg nicht. Ihr müsst ihr helfen, damit sie ganz langsam, Schritt für Schritt runterkommt, vorsichtig und dabei das Gesicht wahrend. Die Landesvorsitzende reiste wieder ab, die Männer murrten, aber die Koalition hielt.

Kohls Mädchen

Als Helmut Kohl 1991 sein drittes Kabinett bildete, suchte er Frauen, wusste aber nicht, wohin mit ihnen. Einerseits war ihm klar, dass die Union endlich auch mehr Politikerinnen im Kabinett brauchte, um gerade noch so als zeitgemäß gelten zu können, andererseits kam es überhaupt nicht infrage, dass eine Frau ein wirklich machtvolles Ministeramt bekleidete. Das Finanz-, Verteidigungs-, Außen- oder Arbeitsministerium unter Führung einer Frau? Zum damaligen Zeitpunkt undenkbar, wohl nicht nur unter einem CDU-Regierungschef. Da besann sich der Kanzler auf einen Trick, der etwas Biblisches hatte, eine wundersame Frauenvermehrung: aus eins mach drei. Er teilte das große Ministerium von Rita Süssmuth – ein sogenanntes Querschnittsministerium, das die Bereiche Jugend, Familie, Frauen und Gesundheit umfasste – und machte aus diesem einen Haus drei Ministerien, die er mit Frauen besetzte: Gerda Hasselfeldt (Gesundheit), Angela Merkel (Frauen und Jugend) und Hannelore Rönsch (Familie und Senioren). Mit diesem Coup hatte der Kanzler sein Frauenproblem gelöst und die Nachfolgerinnen von Rita Süssmuth gleich derart geschwächt, dass sie sich kaum als Gegenspielerinnen zu ihm aufbauen konnten. Die Journalisten und Abgeordneten, die kaum noch durchblickten, wer welches Ministerium innehatte, sprachen dann alsbald auch geringschätzig von Helmut Kohls »Dreimäderlhaus«, was wie eine deutsche Filmklamotte klang. In diesem Zusammenhang wurde Angela Merkel dann auch recht schnell als »Kohls Mädchen« bezeichnet, weil sie anders als die westdeutschen Politikerinnen Hasselfeldt und Rönsch ganz und gar als Kohls »Geschöpf« wahrgenommen wurde, so als habe er sie gleichsam in einem Labor geschaffen, eine ostdeutsche protestantische Frau, mehr Quote ging nicht. Man belächelte diese Unbekannte zunächst. Norbert Blüm lehnte eine Einladung von ihr zum Mittagessen brüsk ab, er habe Besseres und Wichtigeres zu tun. Und als Merkel im Ministerium gelegentlich selbst ans Telefon ging, weil ihr noch eine »Vorzimmerdame« fehlte, mokierten sich nicht nur Männer: »Aber das macht man doch bei uns nicht!« Gerne legten Minister ihren Arm um das »Mädchen« oder schlugen ihr gönnerhaft auf die Schulter.

Es fiel Angela Merkel nicht leicht, in dieser Bonner Republik anzukommen, eine Republik, die atemberaubend selbstgefällig und satt wirkte und seltsam fühllos für den Prozess der Wiedervereinigung. Der Werbeslogan jener Jahre, »Ich will so bleiben, wie ich bin.

Du darfst!«, brachte die mentale Trägheit der westdeutschen Eliten auf den Punkt. Angela Merkel machte diese Haltung wütend und zugleich versuchte sie, sich anzupassen und zu überleben. Werde ich es schaffen? Sie gibt damals ein Fernsehinterview und man hört deutlich heraus, wie schwer ihr dieser Prozess des Ankommens fällt: »Es ist manchmal so, dass ich an ein indianisches Sprichwort denke: ›Die Seele ist noch nicht angekommen, obwohl der Körper schon da ist.‹ Es ist schwer zu verkraften und auch wenig Zeit, das zu verarbeiten, aber ich war froh über die politische Wende in der DDR und insofern denk ich, muss ich mich der Verantwortung stellen und langsam in sie hineinwachsen.«

Zum Glück brach sie sich in dieser Zeit das Bein. Der Beinbruch war schmerzhaft und kompliziert, aber er brachte es mit sich, dass sie mehrere Wochen lang im Krankenhaus lag und darüber nachdenken konnte, wer sie sein wollte, wie sie Dinge tun wollte und was es zu berücksichtigen galt. Sie las viel, dachte nach, erledigte, so gut das ging, ihre Amtsgeschäfte, aber sie genoss erst mal die Atempause. In dieser Phase, das gebrochene Bein lugte immer noch unter der Bettdecke hervor, kam ein Journalist auf die Idee, es könne eine gute Sache sein, wenn er die stellvertretende Vorsitzende der SPD, Herta Däubler-Gmelin, und Angela Merkel, die stellvertretende Vorsitzende der CDU, zu einem kontroversen Gespräch bitten würde, ein Gespräch über den Stand der deutschen Einheit und Frauen in der Politik. So kam es zu einem denkwürdigen Dreiergipfel am Krankenbett, der allerdings einen anderen Verlauf nahm als geplant. Für die SPD-Politikerin klang es so, als läge da nicht Angela Merkel im Bett, sondern der Kanzler. Die Ministerin habe geklungen wie eine Kohl-Schallplatte, nicht wie eine eigenständige Persönlichkeit. Die SPD-Politikerin konnte schnell ungnädig werden, wenn sie ihre Zeit zu verschleudern glaubte, und brach das Gespräch kurzerhand ab. Da hätte sie ja gleich mit Helmut Kohl diskutieren können. Das sei doch ein komisches Schauspiel. Das Gespräch blieb unvollendet und wurde nie gedruckt. Der Journalist saß in den Trümmern seiner Idee und Angela Merkel staunte über das Tempo, mit dem ihre Kollegin ausgestiegen war.

Sie hingegen brauchte Zeit, um ihre Stimme, um einen Platz am Kabinettstisch zu finden, sie brauchte Zeit, um das Etikett »Kohls Mädchen« abzustreifen. Es war Helmut Kohl selbst, der einmal erzählte – da war er schon alt und gesundheitlich schwer angeschlagen –, wie es zu dieser Redewendung kam. Es sei 1991 gewesen, als er sich einmal sehr über die junge Ministerin aufgeregt und dementsprechend lautstark auf sie eingewirkt habe. Als der damalige CSU-Landesgruppenchef Wolfgang Bötsch diese Szene gesehen und erlebt habe, wie betroffen und geknickt die junge Frau gewesen sei, habe er Helmut Kohl gemahnt: »Kanzler, behandel bloß das Mädchen gut.«

Wenn die Kanzlerin Fußball schaut, gehen ihr die Gäule durch. Derbe Kraftausdrücke übernehmen dann das Kommando, auf dem heimischen Sofa darf sie alle diplomatischen Zügel fahren lassen. Sicher lässt sich ihre Fußballbegeisterung nicht nur als kompensatorische Leidenschaft deuten, aber entlastend ist es sicherlich, wenn die stets affektkontrollierte und gefühlsdisziplinierte Politikerin wie ein Droschkenkutscher fluchen kann. »Es ist«, gab sie einmal zu, »natürlich einfach, sich vor den Fernseher zu setzen und Fußballspiele zu kommentieren: Wie spielt der Idiot schon wieder, ich kann das nicht mit ansehen; die paar Zentimeter; schon wieder an den Pfosten, mein Gott.« Dass sie mit Flüchen und Injurien gegen den fußballerischen Gegner nicht geizt, ist vielfach belegt, wenn auch öffentlich meist nicht bezeugt, denn auch eine Kanzlerin muss sich darauf verlassen können, ein Privatmensch sein zu dürfen. Deshalb hat Merkel sich auch so gut wie nie öffentlich dazu bekannt, ein Fan des FC Bayern zu sein. Als 2018 ein Mitarbeiter des Kanzleramts das in einer Quiz-Sendung öffentlich macht, war sie vermutlich nicht amüsiert. Sie lässt sich, wenn sie keine Zeit zum Fußballschauen hat, regelmäßig per SMS über Spielstände informieren, wenn die Bayern etwa in der Champions League spielen. Wie jeder ordentliche Fan wütet die Kanzlerin dann bisweilen auch gegen Schiedsrichter und Sportkommentatoren: »Es ist so, wenn ich vor dem Fernseher sitze und ein Fußballspiel verfolge, dass ich die Kommentierung als simpel empfinde. Meistens ist sie nicht gut, selten eine Sternstunde. Wenn ich dann selbst anfange, meine Beine voreinanderzusetzen, bin ich natürlich extrem unangenehm überrascht, wie weit meine Fähigkeiten von den Träumen und Wünschen, die ich in andere hineinprojiziere, entfernt sind.« So sprach die Kanzlerin 2009 zu angehenden Journalistinnen und die Einsicht in die Begrenztheit der eigenen Möglichkeiten zeigt Merkel mal wieder als demütigen Menschen und damit auch als kluge Politikerin.

Natürlich ist Fußball auch stets Politik und natürlich kam Merkel das Sommermärchen 2006 zu Beginn ihrer ersten Amtszeit als Kanzlerin medial und atmosphärisch zupass, aber von einer instrumentellen Indienstnahme des Fußballs durch das Kanzleramt kann zumindest durch die Kanzlerin selbst nicht die Rede sein. Wer sie einmal am Rande von Länderspielen beobachtet, wie sie mitfiebert, oder wer mit Nationalspielern über ihre Fußballleidenschaft spricht, wird schnell feststellen – selbst bei größtem Argwohn –, dass ihre emotionale Hingabe echt ist. Es ist gar nicht leicht, ihre Fußballeuphorie angemessen zu beschreiben, ohne selbst in kindliche Euphorie zu verfallen, denn mitunter scheint es fast so, als sei Merkel nur Bundeskanzlerin geworden, um ihren Fußballlieblingen die Hand drücken oder ihr Gesicht in verschwitzte Trikots pressen zu dürfen. Es steht leider kein besserer Begriff zur Verfügung als der der Verliebtheit, einer unbeherrschten, unvernünftigen Verliebtheit, die sich da Bahn bricht. Fotos, die den Augenblick bergen, teilen mitunter mehr mit als das unmittelbare Erleben, weil sie sehr intime Regungen sichtbar machen und festhalten, die sonst im wogenden Meer der Öffentlichkeit keine Beachtung gefunden hätten. Tatsächlich verwandelt sich die Kanzlerin dann für die Länge eines Wimpernschlages, sie verjüngt sich, sie legt alle politischen und amtsauratischen Machtzurüstungen ab und leistet sich den Luxus, ein Kind zu sein. Als sei das zupackende Herzen und Umarmen der Fußballer ein Thalassobad für die desillusionierte Politiker-Seele. Weil man ihr diese Fußballhingabe zu Beginn ihrer Amtszeit nicht abnahm, bekannte sie freimütig: »Ich bin natürlich schon ein Stück neidisch gewesen, wie gut mein Vorgänger doch auch das praktische Fußballspiel kann.« Gerhard Schröder, Fußball-Spitzname »Acker«, trat gegen jeden Ball, wenn auch nur eine Kamera in Sichtweite war, und versprach den Vollspannstoß als Ausweis männlicher Fußball- und Herrschaftsvollkommenheit weiterzutragen. Jeder Schuss ein Treffer, war des Kanzlers Botschaft. Merkel hingegen begnügt sich mit der Rolle des leidenschaftlichen Fans; alles andere wäre auch kaum glaubhaft, denn seit Kindertagen zeigte sie in Ballsportarten wenig Talent, und Kinderfreunde, die mit ihr auf dem Waldhof aufwuchsen, bezeugen, dass sie bei Ballspielen, insbesondere Fußballspielen, eher am Rand stand und zuschaute. Ihre Karriere als Zuschauerin aber, als echte Fußballfühlende lässt sich Merkel nicht nehmen und bringt gelegentlich Belege. Ihr erstes Fußballländerspiel im Stadion habe im Mai 1974 im Leipziger Zentralstadion stattgefunden, als die DDR ein Freundschaftsspiel gegen die Elf aus England spielte und sich ein 1:1 erkämpfte. Torschütze war das Schlitzohr Joachim Streich. Bei der Fußballweltmeisterschaft 1974 in der Bundesrepublik hingegen will Merkel der westdeutschen Mannschaft die Daumen gedrückt haben, als sie in der Vorrunde gegen die DDR spielte, übrigens das einzige deutsch-deutsche Brüderduell in der Fußballgeschichte. Sie habe der Mannschaft um Beckenbauer und Co deshalb den Erfolg gewünscht, weil im Falle eines DDR-Erfolges dieser propagandistisch ausgeschlachtet worden wäre und man anschließend wochenlang die Überlegenheit der sozialistischen Gesellschaft in den Staatsmedien gefeiert hätte. Auf Merkels Wünsche nahm Jürgen Sparwasser bekanntlich keine Rücksicht, als er am 22. Juni 1974 in der 79. Minute den Siegtreffer zum 0:1 erzielte.

Als junge Ministerin hätte man sie häufiger in Bonner Kneipen antreffen können, wo sie bisweilen Fußballspiele verfolgte. Auch bei ihrem damaligen Staatssekretär lud sie sich kurzerhand zusammen mit ihrer ebenfalls fußballbegeisterten Büroleiterin ein, um dort, im familiären Kokon eines Einfamilienhauses, dem Fußball frönen zu können, etwaiges Nervenfieber wurde mit handelsüblichen Salzstangen bekämpft. Auch die Fußballeuropameisterschaft 1996 begleitete sie äußerst engagiert in Bonner Fußballkneipen und 2002 ließ sie ihren eher fußballmüden Ehemann allein im Wochenendhaus zurück, um bei den Nachbarn das WM-Finale zu verfolgen.

Wenn Kanzler aus dem Amt scheiden, lassen sie eine Menge Devotionalien zurück, Gastgeschenke aus aller Herren und Damen Länder, die bisweilen bizarr, manchmal anspielungsreich und selten geistreich sind. Für diese bilateralen Scheußlichkeiten, die immer von guten Absichten sprechen, aber praktisch nie einlösen, was sie symbolisch heraufbeschwören, gibt es die Asservatenkammer im dritten Stock des Bundeskanzleramtes. Dort lagern inzwischen auch, auf ewig eingemottet und unerlöst, weil nie getragen, weil nie im Spiel zu sich selbst gekommen, ein paar Trikots der Nationalmannschaft, signiert von der ganzen Nationalmannschaft für die Kanzlerin, eine Stalkerin von Amts wegen, der es hin und wieder sogar gelungen ist, in die Kabine des Teams vorzudringen. Umgekehrt aber gilt das auch und die Mannschaft oder Abgesandte der Mannschaft dringen bis ins Kanzleramt vor und zwingen die Kanzlerin, ihnen Trikots abzunehmen, die als Talismane fungieren sollen. Vor der letzten Weltmeisterschaft 2018 ging das gründlich schief. Eine Delegation des DFB überreichte anlässlich eines Abendessens »unserer Kanzlerin« ein anspielungsreiches Trikot mit der Rückennummer »4« und ihrem aufgedruckten Na-

men, das Merkel-Trikot. Die »4« sollte darauf hinwei-
sen, dass Deutschland vier Mal Weltmeister geworden
ist und Angela Merkel ihre vierte Amtszeit absolviert.
Die Kanzlerin besuchte zwar das Trainingslager der
Mannschaft auf unverfänglichem Boden in Südtirol,
aber der Weltmeisterschaft in Russland blieb sie fern.
Ohne ihren hartnäckigsten Fan schieden die Jungs um
Jogi Löw blamabel aus.

Pizza

Die Höflinge und Bücklinge, die Ohrenbläser und
Gralshüter umtanzten den Papst in formvollendeter
Selbstergebenheit. Ihre Würde lag fingerdick auf den
Gewändern. Der Kanzlerin war eine Privataudienz ge-
währt worden. Das ist Politik. Die Parteivorsitzende
der Christlich Demokratischen Union sollte den Papst
wertschätzen und umgekehrt. Alles andere hätte desta-
bilisierende Wirkungen, solche Begegnungen sind also
Machtaustauschbeziehungen, politische und symbo-
lische Mächte durchdringen einander und laden sich
wechselseitig aneinander auf. Davon abgesehen besitzt
die Kanzlerin aber auch die Fähigkeit, das Gegenüber
losgelöst von allen historischen und protokollarischen
Zwängen als Menschen zu sehen. So ein Blick ist gerade
für den Papst ein Jungbrunnen, denn viel zu oft, klagt

er, blicke er nicht in Augen, sondern auf Menschen, die ihn mit Handys fotografieren und ihn inmitten all des sakralen Pomps gar nicht mehr sehen vor lauter Bildsucht. Die Kanzlerin sieht ihn, er sie. Man spricht intensiv und lange, man blickt auf die Welt und sieht Flüchtlinge, die im Meer ertrinken, man sieht obszönen Reichtum, eine globale Gleichgültigkeit, man sieht Sturm, Springfluten, Wüsten, Heuschreckenschwärme und Dürren. Der Papst und die Kanzlerin sorgen sich in 45 Minuten einmal um die ganze Welt herum. Die Höflinge blicken bekümmert auf die Uhr. Gern würden sie die Zeiger antreiben. Nach der Privataudienz raunt die Kanzlerin einer Vertrauten zu: Mit dem würde ich gerne mal eine Pizza essen gehen. Aber Franziskus wird diesen Wunsch nie erfüllen können, denn er ist der bestbewachte Gefangene der Welt.

Männer und Lötstäbe

Wenn Angela Merkel in Schulen spricht oder an Universitäten, packt sie gerne Lötstäbe aus. Die Lötstäbe gehören offenbar zu ihrem Lebensgepäck. Immer wenn es um das grundsätzliche Verhältnis von Frauen und Männern geht, wenn es um unterschiedliche Arbeitsstile und Kommunikationswege geht, erzählt die Kanzlerin von Lötstäben: »*Ich habe in Leipzig, wie schon*

gesagt wurde, Physik studiert und habe das zusammen mit
männlichen Studenten gemacht. Spätestens beim Nutzen
der experimentellen Vorrichtungen ist es immer ein bisschen
schwierig geworden, weil die Männer meistens sofort zu den
Knöpfen oder zu den Lötstäben gegriffen und losgelegt haben.
Ich habe erst einmal noch nachgedacht und überlegt, aber
dann waren die Geräte meistens schon besetzt, manchmal
auch schon kaputt. Insofern war es so, dass ich immer lieber
mit einer Frau zusammen ein Experiment gemacht habe,
denn dann haben wir einen ähnlichen Ansatz gehabt.«
Das ist ein Zitat aus dem Jahr 2010, aber frau findet den
Lötstab auch in vielen anderen Merkel-Jahren.

Als ihre Hände laufen lernten

Der berühmteste Hinterkopf des deutschen Fernse-
hens gehörte Günter Gaus. Der Publizist und Politiker
war während seiner Gesprächssendung nie von vorn
zu sehen, aber seine Fragen hatten ein Gewicht, dem
sich niemand entziehen konnte. Man sah Gaus, wenn
man ihn nur hörte. Seine Interviewreihe »Zur Person«
wurde seit 1963 im deutschen Fernsehen gezeigt, die
Sender wechselten, doch Gaus blieb und damit sein
sprechender Hinterkopf. Während er fragte, beobachte-
ten die Kameras stets das Gegenüber, den Gast, sodass
aus Gesichtern Leinwände wurden, auf denen schon

ein Film lief, bevor die Antwort gegeben wurde. Wie jemand zuhörte, wie jemand die Fragen aufnahm und es in ihm oder ihr arbeitete, war schon Teil der Auskunft, die Gaus gerecht, aber streng erbat.

Am 28. Oktober 1991 war Angela Merkel zu Gast. Gaus war bereits eine Legende und der jungen Bundesministerin für Frauen und Jugend ist der Respekt und die Wachsamkeit an jeder Geste, jedem Blick abzulesen. An einer bestimmten Stelle des Interviews ertappt sich Merkel selbst dabei, dass sie ihren Kopf zuhörend nachlässig auf eine Hand abstützt, beinahe gelangweilt wirkend, wie eine belehrungsunwillige Jugendliche am elterlichen Küchentisch, doch sogleich bemerkt sie die Respektlosigkeit, ruft sich innerlich zur Ordnung, strafft sich und nimmt eine aufrechte Sitzhaltung ein. Der Mann vor ihr war fast genauso alt wie ihr Vater, er hatte auch dessen gestrenge Aura und er war von 1974 an nahezu sieben Jahre der Ständige Vertreter der Bundesrepublik in der DDR, also ein Mann, der wusste, wovon er sprach, wenn er über ostdeutsche Prägungen und Lebensläufe nachdachte. Gaus war ein Mann beider Deutschlands, ein Anwalt der Ost-West-Verständigung. Und Merkel, eine Frau aus dem Osten, Naturwissenschaftlerin und politisch noch unerfahren, musste sich erst vorsichtig an den Westen und seine politisch-medialen Gepflogenheiten herantasten. Sie tastet sich mit den Augen voran, die so überwach sind, so abwehrbereit und alarmgesichert, dass man – wenn man sich das Interview anschaut – vorstellt, die Politikerin müsse

unmittelbar nach dem Interview eine Kopfschmerzatta-
cke erlitten haben.

Ihre Hände hingegen liegen beinahe still im Bild,
üben selten Widerspruch, agieren eher defensiv und
vorsichtig erläuternd. Kurz zuvor waren zwei andere
Politikerinnen bei Gaus zu Gast, die wie Angela Merkel aus dem Osten stammten und wie sie Blitzkarrie-
ren zur Politikerin absolvierten und ins grelle Ram-
penlicht gestoßen wurden. Drei Frauen, drei Wege,
drei ganz und gar verschiedene Temperamente, dreimal vollkommen unterschiedliches Handballett. Merkel, Ingrid Köppe und Regine Hildebrandt sitzen auf
einem schwarzen Marcel-Breuer-Stuhl, dem Wassily
Chair, Stahlrohr, matt schimmerndes Leder. Köppe
kratzt das Leder wie Schorf, wie eine juckende Wunde,
Regine Hildebrandt nutzt die Armlehnen zum Ablegen
der zumeist ruhelosen Arme und zupackenden Hände,
nimmt ansonsten aber keine weitere Notiz von dem
Möbel. Köppes Hände, die sich in totaler Selbstverges-
senheit während des Gesprächs vom Wort entfernen,
sind Deserteure des Diskurses, Hildebrandts Hände
sind Frondeure und Merkels Hände sind Knappen in
Ausbildung: Die Ministerin hält sich bisweilen an den
Lehnen fest wie an Haltegriffen, so als müsse sie nicht
nur dieses Gespräch, sondern auch die Aufgabe, auf
diesem Stuhl zu sitzen, meistern wie eine existenzge-
fährdende Herausforderung. Am aktivsten noch sind
ihre Daumen, währenddessen die Hände oft im Schoß
liegen und ein Körperzentrum bauen, das jedweder Be-

lagerung standhält. Durch ihre ganze Figur geht ein performativer Riss, da wird eine Kluft zwischen Denken und Sprechen, zwischen Vorder- und Hinterbühne deutlich, sie will authentisch sein und spürt zugleich, dass der Wille zum Ich dem Willen zur Wachsamkeit in die Quere kommt. Noch komplizierter wird es, wenn sie selbst diesen Zwiespalt registriert und in ihr inneres Zeugnisheft einträgt: Gut pariert, Angela! Gut ausgewichen! Dann blitzt es in den Augen auf, das ist die Kunst des Fechtens, das ist Politik. Zum Ende des Gesprächs beginnen die Hände zu laufen, sie werden ihrer selbst gewahr, trauen sich aus der Deckung und Selbstumklammerung und agieren gleichsam als Botschafter der eigenen Biografie.

Sie lernt schnell. Die Hände laufen los und laufen und walken, kneten, klammern, harken, portionieren, fragen, sagen: »Stopp!«

Im selben Jahr, 1991, lässt sich Angela Merkel auf ein Experiment mit ungewissem Ausgang ein. Sie ist hin- und hergerissen. Einerseits findet sie, es sei Quatsch, andererseits denkt sie, es sei reizvoll. Und schließlich machen Politiker wie Gerhard Schröder und Joschka Fischer auch mit. Darf man denen die Bühne überlassen? Sie sagt zu, sagt aber auch: »Was soll der Quatsch! Das Buch erscheint ja erst in acht Jahren, man muss heute in der Presse auftauchen.« So berichtet es Herlinde Koelbl, die Initiatorin. Zwischen 1991 und 1998 porträtiert sie fünfzehn Menschen auf dem Weg zur Macht und beobachtet, wie Ämter dem Menschen ihren Prägestempel aufdrücken, wie sich der Stress in die Gesichter fräst, wie der Leib schwillt oder schrumpft und die Schatten unter den Augen immer dunkler und abgründiger werden. Merkel wächst durch die Jahre. Sie streift die Physikerin ab, die Pfarrerstochter, das Studentische, das Mädchen, die Novizin, den Mantel des Kanzlers, sie streift das alles ab, die Lippen werden voller, sie leistet sich für die Kamera Momente von Machtgenuss. Die Fotografin fragt sie im Januar 1997: »Haben Sie nur gelernt, Ihre Rolle zu spielen oder sind Sie wirklich sicherer geworden?« Die Politikerin: »Das ist für einen selber schwer zu beantworten. Natürlich macht man sich bestimmte Schablonen zu eigen, damit nicht jeder einem alle Gefühle an der Nasenspitze ansieht. Außerdem rechne ich inzwischen prinzipiell damit, dass ich fotografiert werden könnte, und verstelle mich deshalb mehr. Früher war es am schwierigsten für mich, irgendwo zu stehen und einer Rede zu lauschen. Ich wusste nie, wohin mit meinen Händen und dem ganzen Körper. Aber das hat sich jetzt verbessert, ich kipple jetzt nicht mehr so von einem Bein auf das andere. Ich bin eben sicherer geworden. Es ist wahrscheinlich eine Mischung aus beidem, dem Spielen einer Rolle und dem Einssein mit sich selbst.« Das sind, kurz bevor Merkel Ende 1998 Generalsekretärin der CDU wird und zwei Jahre später Parteivorsitzende, immer noch bemerkenswert offene Gedanken zu ihrer politischen Existenz und Inszenierung.

Ihre Hände lernen laufen wie der entsprungene Pfannkuchen im Märchen, kantapper, kantapper. Landauf, landab lernen sie das Reden und Bestehen, das sich Auspendeln und Fortfahren, das Ausweichen und Weiterziehen. Kantapper, kantapper, laufen die Hände durch alle Säle und Schlachten, Gremien und Ämter. Und je machtvoller sie wird, desto symmetrischer agieren sie, die beiden nicht eben großen Hände. Sie lernt auch die Faust zu ballen, die Hände zeigen Stufen auf, sie nehmen Hürden, sie stecken Zeitspannen ab, sie deuten Antagonismen an und kreisen, wenn es gilt, Prozesse und Entwicklungen zu illustrieren. Das alles geschieht gleichmäßig, oft synchron, es sind eher weiche Verläufe, keine hackenden Hände, keine boxenden Fäuste oder allzu spitz pieksenden Zeigefinger. Ihr Gestenrepertoire erinnert eher an eine Gärtnerin, die mal hier und da Hand anlegt, hier ein Blatt zupft, dort einen Wildwuchs begradigt oder dort Saat ausbringt. Es sind friedliche Hände. Sie laufen und laufen, kantapper, kantapper, lassen sich von niemandem fressen und bald ist sie Generalsekretärin, dann Parteivorsitzende, kantapper, kantapper, und endlich Kanzlerkandidatin. Als sie am Abend der Bundestagswahl, am 18. September 2005, mit all den anderen Elefanten im Fernsehstudio von ARD und ZDF sitzt, mit den großen Matadoren der SPD, der Grünen, der FDP, der CSU und der Linken, sind es Gerhard Schröders Hände, die ihn den Kopf kosten und sie zur Kanzlerin machen. Mit jeder seiner auftrumpfenden Gesten, mit jedem fünffingrigen Fanfarenstoß, mit jedem Trommelwirbel selbstbesoffener Wahlkampfpranke schlägt der Mann sich selbst aus dem Feld. Stoiber patscht sich rauflustig mit der rechten Faust in die linke Handinnenfläche. Worauf, sagt die CSU-Faust, wartet die Frau, warum schlägt sie nicht zurück? Merkel lässt den Kanzler poltern und toben und je länger er das tut, desto mehr entspannen sich ihre flattrigen Finger und liegen ruhig auf dem Tisch.

Die Hände der Kanzlerin sind durchs Land gelaufen, landauf, landab, sie haben hier geschüttelt und dort gewunken, sie haben den Amtseid geschworen und sie haben die Luft nicht behandelt, als sei sie Luft. Sie streicheln noch das Unsichtbare. Sie bilden die Raute. Die Kanzlerkandidaten der SPD kommen und gehen, die Raute bleibt. Die Genossen werfen der Kanzlerin vor, ihre Hände betrieben das Geschäft der »asymmetrischen Demobilisierung«. Das klingt kompliziert, ist aber einfach und meint, man wiege den politischen Gegner und seine Anhängerschaft in den Schlaf, bliebe aber selbst hellwach und bitte die eigenen nimmermüden Wähler an die Urne. Das Wahlplakat, das im September 2013 gegenüber dem Berliner Hauptbahnhof hängt, hat die imponierende Größe von 70 mal 20 Meter. Es zeigt nur die Hände der Kanzlerin, ihr Markenzeichen, die Raute. Das Riesenbild wiederum setzt sich zusammen aus 2150 Einzelbildern, die die Hände von CDU-Unterstützern zeigen. Niemals zuvor in der Geschichte der Bundesrepublik gab es ein größeres Wahlplakat. Grenzte das nicht an Byzantinismus? Sollte die Frau aus dem Osten dieser Inszenierung von Macht nicht ablehnender gegenüberstehen? Sie, die den Personenkult der sozialistischen Bruderländer nur zu gut kannte?

Dieses Motiv hat viele Botschaften, die sich in verschiedene Himmelsrichtungen und Zeitläufte lesen lassen. Sie, die zunächst windschief in den Bildern der Neunzigerjahre hing, die Schultern hängen ließ oder eine ausgeprägte Bildscheu zeigte, hat sich symmetrisch mobilisiert, ausgerichtet, Haltung angenommen. Die Hände sind ihre visuellen und ergonomischen Therapeuten, sie arbeiten Hand in Hand daran, die Frau auf- und auszurichten und ihr die Öffentlichkeitsscham abzutrainieren. Die Politikerin lehnt strategisches Körper- und Sprechtraining ab, sie liebt Schauspieler, hält sich aber selbst nicht für eine und fühlt sich überall dort unbehaglich, wo man von ihr erwartet, die Profession des Politikers mit der des Schauspielers zu vermählen. Ihre jüngere Schwester ist Ergotherapeutin, also beruflich mit Haltungsfragen und Körperkoordination befasst, aber auch sie kann nicht als Erfinderin der Raute gelten. Es sind die Hände selbst, die im Lauf der Zeit zueinanderfinden, die sich den Augen, Linsen und Scheinwerfern stellen und die Blicke bündeln und die Angeblickte reponieren, sie also in eine gesunde Ausgangs- und Normalstellung bringen und all die Nackenschläge und Widerfahrnisse, all die politischen Attacken und Hinterzimmergefechte abstreifen. All die Rauten, die auf ihrem und unserem Weg liegen, all die Merkel-Hände, die mal als Herz, Höhle, Muschel,

Uterus, Vagina, Demobilisierungsexpertinnen oder Beruhigungstanten interpretiert wurden, sind ihre Assistentinnen des Ausgleichs, ihre Anti-Schleuder-Systeme auf dem langen Weg durch die Dschungel der Macht. Diese Hände auf dem Plakat lassen sich deuten als ironische Umkehr all der klirrenden Machtporträts des Ostblocks, in denen die Herren ihre Kinne und Bärte, ihre Brillen und Orden wie Leitsterne ins Bild setzten und glaubten, ihr Gesicht alleine garantiere den Triumph ihrer Nation und ihrer Ideologie. Sie, die Kanzlerin, verzichtet auf ihr Gesicht und lässt die Hände sprechen, die nicht fordern, drohen oder aufrütteln, sondern bei sich bleiben. Der Triumph der Bescheidenheit ist zugleich ein Übertrumpfen all der Oberkörperhelden, denen dieses Plakat zu verstehen gibt, dass hier das Pars pro toto reicht, dass Frau schon überall dort ist, wo Mann noch hinwill, dass Frau mit ihrem Gesicht und ihrer Botschaft schon in den Köpfen drin sitzt, wo ihre Rivalen auch gerne ihre Zelte aufschlagen würden.

Zeit

Als sie sechzig Jahre alt wurde, fand sie es seltsam, dass sie sechzig Jahre alt wurde, fand sie es seltsam, dass sie für Kinder und Jugendliche als alt galt. Mitarbeiter versicherten ihr geradezu erschrocken, nein, nein, Sie sind doch nicht alt, wenn sie selbst Derartiges geäußert hatte, nicht kapitulierend, sondern feststellend. »Wenn man immer erst kurz vorm Sterben alt ist«, meinte sie, »dann bekommt das Alter auch kein Gesicht. Und dieses Gesicht des tatkräftigen Älteren gehört einfach dazu.« Als sie sechzig Jahre alt wurde, wurde auch die Bundeskanzlerin sechzig Jahre alt und das ist ein Unterschied, denn die Kanzlerin steht anders in der Zeit als andere Zeitgenossen. Durch die Kanzlerin weht vom ersten Tag an ein historischer Wind, sie ist selbst eine Art menschlicher Chronometer, an dem der Bürger das Vergehen der Zeit ablesen kann, seiner Lebenszeit, seiner Gegenwartszeit in der Demokratie, in der Gesellschaft. Der politische Leib der Kanzlerin ist ein Wächter der Zeit, der versucht, die Zumutungen der Zeitläufte vom Bürger fernzuhalten. Das hat sie mit ihrem Amtseid geschworen.

Als sie also endlich sechzig Jahre alt wurde, wollte sie in besonderer Weise über die Zeit nachdenken und lud dazu einen Historiker ein, der historische Zeitlinien entfalten sollte. Bereits zu ihrem fünfzigsten Geburtstag 2004 hatte sich die angehende Kanzlerkandidatin der Union wissbegierig gezeigt, ein Hirnforscher sprach zum Thema »Das Gehirn: Ein Beispiel zur Selbstorganisation komplexer Systeme«. Nun also, zehn Jahre und mehr als zwei Legislaturperioden später, stand Geschichte auf dem Lehrplan: »Vergangenheiten: Über die Zeithorizonte der Geschichte.« Der Historiker, ein Globalhistoriker, ist über jeden Zweifel erhaben.

Sein Buch »Die Verwandlung der Welt. Eine Geschichte des 19. Jahrhunderts« erzählt auf 1568 Seiten, wie fast alles mit allem zusammenhängt und wie sich die Welt auf verschiedenen Entwicklungspfaden mit verschiedenen Entwicklungstempi nach vorne und zugleich nach hinten verändert.

Das Konrad-Adenauer-Haus im Tiergarten platzt aus allen Nähten, an die tausend Geburtstagsgäste lauschen Jürgen Osterhammel, im Publikum sitzt auch Angela Merkels Mutter, neben der Kanzlerin sitzt der Kanzlergatte, beide haben ihre intellektuellen Antennen sorgfältig ausgerichtet. Für manch anderen Gast jedoch wird der Vortrag, er dauert eine Dreiviertelstunde, zur Geduldsprobe, denn der Historiker, kein Demosthenes an diesem Tag, mutet dem Publikum eine vielfach verwickelte Zeit- und Begriffsreise zu, die darauf abzielt, vertraute historische Zeiteinordnungsbemühungen zu erschüttern. Manches Augenlid senkt den Daumen und sinkt unaufhaltsam, manches Kinn neigt sich brustwärts. Angela Merkel provoziert ihre Festgesellschaft, denn sie konfrontiert das Publikum, überwiegend Politiker, mit einem anderen Zeitregime. Der handelnde Politiker agiert kurzfristig, hangelt sich von Tag zu Tag, von Statement zu Statement, er muss allzeit bereit sein und rund um die Uhr den Eindruck vermitteln, dass er im Online-Modus lebt. Handelnde Akteure machen Geschichte, schreiben sie aber nicht. Historiker hingegen bringen Politiker in ihre Gewalt und machen sie zu Gegenständen ihrer Deutung. Der Politiker von heute ist die Geisel der Historiografie von morgen. Der Historiker von heute ist das Memento mori im Hier und Jetzt der Politik. Er bringt es fertig, selbst an Geburtstagen vom Verschwinden, Vergehen, Sterben und Vergessen zu sprechen. Die Kanzlerin Angela Merkel ist nicht nur eine multilaterale Politikerin, sie ist auch ein multitemporaler Mensch, unterwegs in verschiedenen Geschwindigkeiten und davon überzeugt, dass nicht mal in einem Land die Uhren stets dieselbe Stunde schlagen. Während dieser Vortrag sich also für manchen quälend zieht, ist sie ganz Ohr, ganz Welt, ganz zeitbewegt.

Auch Herlind Kasner hört an diesem Tag zu. Sie ist nun 86 Jahre alt und lebt immer noch nach vorn, selbst mit neunzig Jahren wird sie Englischkurse an der Volkshochschule geben. Muss sie, wenn sie auf das Leben ihrer Tochter und das ihre blickt, die Zeit nicht für eine sehr fantasievolle Geschichtsschreiberin und Lehrmeisterin halten? Ist ihrer beider Lebensweg nicht eine große deutsch-deutsche Wunderlichkeit? Sie zieht 1954, wenige Wochen nach der Geburt ihrer Tochter Angela Dorothea Kasner, mit ihrem Mann in den Osten, zunächst nach Quitzow, dann nach Templin. Dort wächst eine zukünftige Kanzlerin heran, in einem Land, in dem die Uhren anders gehen, in einem Land, das die eigene Existenz endlos denkt und in dem die Partei immer recht hat, gesungen und gesprochen.

Die Grenze, die Mauer dichtete die DDR nicht nur gegen den Westen, gegen dessen Tempokult, mediale

Hektik und technologischen Fortschritt ab, sondern auf der Rückseite öffnete der Eiserne Vorhang auch die Tür zum Osten, in die sozialistischen Bruderländer, in die imperiale Sowjetunion, in der es elf Zeitzonen gab und asiatische Zeitvorstellungen, die eher zyklisch angelegt waren, wo man den Zeitstrahl nicht im westlichen Fortschrittssinne linear dachte, sondern krumm, schlängelnd, schief, kreiselnd, sich selbst in den Schwanz der Katze beißend. Von diesem Zeitsog des Großen Bruders konnte sich der kleine Bruder nicht frei machen und die alten Männer im Politbüro waren und wirkten auch deshalb so alt, weil ihnen jedes Entwicklungsmoment verboten war, sie waren gleichsam eingefroren, konserviert in freudlosen Mänteln und steifen Anzügen, Gefangene einer verordneten Zeit. Weil der Staat seine Bürger fast in allen Gesellschaftsbereichen auf ein ruhmreiches Morgen oder Übermorgen vertröstete, lernte man einerseits das Warten und geduldige Anstehen und zugleich das Pflegen von selbst verantworteten Zeitinseln jenseits des staatlichen Uhrzeigers. Wer etwas erleben wollte, schuf sich informelle Netzwerke, da die statische Gegenwart sich endlos in die Zukunft fortzupflanzen schien.

Wer in der DDR Karriere machen wollte, wer vorankommen wollte, hatte sich mit dem Staub der Zeit zu arrangieren, der sich über alles legte, Schienen, Straßen, Akten, Lebenswege. Kam man planvoll voran, sah man selbst bald angestaubt aus. Nach dem Studium in Leipzig trat Angela Merkel 1978 in Ostberlin eine

Doktorandenstelle am Zentralinstitut für Physikalische Chemie in der Akademie der Wissenschaften an. Die unmittelbare Erfahrung der Mauer provozierte ein ganz eigenes Bleizeitgefühl. Am Zentralinstitut teilte die Doktorandin ein Büro mit einem Kollegen, der später einen Roman über diese Jahre schreiben wird. Aus Angela wird Renate. Sie »war das Vorbild einer illusionslosen Jung-Wissenschaftlerin. Sie promovierte seit etlichen Jahren vor sich hin. Pathos beseelte sie nur im Zusammenhang mit einsamen Radtouren in der Mark Brandenburg. Wir hausten in einer engen Baracke, die von außen einer Pförtnerei ähnelte und am Rand des großen Forschungsgeländes lag, dort, wo sich die Stadtkaninchen mit den Koryphäen der weniger geliebten und geförderten Wissenschaftsbereiche auf grasüberwucherten Wegen trafen. Die Uhren gingen hier noch langsamer als anderswo, der Stoffwechsel mit der Welt war restlos entschleunigt, die Sträucher vor den Fenstern hatten die Jahreszeiten vergessen und trugen noch im Winter Früchte. Unsere Abteilung genoss den Vorteil, Grundlagenforschung zu betreiben. Das sozialistische Plansoll verlor sich im imaginären Reich unabsehbarer Visionen und Perspektiven. Wer wie wir mit Lochkarten und ohne Telefonanschluss für die Welt von übermorgen wirkte, bekam den Druck der materiell-technischen Basis nicht zu spüren.« Im Roman »Roberts Reise« von Michael Schindhelm gebar die DDR eine eigene Traumzeit, ein Leben im Irrealis, weil die Zukunft geplant wurde, aber die Mittel fehlten, um in der Gegenwart mit der enteilten westlichen Welt Schritt zu halten.

Was Angela Merkel also in der DDR sicher erworben hat und mit in die Bundesrepublik einbrachte, war eine Sensibilität für verschiedene Zeitkulturen, ein Misstrauen gegen verordnete Zeitpläne und jegliche Politik der großen Ankündigung. Was sie vor diesem Erlebenshintergrund ebenfalls mitgebracht haben dürfte, ist eine geduldige Ungeduld, die Fähigkeit, warten zu können, dann aber augenblicklich zuzugreifen, wenn sich eine Chance bietet.

Als im Herbst 1989 die DDR kollabierte und sich alle Koordinaten neu ausrichteten, schüttelte auch Angela Merkel den Staub aus den Kleidern: »Damals, vielleicht auch ein wenig später, ich weiß es nicht mehr genau, schenkte mir ein Freund ein Buch mit einer Widmung. Michael Schindhelm und ich hatten zu DDR-Zeiten einige Monate Tisch an Tisch in der Akademie der Wissenschaften zusammengearbeitet. Vor allen Dingen aber hatten wir miteinander geredet, geredet und noch einmal geredet – darüber, warum man in diesem Staat DDR nie seine Grenzen ausprobieren konnte, darüber, warum vieles so eng, so spießig, so klein war, darüber, wie wunderschön das letzte Geburtstagsfest war, oder darüber, was wir für den nächsten Urlaub planten, und über vieles andere mehr. Wann genau er mir sein Buch geschenkt hat, weiß ich, wie gesagt, nicht mehr. Aber es ist auch egal. Entscheidend ist die Widmung. Sie ist für mich wie die Überschrift über all meine Gefühle,

Wünsche und Sehnsüchte aus dieser Zeit. Er schrieb: ›Gehe ins Offene!‹ Das war mit das Schönste, was man mir zu dieser Zeit sagen konnte. Und wie ich losmarschiert bin, wie viele andere auch, hinaus ins Offene, ins Neue.« Die Widmung war die Variation der Zeile »Komm! ins Offene, Freund!« aus Friedrich Hölderlins Elegie »Der Gang aufs Land«, ein Gedicht, in dem das lyrische Ich nach einer »bleiernen Zeit« die Wiederauferstehung des Lebens und lange vorenthaltene Entfaltungsmöglichkeiten feiert. Angela Merkel hat diesen Aufbruchsappell nie vergessen, das ins Offene Gehen wurde zu einem mythischen Baustein ihrer politischen Selbstbestimmung, ein Initiationsmoment, mit dem sie sich zeitsouverän vom alten Regime losmachte und selbstbewusst den neuen Eliten und ihren Erb- und Zeitansprüchen entgegentrat. Wer sich selbst als von der neuen Zeit Ergriffene begreift und diese Zeit entschlossen umgreift, gewinnt als Verkörperung der neuen Zeit Kredit dort, wo das Alte bröckelt. Mit diesem Schwung und Selbstverständnis macht Angela Merkel in der CDU Karriere und die Zeit ist auch der Zauberstab, mit dem sie den alten Hexenmeister Helmut Kohl ablöst. Am 22. Dezember 1999 fordert sie die Partei in einem aufsehenerregenden Artikel in der »Frankfurter Allgemeinen Zeitung« auf, sich vom »alten Schlachtross« Helmut Kohl zu lösen und mit ihr die »neue Zeit« anzugehen. Der Patriarch war vom kontaminierten Gestern, von der Parteispendenaffäre eingeholt worden, währenddessen »das Mädchen« nicht nur unbelastete Zeitbilanzen vorzuweisen hatte, sondern auch die Rückeroberung der Zukunft versprach.

Seitdem Angela Merkel Kanzlerin ist, ist die Ressource Zeit immer wichtiger geworden, immer häufiger finden sich in ihren Reden und Interviews Einlassungen und Zitate zum Thema Zeit.

> *»Zeit ist mit die knappste Ware, die es auf der Welt gibt. Mit der Globalisierung wird die Zeit auch immer intensiver genutzt.«*

> *»Das kostbarste Gut im 21. Jahrhundert – im 20. Jahrhundert fing das schon an – ist Zeit.«*

> *»Denn die Welt wartet nicht auf uns.«*

> *»Wir leben, wie man heute sagt, in einer Zeit disruptiver Veränderungen.«*

> *»Ich will meine kurzen Ausführungen mit einem Ausspruch von Dostojewski beenden. Er hat einmal gesagt: ›Die gute Zeit fällt nicht vom Himmel, sondern wir schaffen sie selbst.‹«*

> *Der Volksmund mahnt uns: »Wer nicht mit der Zeit geht, geht mit der Zeit.«*

Jede Krise, die sie zu bewältigen hat, Finanzkrise, Griechenlandkrise, Eurokrise, die Flüchtlingsfrage oder die Pandemie – eine Vielzahl anderer Krisen hätten hier genannt werden können –, erfordert Zeit, lässt die verrinnende Zeit zwischen Deadlines, Fristen, Aufschüben und Verhandlungsmarathons als Drama anschaulich werden. Inmitten dieser multitemporalen Herausforderungen bemächtigt sich Merkel der Zeit auf ihre Weise. Sie tut, was sie kann, was sie aber kann, ist endlich. Jeder Mensch steht in der Zeit und ruht, wenn er daran glaubt, in Gottes Hand. Dieses überirdische Zeitmaß verweist den Menschen auf seine irdische Zeitgebundenheit zurück und schenkt ihm zugleich die Einsicht, dass man – weil man eben mit Göttern nicht rivalisieren kann – seine Zeit, so gut man kann, nutzen, aber sich keineswegs einbilden sollte, himmlische Zeitreservoirs anzapfen oder sich in der irdischen Zeit unsterblich, also zeitlos machen zu können. Weil der Mensch das nicht kann, weil er endlich ist, kann er sich endlich auch in seine Zeit fügen und im begrenzten Bezirk Freiheiten für sich erwerben. Das meint, dass man sich Zeit nimmt, um die Zeit zu bewältigen, auch wenn alle Welt schreit, dafür sei keine Zeit oder jetzt sei es doch endlich an der Zeit, dieses oder jenes oder überhaupt etwas zu tun. Merkel beharrt dann auf ihrer Eigenzeit, auf ihrem Tempo, ihrer Methode. Ein Mantra ihres Arbeitsalltags lautet: In der Ruhe liegt die Kraft. Auch dass sie die Dinge vom Ende her denken müsse, hat sie oft betont. Als sie sich am 20. November 2016 dazu entschied, erneut als Kanzlerkandidatin der Union bei der Bundestagswahl 2017 anzutreten, sagte sie auf der Pressekonferenz: »Ich brauche lange und die Entscheidungen fallen spät, dann stehe ich aber auch dazu.« Merkel verteidigt ihre eigene Betriebsgeschwindigkeit, ihre Eigenzeit, aber sie nimmt Zeitdruck auch an, wenn sie etwa vor einer Zusammenkunft des Europäischen Rats vom »heilsamen Zeitdruck« spricht, der dazu zwingt, sich zu einigen. Was ihr als zeitgetriebener Politikerin sicher hilft, ist ihre Fähigkeit, in verschiedene Zeitzonen umzuschalten, das Tempo der politischen Sphäre im Privaten auch hinter sich lassen zu können. In ihren ersten Ministerjahren, als sie sich noch gehetzt und getrieben fühlte, kam ihr der zweistündige Besuch bei den Eltern sehr viel länger vor als ihren Geschwistern. Durch den Druck des allgegenwärtigen Terminkalenders lernte sie aber auch, diesen vollends loszulassen, wenn Freizeit in ihm steht. »Früher«, sagte sie in einem Illustrierten-Interview, »war eine Stunde für mich etwas Kurzes. Als Bundeskanzlerin habe ich die Erfahrung gemacht, dass ich knappe freie Zeit intensiver genießen kann. Wenn mein Wochenende heute nur von Samstagnachmittag bis Sonntagmittag geht, fühlt es sich für mich trotzdem wie ein vollständiges Wochenende an.«

Angela Merkel ist die erste Bundeskanzlerin, die freiwillig, aus eigenen Stücken aus dem Amt scheidet. Diesen Bibelvers hat sie verinnerlicht: *Ein Jegliches hat seine Zeit, und alles Vorhaben unter dem Himmel hat seine Stunde.*

Als sie im Dezember 2018 vorzeitig das Amt der Parteivorsitzenden abgibt, sagt sie auf dem Hamburger Parteitag: »Ich wurde nicht als Kanzlerin geboren und auch nicht als Parteivorsitzende – wahrlich nicht. Ich habe mir immer gewünscht und vorgenommen, meine staats- und parteipolitischen Ämter in Würde zu tragen und sie eines Tages in Würde zu verlassen; denn wir alle stehen in der Zeit. Jetzt ist es an der Zeit, ein neues Kapitel aufzuschlagen.«

Auf dem Fensterbrett

Sie steht auf dem Fensterbrett und betrachtet ihn aufmerksam. Horst im Ingrimm. Sie hört seine Zähne knirschen. Wenn er so drauf ist, das lehrt die Erfahrung, erübrigt sich jeder Versuch, mit ihm zu sprechen. Er spricht mit sich selbst, während er den Zügen hinterherschaut.

Ich war schon eine politische Leiche ...
Auf dem Friedhof lag ich schon ...
Die begraben mich nicht ...
Jeden Totengräber überlebt ...

Ich war Parteivorsitzender, Ministerpräsident, Minister, ich saß in fünf Regierungen, ich fall nicht um, Laster hat

*der Vater gefahren, Steine geschleppt, am Freitag gab's den
Lohn auf die Hand, ich bin der Horst, jederzeit, allzeit, ich
saß im Bundestag, ohne Abitur, ohne Studium, ohne Dok-
tor, hab's weit, weit gebracht, angelegt mit den Großkopfer-
ten, all die ministriellen Watschnfressen in Bonn, die kanz-
lerkriechenden Karussellbremser ... Ich bin doch glücklich,
glücklich bin ich doch ...*

So geht das Stunde um Stunde. Immer wenn er
sauer ist, muss sie ins Exil, aufs Fensterbrett. Wenn es
mal gut geht, ist sie die Chefin der Anlage und steht am
Hauptbahnhof in Bonn. In Bonn hat alles angefangen,
in Bonn saßen sie das erste Mal an einem Tisch, am Kabinettstisch, der Horst und die Angela. Der Horst hat in
seinem Hobbykeller sein Leben nachgebaut, im Exis-
tenzkeller in Schamhaupten. Mehr als fünfundzwanzig
Jahre lang hat er gesägt, gezimmert, geschmirgelt und
geschliffen, Gleise verlegt, Kabel gezogen, elektrifiziert,
programmiert. Er hat spätabends angefangen und manches Mal hat er das Schlafen verschlafen und dann fiel
die Morgensonne auf das Dreileiter-Gleissystem, auf
diese Märklin-Welt im Maßstab 1:87, auf diesen Mikro-
kosmos aus Postenkletterei, Pflicht und Schmutzeleien.

*Das ist mein Leben. Das da, dieser Schenkel, steht für
mein Bonner Leben und der Schenkel steht für Bayern. Dieses Krankenhaus symbolisiert meine Zeit als Gesundheits-
minister und diese Stallungen hier stehen für den Landwirt-
schaftsminister Seehofer. Ich bin ein Meter zweiundneunzig,
ein Kerl, ich war resch und fesch, kein Spinaterer, ich war
Kohls bestes Pferd im Stall, Shootingstar und Leistungsträ-*

ger, so war ich und dann kam die Angela. Die Modelleisen-
bahn ... So sieht mein Leben aus. Das versteht sie nicht, die
Angela. Hab's ihr erzählt, dieser Blick. Jetzt steht sie auf
der Fensterbank, die Angela, geschenkt haben sie sie mir in
Zirndorf, als ich da war beim alten Brandstätter, bei Play-
mobil. Habt ihr auch 'ne Merkel? 'ne Merkel-Figur? Mann,
sind die geflitzt, zehn Minuten später kamen die wieder, mit
zwei Damen aus Plastik, zwei Merkel-Figuren, echte deutsche Handarbeit und so schnell. Nur für Sie, den Herrn Seehofer, den lieben Minister, Unikate, Unikate. Wenn's Wetter
schön ist zwischen uns, steht sie da, am Bonner Hauptbahnhof, die Chefin der Anlage. Aber wenn's kracht ... dann
weg, Fensterbank, komm geh, Angela, lass mir mei' Ruah.
Aus eigener Kraft bin ich hochgekommen, jeden Tag das
Fleisch aus dem Bett gestemmt, getrunken, geschwitzt, ge-
schrien, für die Partei, für das Land und – Entschuldigung –
für das Land, für die Partei, für mich, so herum ... Keine
Rücksicht auf mich selbst genommen, bis mich's fast zerlegt
hat, fast Totalschaden am Herz, fast, dann stand die Susi
am Bett, meine Kleine, gerade mal elf Jahre alt, und sagt,
jetzt können wir endlich mal reden, sonst bist du ja nie da.
Aber was weiß die Angela davon, in den Schoß ist ihr alles
gefallen, in den Schoß, der Vater Pfarrer, mein Vater Fahrer. Und ich hab alles immer richten müssen, Obergrenze,
Obergrenze, ihr liegen sie zu Füßen, ich krieg die Prügel,
der Horst Seehofer und die Angela Merkel – Verzeihung:
die Angela Merkel und der Horst Seehofer – haben noch immer eine Lösung gefunden, sie kriegt den Nobelpreis, ich be-
komm Herzmuskel und die Tochter sagt, du bist ja nie da.

Sie steht auf dem Fensterbrett und hört jedes Wort. Horst im Schmerz. Sie versteht ihn ja, sie hört seinen Schmerz, aber warum verkriecht er sich in diesem Keller? Warum müssen diese Kerle immer so ein Drama aus ihrem Leben machen? Warum ist diese Gleisanlage so menschenleer? Kein Baum, kein Strauch, kein Tier, keine Wiese, kein Wald, kein Springbrunnen, kein See, kein Boot, kein Bäcker, kein Vieh, kein Vogel, kein Postbote. Was für eine leere Welt? Horst? Da stehen nur ein Stall und ein Krankenhaus und ein Bahnhof, da stehen nur drei Gebäude, die für nichts anderes stehen als für den Horst selbst. Eine Horst-Welt! Aus Leim, aus Holz, aus Gleisen. Und warum, Horst, warum fährst du immer noch nach Bonn? Bist du nie nach Berlin umgezogen, hast du Helmut Kohl nie losgelassen? Und warum, Horst, warum zeigst du diese Existenzhöhle auch noch dem Fernsehen? Warum lässt du diese Schnüffler und ihre Kameras herein und zeigst ihnen dein Horst-Herz?

Sie steht ganz gern auf dem Fensterbrett. Sie hat nichts dagegen, dass er glaubt, wenn er sie in eine Playmobil-Figur verwandle, habe er die Macht über sie, diese Katholiken, das ist ja reiner Voodoo, nur was sie nicht mag, ist diese gerüschte Ziergardine vor der Nase, die nimmt ihr den Blick nach draußen, sie würde ganz gerne mal die Augen laufen lassen, raus, raus aus diesem Horst-Keller, aus diesem ewigen Sinnbild seines Lebens.

Kameras sind die Geburtshelfer der politischen Existenz, sie machen Politikerinnen und Politiker, sie verbreiten ihre Worte und Ideen, sie machen sie groß, treten aber, ohne zu zögern, auch als Totengräber auf den Plan. Ohne die Begleitung einer Kamera kommen sie sich nackt vor, in Begleitung von Kameras aber tragen sie ein Hemd, das auf der Haut brennt.

Guido Westerwelle wusste besser als die meisten anderen von dieser widerspruchsvollen Existenzbeziehung zu berichten. Der FDP-Politiker besuchte im Jahr 2000 den Big-Brother-Container von RTL 2, in dem die Kandidatinnen und Kandidaten Tag und Nacht mit Kameras ausgespäht wurden. Westerwelle wollte sich eine Gestalt und ein Gesicht geben, wo man ihn noch nicht kannte, deshalb war er Gast in Deutschlands umstrittenster Unterhaltungsshow, weil Politik mehr und mehr selbst zu einer Show der Selbstdarstellung mutierte. Im Wahlkampf 2002 propagierte der FDP-Politiker das »Projekt 18«, so viele Prozent wollte man bei der Bundestagswahl einfahren. Die 18 prangte auf Hemdkragen, Schuhsohlen und Brillen und Guido fuhr mit dem knallgelben Guidomobil kreuz und quer durch Deutschland. Das Guidomobil war ein gleichsam pornografisches Aufmerksamkeitserregungsmobil, ein überlanger Pkw als präpotentes Partei-Phallus-Symbol, konzipiert als Blick- und Kamerafang. Es gab aber noch einen anderen Westerwelle, einen kamerascheuen und empfindsamen Menschen. Einen Menschen, der Angst hatte, nachts über eine rote Fußgängerampel zu gehen, sei sie auch noch so abgelegen, sei es auch noch so spät, weil er fürchtete, eine Fernsehkamera könnte plötzlich auftauchen und sein Vergehen dokumentieren.

Westerwelle hatte als westdeutscher Jungpolitiker den auf ihn gerichteten Kamerablick frühzeitig verinnerlicht, Angela Merkel hingegen hatte bis zu ihrem 35. Geburtstag keine libidinöse Beziehung zu Medien, zur Öffentlichkeit aufgebaut. Im Gegenteil: Sie musste unter dem großen Auge bleiben, unter dem Radar der Staatssicherheit und des Staates, sie, die äußerlich angepasste, aber innerlich abtrünnige Wissenschaftlerin war geübt in Techniken der Unauffälligkeit, der Zurückhaltung, der Bedachtsamkeit, der doppeldeutigen Zunge, des Schweigens. Als junge Ministerin war sie medienpraktisch viel jünger, als Guido Westerwelle je war, der zwar vom Lebensalter ein paar Jahre jünger war als sie, aber so viel älter in und durch die Medien. Als sie anfing, ihn zu beobachten, kam sie nicht umhin, seine eisgekühlte Professionalität anzuerkennen. Wenn er Informationen an die Medien durchstach, also verriet, weil es ihm nützte, und er zugleich die Geschwätzigkeit von Kollegen vor Kameras tadelte, war das eine perfekte Show, die Angela Merkel imponierte: »Super, der

Typ kann was!« So hat sie es erzählt zum 50. Geburtstag des FDP-Chefs. Sie selbst ging in den ersten Jahren in der Politik mutig in fast jede Fernsehsendung, das war Pflicht, sie war gewissermaßen Medien-Schülerin. Aber niemals reckte sie das Kinn so herrisch wie Guido, nie flirtete sie mit den Medien so genussvoll wie er, nie probte sie spielerisch Masken und Parolen. Wenn sie bei ihren Medienauftritten etwas erprobte, dann immer mit dem Bewusstsein, dass das eine vielleicht zeitraubende, aber unabdingbare Existenzseite des politischen Karrierewegs ist.

Doch so notwendig die realen Kameras sind, so sehr erzeugen sie auch ein imaginäres Gefühl allgegenwärtiger Präsenz. Dann fühlt sich ein flüchtiger Blick wie eine zudringliche Kamera an, ebenso der gezückte Fotoapparat eines Passanten; die eigene Vorahnung ließ Kameras aufmarschieren, die dann vielleicht nicht kamen, aber dennoch als abwesende Zeugenschaft präsent waren. So oder so, man kommt als Politikerin, Angela Merkel kam als Politikerin kaum noch von den Kameras los. Ende der Neunzigerjahre erzählte die Ministerin der Fotografin Herlinde Koelbl einmal, dass sie daher schon ein bisschen »menschenscheu« geworden sei, mitunter schnell nach Hause eile und jeden Blick vermeide, weil sie nicht immer und überall identifiziert, beobachtet und medial fixiert werden wolle. Das große Auge über ihr wurde immer größer. Aber zugleich brannte sich ihr die Gewissheit ein, dass es politisch keinen Weg an den Kameras vorbei gäbe, denn erst die

Kameras machen den Politiker groß, tragen seine Existenz, seine Gestalt und sein Gesicht in die entlegensten Provinzen und ohne diese Omnipräsenz, ohne diese allgegenwärtige Gesichtsverankerung ist er oder sie nichts. Im Gespräch mit Herlinde Koelbl hat Angela Merkel diese politisch-mediale Zwangsverheiratung in eine kleine Geschichte gepackt. Man könne es ihr zwar als unfreundlichen Akt auslegen, wenn sie Menschen und Blicken ausweiche, »aber das ist einfach eine Überlebensstrategie. Guckt gar keiner, ist es aber natürlich auch nicht so schön. Das ist mir aufgefallen, als ich in Norddeutschland war. Ich saß in einer Gaststätte und dachte: Kennt dich hier wirklich keiner? Nach einer Stunde sagte die Serviererin dann seelenruhig zu mir: Ich finde es sehr schön, dass Sie auch mal hier waren. – Ich habe also fünfzig Minuten darüber nachgegrübelt, ob sie mich nun kennt oder nicht oder ob ich was falsch gemacht habe. Da denkt man sich schon: Bist du jetzt schon völlig geisteskrank?« Politiker, die nicht von einer Kamera gefunden, von einem Auge erkannt und somit von der Öffentlichkeit bestätigt werden, fürchten um ihre Zukunft.

Die Freiheitsgrade, die sich Politiker gegenüber den Kameras und der Öffentlichkeit erkämpfen konnten, waren einmal andere. Lars Brandt, Willy Brandts zweitältester Sohn, hat in seinem Erinnerungsbuch »Andenken« davon berichtet, wie er und sein Vater den Aufpassern und Kameras bisweilen ein Schnippchen schlugen. Wenn der Sohn mit dem Vater oder der Vater mit dem

Sohn einmal unerkannt essen gehen wollte, nutzten sie einen simplen Trick, um die Leibwächter und die Kameras abzuhängen: »Wollten wir sie einmal loswerden und unter uns sein, duckte sich V. so in meinen Volkswagen, dass er nicht bemerkt wurde, wenn ich – mit kurzem Winken zum Dank für das Öffnen des Tors – an der Eingangswache vorbeifuhr. Nicht oft, aber ein paarmal schon, stahl er sich so mit mir davon, und dann gingen wir in irgendein Restaurant wie andere Leute auch, ohne dass an einem Nebentisch auffällig unauffällige Polizisten saßen.« Was sich seit den Siebzigerjahren geändert hat, ist die Ausweitung der Observation, das Auge ist immer und überall. Die Handykamera ist stets vor Ort, sie ist nahezu totalitär, denn sie hat die Neigung, alles zu beobachten und zu bewachen, sie führt seinen Besitzer an der kurzen Leine. Ein spontaner Restaurantbesuch, der wie im Falle Willy Brandts unbeobachtet bliebe, wäre für Angela Merkel kaum noch möglich. Die Kanzlerin hat auf dem Deutschen Verbrauchertag 2013 einmal anekdotisch geschildert, wie sehr auch sie der Allgegenwart des Handys ausgeliefert ist: »Dass ich ab und zu einkaufen gehe, stimmt. Gott sei Dank werde ich nicht jedes Mal von einem Leserreporter erwischt. Eines, was ich im Supermarkt immer mache, ist, Fotografieren abzulehnen, wenn mich einer fragt, ob wir ein gemeinsames Bild machen können, weil ich dann alles durcheinanderbringe. Einmal ist es mir so ergangen, dass ich, als ich Autogramme gab, das falsche Paket mit nach Hause nahm – und ein anderer Verbraucher wohl auch. Um das zu verhindern, übe ich mich jetzt nicht mehr in Multitasking, sondern beschränke mich auf normales Einkaufen.« Ein Selfie kann die Kanzlerin ablehnen, aber die Leibwächter abzuhängen wird ihr kaum noch gelingen.

Kurz nachdem sie Kanzlerin geworden war, hat sie noch einmal einen Ausbruchsversuch unternommen. Sie war neugierig, sie wollte wissen, ob es möglich wäre, den Augen, den Kameras, den Leibwächtern zu entkommen. Sie nahm den Küchenfahrstuhl. Ihre Flucht, ihr Versuch, sich unsichtbar zu machen, endete in der Tiefgarage. Das System hatte funktioniert.

Im Theater

Als sich die Bundeskanzlerin mit Kulturschaffenden traf, um über die Bewältigung der Corona-Krise zu sprechen, geschah das natürlich auf Distanz, als Online-Chat. Dabei sprach sie einen Satz, den man besser nicht schreiben und erfinden kann: »Der Mensch fällt ja nicht direkt vom Bett ins Theater.« Gemeint war der Weg ins Theater, die Anreise mit Bus oder U-Bahn, der Weg durch die Stadt, die potenziell infektiöse Begegnung mit anderen Alltagsreisenden. Es ist erstaunlich, aber doch wieder konsequent, dass sich die Kanzlerin in diesem Dialog mit Künstlerinnen und Künstlern kaum mit ihren privaten Kulturvorlieben exponierte, die Politikerin Merkel argumentiert nicht mit der Bürgerin Merkel, die gerne in die Oper, die Philharmonie oder ins Theater geht. Sie bleibt auch dort diskret, sie stellt sich nicht aus.

Dabei hat ihre Verwandlung in eine Kunstfigur längst begonnen, es gibt Romane, die sie fiktionalisieren, es gibt Theaterstücke, die sie auf die Bühne bringen, und es gibt Fernseh- und Kinofilme, die ihr politisches Leben dramatisch verdichten und sie mit einem mythischen Firnis überziehen. Ob sie will oder nicht, Angela Merkel wird zu Lebzeiten durch Bilder begraben und zum Leben erweckt. Ja, sie geht gern ins Kino. Als Vierzehnjährige ging sie das erste Mal gegen den Willen ihrer Eltern ins Kino, »Heißer Sommer« hieß das luftige DEFA-Musical. Die Hauptdarsteller Chris Doerk und Frank Schöbel hingen als Poster in ihrem Jugendzimmer und wenn man sich den damaligen Kurzhaarschnitt von Chris Doerk vor Augen hält, dann ist die Vermutung keineswegs gewagt, dass Angela Merkel hier ein frühes Stil-Vorbild fand. Viel später wird die Kanzlerin von »Jenseits von Afrika« als einem ihrer Lieblingsfilme sprechen. Und dass sie gemeinsam mit Wolfgang Schäuble die französische Komödie »Ziemlich beste Freunde« besucht hat, ist auch kein Geheimnis mehr. Aber mehr als am Kino hängt ihr Herz am Theater. Hat die Magie dieses Orts für sie etwas mit der Alchemie des Augenblicks zu tun? Wer ins Kino geht, geht in eine unendliche Wiederholung, wer ins Theater geht, geht ins Offene. Das Kino ist immer Kopie und Montage vorab, das Theater hingingen ist Montage im Saal und der Zuschauer sitzt selbst am Schneidetisch seiner Subjektivität, er muss die Bilder suchen, verbinden und mit dem eigenen Erleben assoziieren. Es mag sein, dass es diese Herausforderungslust ist, die Angela Merkel im Theater sucht, das letztlich nicht zu bändigende Moment, das uns alle im Theater erwartet.

Ulrich Matthes und Angela Merkel lernen sich im Sommer 2005 auf einer Gartenparty bei Volker Schlöndorff kennen, also kurz bevor sie Kanzlerin wird. Die Politikerin hat keinen Dünkel gegenüber dem Schauspieler, sie hält ihn nicht für einen Paradiesvogel oder ein intellektuelles Leichtgewicht, wie andere sehr ernsthafte Gelehrte in der Runde, man unterhält sich angeregt miteinander. Als Angela Merkel und Joachim Sauer aufbrechen, schreibt Matthes ihr seine Telefonnummer auf und lädt sie zu einem Besuch ins Theater ein. Melden Sie sich, ich besorge dann Karten für Sie. Um die Karten, erwidert Merkel, kümmere ich mich schon selbst. Es ist ein Detail, aber typisch für sie. Jede Art von Vorteilsnahme, Nassauerei oder Bevorzugung lehnt sie ab. Das ist einerseits ein familiär geprägtes Verhalten, aber auch ein gelebtes politisches Wissen: Sobald man anfängt, sich ein Netz aus Privilegien umhängen zu lassen, wird man in dieses Netz unrettbar verstrickt.

Ein paar Wochen später – Matthes ist selbst verdutzt über die rasche Einlösung seiner Einladung – klingelt sein Handy. Wir kommen! Und dann kommt sie, still, ohne Aufsehen sucht sie ihren Platz. Als ein Journalist 2019 erfährt, dass die Kanzlerin nur zwei Reihen vor ihm im Theater saß, es war eine Aufführung von Molières »Der Menschenfeind« im Deutschen Theater mit Ulrich Matthes als Alceste, ist er so beleidigt, dass er einen Artikel über die unverschämte Unsichtbarkeit der Kanzlerin schreibt. Das Begegnungsband zwischen Merkel und Matthes hält seit dem ersten Treffen, auch deshalb, weil der Schauspieler kaum darüber spricht. Aber auch weil beide einen gewissen Sinn für den Humor des jeweils anderen haben und sich so zwischen ihnen Dialoge entspinnen, die von Wertschätzung getragen sind – und von dem Wissen, dass die Welt eine Bühne ist, auf der es langweilig wird, wenn man sich nicht foppt und dem anderen zeigt, dass man die eigene Rolle auch ironisch hinterfragen kann. Wenn die Kanzlerin zum Jahreswechsel wie immer eine Neujahrsansprache hält – seit über fünfzig Jahren liefern Kanzler diese Epistel der Besinnlichkeit frei Haus – und sich danach die Wege von Merkel und Matthes kreuzen, gestattet sich der Belieferte schon mal den Hinweis, sie könne doch einmal ihren märchenhaften Tonfall variieren, worauf die Kanzlerin retourniert, ihr stehe eben nur dieser Tonfall zur Verfügung, denn sie sei ja keine Schauspielerin. Humor ist die Einsicht in die Endlichkeit alles Wollens und der Wille, sich davon nicht unterkriegen zu lassen.

Humor ist auch eine Form der Neugier und die ist bei Angela Merkel stark ausgeprägt. Wenn sie ins Theater geht, mit ihrem Mann oder auch mit Volker Kauder, dann bringt sie die unbedingte Fähigkeit mit, den politischen Alltag hinter sich zu lassen. Nach der Aufführung setzt sie sich dann gelegentlich mit Matthes zusammen und sie ist die Wissensdurstigste überhaupt. Und der Schauspieler weiß, wovon er spricht, denn mehr als ein Politiker hat ihn nach dem Theaterabend besucht. Sie will einfach alles wissen, wie haben Sie dies und jenes gemacht, wie funktioniert das, wo liegt die Herausforderung, wie gelingt es Ihnen, wie lange braucht man, wie tickt so ein Ensemble. Merkel wird dann eine Theaterwissenschaftlerin sui generis und während Matthes erzählt – es gibt eine Bulette oder ein Schnitzel –, genießt sie das Theatererlebnis nach dem Theater, das nach- und einholende Verstehen. Vielleicht, es sei ein Moment der Spekulation gestattet, genießt sie auch die Bühnenroutine des Schauspielers, der ihr seine Bühnenexistenz zerlegt, zusammensetzt und zur denkbar natürlichsten Identität vor Augen führt. Sie selbst empfand sich zu Beginn ihrer politischen Jahre wie eine Bühnenfigur, hingeschubst in eine Öffentlichkeit und Aufführung, die gar nicht zu ihr zu gehören schien. Sie mochte sich im Fernsehen nicht sehen und hören, sie fühlte sich deplatziert, inmitten all der Bühnenmenschen, Prominenten und Stars. Sie wollte sich nie inszenieren lassen. Erst nach und nach fand sie in ihre Rolle und ließ diese vor sich selbst gelten. Erst als sie sah, dass ihre Eintrittskarte echt war, dass sie etwas einzubringen hatte, wurde sie selbstgnädiger und gelöster. Matthes öffnet ihr die Tür hinter der Bühne, jenseits des Spiels, und damit betritt sie das nächste Spiel, die nächste Inszenierung mit anderen Augen.

Das tiefe Interesse für das Theater hatte sie in der DDR erworben. Da war das Theater – mehr, als das Kino es sein konnte – die Kunst, die abtrünnige Augenblicke jenseits des sozialistischen Auftrags hervorzubringen vermochte. Gemessen an der Einwohnerzahl war die DDR das Land mit der höchsten Theaterdichte der Welt. Und dass im Revolutionsjahr 1989 so viele Theaterleute beteiligt waren und vorangingen, war kein Zufall, denn die Theater waren trotz staatlicher Lenkung und Agitation immer auch Orte, wo oppositionelle Funken stoben. In den Schauspielhäusern zwischen Anklam und Plauen konnte man lernen, zwischen den Zeilen zu lesen, politische SED-Phrasen zu zerpflücken und alternative Wege des Sozialismus zu suchen. Wenn etwa der Marquis Posa in Schillers »Don Carlos« dem König zurief: »Sire, geben Sie Gedankenfreiheit!«, dann brach spontan Beifall aus und das ganze Theater wusste, was gemeint war. Oder wenn es im »Hamlet« hieß: »Es ist etwas faul im Staate Dänemark« und ein gewitzter Schauspieler zwischen »Staate« und »Dänemark« eine subversive Kunstpause einbaute, dann fanden Schauspieler und Zuschauer mit einer Kraft zusammen, die sich aus dem Wissen speiste, dass fast alle diesen Satz gegen das Regime richteten. In solchen Momenten lernten manche den aufrechten Gang im Sitzen, man drückte den Rücken durch, zwinkerte einander zu und ging anschließend etwas aufrechter durchs Foyer. Angela Merkel kannte die berühmte »Richard-der-Dritte«-Inszenierung von Manfred Wekwerth am Deutschen Theater in Berlin mit Hilmar Thate als Richard (1976 fürs Fernsehen aufgezeichnet), ebenso die Thomas-Langhoff-Inszenierung von »Die Übergangsgesellschaft« von Volker Braun am Maxim-Gorki-Theater (1988). Die Figuren in diesem Stück mussten sich erst aus einem Kokon befreien, sich im wahrsten Sinne des Wortes aus Folien wickeln, um atmen und sprechen zu können. Theater boten also Atempausen, Hoffnungsperspektiven und Lebenstraumsauerstoff.

Das Theater im Arbeiter- und Bauernstaat wurde großzügig gefördert, es sollte der kulturellen Bildung und sozialistischen Bewusstseinsschulung dienen, so weit der Plan. Auch Kinder und Jugendliche wurden ans Theater herangeführt, die Schulklassen der Goethe-Schule und auch der Erweiterten Oberschule »Hermann Mattern« fuhren zu Theateraufführungen nach Berlin, willkommene Landfluchten in die große Stadt. Auf einer Festveranstaltung 2007 erinnerte die Bundeskanzlerin die folgende Episode: »Im jugendlichen Alter – ich weiß jetzt nicht mehr ganz genau, wann es war – fuhren meine Eltern mit uns immer einmal in der Weihnachtszeit von der Uckermark nach Berlin – in die Stadt, in der es richtig Kultur gab. Eine der mir einprägendsten Erinnerungen war die Inszenierung von ›Der Fiedler auf dem Dach‹ – im Westen bekannt unter ›Anatevka‹, was sozusagen Erinnerungen an Chagall und viele Reminiszenzen an das wachrief, was man alles machen könnte, wenn man richtig frei wäre.«

Theater als Vorschein einer freieren Welt. Theater als Sand im Getriebe, Theater als Anleitung zum Rollenverzicht. In Dresden traten die Schauspieler 1989 auf offener Bühne dem erwartungsvollen Blick entgegen und sagten: »Wir treten aus unseren Rollen heraus. Die Situation in unserem Land zwingt uns dazu.«

Sprache und Sein

Als Steffen Seibert 2010 sein neues Amt als Regierungssprecher antrat, versprach ihm Angela Merkel vor laufenden Kameras, dass sie versuchen werde, sich so vernünftig wie möglich zu verhalten, damit er nur wenig Ärger mit ihr habe. Damit kehrte sie humorvoll die Rollen um, denn natürlich ist es die Aufgabe des Regierungssprechers, die Kanzlerin so zu deuten und sprechend abzubilden, dass sie möglichst wenig Ärger hat mit ihm. Dazu macht sich ein Regierungssprecher die Diktion und den Stil des Kanzlers zu eigen, saugt dessen Sprechen auf und kommuniziert die Kernbotschaften. Die besten Regierungssprecher sagen mit vielen Worten wenig und geben den Journalisten dennoch das Gefühl, fast alles gehört zu haben und exklusiv bedient worden zu sein. In den ersten Wochen und Monaten paukte Seibert seine Chefin wie eine neue Sprache, er schaute ihr buchstäblich auf den Mund und auf die Wörter, er versuchte ironisches von humorvollem und ernstes von unerbittlichem Sprechen zu scheiden. Was ihm mitunter Kopfzerbrechen bereitete, waren Wörter, die er nicht kannte und deren Bedeutung ihm unklar war. Was meinte es, wenn die Kanzlerin »kalmieren« oder hier müsse man vorsichtig »durchs Spitzgras gehen« sagte? Manche Wörter waren weder im Netz noch in Wörterbüchern auffindbar. Fast jeden Tag kam ein seltenes oder nie gehörtes Wort dazu, weshalb der Regierungssprecher eine lange Liste anlegte. Vielleicht, dachte er, kann ich eines Tages ein ganzes Wörterbuch vorlegen, zweckdienlich wäre es auf jeden Fall und wenn es nur mir hilft, die Chefin präzise zu verstehen.

Tatsächlich ist Angela Merkels Sprache schwer auf den einen Punkt zu bringen, weil sie wie natürlich jeder Politiker, jede Politikerin in vielen Sprachen spricht. Das meint nicht Fremdsprachen, sondern anlass- und ortsbezogene Sprachen, Partei- und Regierungssprachen, Talkshow- und Interviewsprachen, Sprachen der Vorder- und Hinterbühne, Sprachen der Herkunft und Anpassung, Sprachen der Auflehnung und Sprachen der Beschwichtigung, oratorische und pastorale Sprachen, Amts- und Wahlkampfsprachen, Bierzelt- und Universitätssprachen. Die Liste ließe sich verlängern. Die meisten Kritiker, die sich mit der Sprache der Bundeskanzlerin auseinandergesetzt haben, stellen ihr ein schlechtes Zeugnis aus. Die Autorin und Publizistin Carolin Emcke, die sich 2013 in einem Essay mit der Sprache der Kanzlerin befasst hat, stellt fest: »Es ist eine traurige Expedition, diese Reise durch die Texte von Angela Merkel, traurig, weil die Sätze, in denen diese Kanzlerin spricht, fast immer im Indikativ formuliert sind. In der Wirklichkeitsform. Sie verzichtet nahezu vollständig auf den Konjunktiv. Die Möglichkeitsform aber ist das, was nicht gesichert ist, was einen hoffen und träumen lässt.« Emcke bemängelt ferner, dass diese Sprache als »rhetorisches Sedativum« agiere, also einschläfere, politischen Kontroversen ausweiche und schließlich zu einer Entpolitisierung der Debatte führe, weil der eigene Weg als »alternativlos« bezeichnet werde. Die Mehrzahl der Kritikerinnen und Kritiker vermisst eine visionäre Sprache, ein Denken und Sprechen über den Tag hinaus, ein konfliktbereites Duell- und Streitsprechen. Das Wort »alternativlos«, das Merkel ab 2009 im Zusammenhang mit den Finanzhilfen für Griechenland häufig gebraucht, wird 2010 zum Unwort des Jahres gekürt. Es würge Debatten ab und schaffe Politikverdrossenheit, weil es suggeriere, über den eingeschlagenen Weg könne es keine Diskussion mehr geben.

Tatsächlich bewegt sich Merkels Sprechen, politisches Sprechen überhaupt, in vorgeordneten Bahnen, in rechtlich eingeschnürten Begriffen und institutionell eingehegten Vokabularen. In ihrem Fall kommt wohl hinzu, dass sie als Ostdeutsche das Sprechen in öffentlichen oder halb öffentlichen Räumen, in der Schule, an der

Universität und an der Akademie der Wissenschaften selbstständig unter Kuratel gestellt hat, sie hat sich beim Sprechen neben sich gestellt und ihr eigenes Sprechen observiert. Ohne diese Selbstkontrolle, ohne diese Anpassungsleistungen an den offiziellen Diskurs war ein Ausbildungsweg wie der ihre in der DDR nicht möglich. Wer also gelernt hat, sich derart zu beobachten, sich zu zügeln, auch bestelltem Optimismus misstrauisch zu begegnen, der wird über Nacht nicht plötzlich zur demokratischen Minnesängerin, erst recht nicht, wenn jemand so aufmerksam und anpassungsbereit ist wie sie.

Wer vorwärtskommen will, das gilt insbesondere in der Politik, das gilt auch in der Bundesrepublik, muss seine Zunge hüten. Angela Merkel begann ihre politische Karriere 1989 als Pressesprecherin des Demokratischen Aufbruchs und setzte sie 1990 als stellvertretende Regierungssprecherin der letzten frei gewählten DDR-Regierung fort. Sie begann also als politische Sprachwächterin und sah hinter die Kulissen der verfertigten Rede, hinter die Parolen und plakativen Statements. Sie sah und hörte Politiker und ihre Sprachstile, ihre vollmundigen Versprechen, ihren Sound. Ihr erster Förderer, Wolfgang Schnur, Vorsitzender des Demokratischen Aufbruchs, wurde alsbald als Lügner und Stasi-Spitzel enttarnt, auch Lothar de Mazière stand bald unter dem Verdacht, ein Inoffizieller Mitarbeiter gewesen zu sein. Helmut Kohl versprach im Sommer 1990 dem Osten »blühende Landschaften«, ein Jahr darauf wurde er in Halle mit Eiern beworfen, weil er zu vollmundig gewesen war, weil sein Versprechen vor der Wirklichkeit keinen Bestand hatte, ja, geradezu fahrlässig und lügenhaft erscheinen mochte. Früher oder später wird Sprache immer von der Wirklichkeit in Haftung genommen, insofern ist Carolin Emckes Deutung richtig, Angela Merkel schlage keine konjunktivischen Brücken in Zukünfte jenseits des Alltags. Sie gestattet sich und den Zuhörern keine Träume, sie versucht, ihre Zuhörer zumeist auf Realitäten – oder was ihre Partei dafür hält – zu verpflichten.

Im Rückblick auf ihren Weg lassen sich drei unterschiedlich akzentuierte Phasen ihres Sprechens ausmachen, drei Tonalitäten. Als Ministerin, vor allem in den ersten Jahren, ist sie äußerst rezeptiv, sie saugt die Vokabeln der CDU auf, sie büffelt das alte Westdeutschland, sie lernt die ministeriellen Amts- und Verwaltungssprachen und trainiert das Sprechen vor der Kamera. Sie wirkt dabei bisweilen, von heute aus betrachtet, unfassbar gefühlig, nahbar weich, rührbar. Die Lebensschicksale im Osten setzen ihr zu und es fällt ihr schwer, den regierungsamtlichen Zuversichtssermon zu verbreiten. Da flüchtet sie sich lieber in detaillierte Erläuterungen zu gesetzgeberischen Initiativen, was oft technokratisch klingt angesichts der Not vieler Ostdeutscher. Ja, sie wirkt bisweilen aufrichtig hilflos.

Als sie 1998 Generalsekretärin ihrer Partei wird, schaltet sie in einen aggressiveren Stil, sie attackiert, sie verbindet und verknüpft sich stärker mit den Stimmungsliedern und Slogans der Partei. Offenkundig steht sie unter Druck, denn sie muss zeigen, dass sie mit rhetorischen Schwergewichten wie Joschka Fischer, Guido Westerwelle oder Gerhard Schröder mithalten kann. Mitunter hat man den Eindruck, sie verhärtet sich, gibt den parteipolitischen Haudrauf im parteiinternen Wettbewerb mit den westdeutschen Unionszöglingen, denen sie sich in Diktion und virilem Fehden-Sound angleicht. Diese Attacke-Phase ist zugleich Angleichungskunst, Bellen im Rudel, ausgestellte Beißlust, wirklich authentisch wirkt sie nicht, zumal Friedrich Merz keine Gelegenheit auslässt, sich als ihr rhetorisch turmhoch überlegener Platzhirsch zu inszenieren.

Diese Phase der Gegnerbearbeitung und Gesichtsverhärtung endet 2005 mit ihrer Vereidigung zur Bundeskanzlerin. Von nun an spricht sie bevorzugt und überwiegend im präsidialen Ton, es geht fortan darum, gesellschaftliche Gruppen und Institutionen zu verbinden und als Anführerin einer zumeist Großen Koalition ist sie ohnehin auf Konsens gepolt, auf Interessenausgleich, auf Deeskalation.

Angela Merkels Verhältnis zur Sprache beginnt mit einer nüchternen Bestandsaufnahme ihrer eigenen Fähigkeiten. Sie hat sich nie für eine große Rednerin gehalten, dazu war sie zu scheu, unpathetisch, zu skeptisch. Gegenüber großen Bühnenbegabungen, gegenüber Predigern des hohen Tons blieb sie allergisch. Sie ist – sprechend – keine Fliegerin, keine Seglerin, sie hebt nicht ab, schwebt nicht, sie geht und geht und geht. Sie ist bodenständig, was sich auch in den zentralen Metaphern ihrer Reden ausdrückt. Oft spricht sie davon, dass ein »weiter Weg« zurückgelegt worden sei oder noch bevorstünde, der »Weg« findet sich als Aufgabe in nahezu allen Variationen. Und zum Weg gehören die »Schritte«, die ersten Schritte, historische und die nächsten Schritte. Sie spricht, wie sie geht, bescheiden-füßig, ohne Sturmschritt, zügig, aber zugleich vorsichtig. Es sei, sagt sie, viel erreicht worden, aber es bleibt noch viel zu tun. Wir müssen die nächsten Schritte gehen. Gehen, gehen, gehen.

Es ist vielleicht kein Zufall, dass Angela Merkel einige ihrer besten Reden in der letzten Legislaturperiode gehalten hat. Seit dem Sommer 2018 gibt es zudem das Instrument der erweiterten Regierungsbefragung, wobei sich die Kanzlerin dreimal im Jahr den Abgeordneten und ihren Fragen stellen muss, die vorher nicht bekannt sind. Hier muss die Kanzlerin alle möglichen Angriffsfragen replizieren. Sie zeigt sich dabei enorm sachkundig, schlagfertig, unerschütterlich und zuweilen witzig. Nicht selten heimst sie Szenenapplaus ein, wenn sie plump-provokante Fragen zurückweist oder populistische Attacken abwehrt. In einer Haushaltsrede vom 9. Dezember 2020 erwidert sie spontan auf einen Zuruf aus der äußersten rechten Ecke, der Zusammenhang zwischen Infektionszahlen und Corona-

Toten sei doch gar nicht erwiesen: »Ich glaube an die Kraft der Aufklärung. Dass Europa heute dort steht, wo es steht, hat es der Aufklärung zu verdanken und dem Glauben daran, dass es wissenschaftliche Erkenntnisse gibt, die real sind und an die man sich besser halten sollte. Und da bin ich ganz sicher. Ich habe mich in der DDR für das Physikstudium entschieden – das hätte ich in der alten Bundesrepublik wahrscheinlich nicht getan –, weil ich ganz sicher war, dass man vieles außer Kraft setzen kann, aber die Schwerkraft nicht, die Lichtgeschwindigkeit nicht und andere Fakten auch nicht. Und das wird auch weiter gelten.« Beifall, Gelächter, breite Zustimmung.

Seit der sogenannten Flüchtlingskrise, die eher eine Krise der europäischen Solidarität und der europäischen Werte genannt werden müsste, zeigt sich Merkel – auch und gerade sprechend – stärker als Mensch, als wehrhafte Rednerin, die Fehler einräumt, ja, sich entschuldigt. So gehört auch ihre Regierungserklärung vom 21. März 2018 zu ihren besten Reden, weil sie hier einerseits den großen historischen Bogen spannt, zugleich Versäumnisse und Fehler einräumt und dennoch Aufbruchsgeist begründet. Je älter und erfahrener sie wird, desto angreifbarer und menschlicher zeigt sich die Rednerin Merkel.

Ihre vielleicht stärkste Rede gelingt ihr am 17. März 2020, zu Beginn der Pandemie. Abgesehen von den unvermeidbaren Neujahrsansprachen hat die Kanzlerin nie eine Fernsehansprache gehalten, nicht 2008 in der Finanzkrise, nicht in den Tagen der Eurokrise oder in den Septembertagen 2015, als Hunderttausende Flüchtlinge Asyl begehrten. Sie findet insbesondere die Neujahrsansprachen zu pompös, zu folkloristisch, sie will keine Märchentante sein, keine Predigerin vom Fernsehhochamt. Ja, auch das Ablesen liegt ihr nicht, die wilde Fahrt durchs emotionale Register, sie verhaspelt sich oft. Ist die Sprache in diesem Fernsehformat, das gleichzeitige Abmoderieren des vergangenen und das Anmoderieren des kommenden Jahres, nicht hoffnungslos überfordert, weil man so viele disparate Entwicklungen und Empfindungen eben nicht zusammenbinden kann?

Jetzt, wo das Virus sich ausbreitet, müssen solche Bedenken zurückgestellt werden, denn hier entscheidet Sprache über Leben und Tod, hier kann Sprache retten, mildern, eingreifen, wenn die Botschaft ankommt. Die Pflicht war schon immer Merkels Kür und hier ist nur noch Pflicht und nochmals Pflicht. Die Rede bleibt eine Rede, sie muss geschrieben und gefunden werden, sie muss überarbeitet, korrigiert und gekürzt werden, aber letztendlich beginnt sie erst zu leben und zu greifen, wenn sie erlitten wird. Merkel erleidet diese Rede und zugleich hält sie sie. Sie macht den Zuschauern mit den ersten Worten, Tönen und Mienen bewusst, dass hier Außerordentliches geschieht: »Deswegen lassen Sie mich sagen: Es ist ernst. Nehmen Sie es auch ernst. Seit der Deutschen Einheit, nein, seit dem Zweiten Weltkrieg gab es keine Herausforderung an unser

Land mehr, bei der es so sehr auf unser gemeinsames solidarisches Handeln ankommt.« Politische Sprache gewinnt immer dort, bleibt im Gedächtnis und kommt an, wo sich der ganze Leib der Wörter annimmt und die Worte in Leib verwandelt werden. Auch wenn die Botschaft profan ist, kommt es darauf an, einen sozusagen heiligen Moment herzustellen, einen, der aus der Zeit heraustritt, um ganz und gar wieder in die Zeit, in ihre Erfordernisse eintreten zu können. Dieses Zusammenspiel von Leib und Wort, von Bild und Botschaft, von Augenblick und Geschichte gelingt hier mustergültig, weil Merkel mit jeder Faser ihrer Existenz als Kanzlerin in den historischen Augenblick eintritt und man unmittelbar spürt, dass sie dieser Herausforderung gewachsen ist.

Ihre langjährige Pathosverweigerung, ihr sachdienliches, oftmals präsidiales Moderieren zahlte jetzt ein. Bereits 2013 hatte sie mit dem Slogan »Sie kennen mich« geworben und auf den Wahlplakaten ihre berühmte Raute sprechen lassen. Das grenzte schon an Sprachverweigerung, weil die Sprache auf den Körper zielte und auf die Zeit, in der sich das Volk an die Kanzlerin gewöhnt hatte. So listig das Wahlplakat war, so sehr verstieß es doch mit seiner immanenten Botschaft der Bequemlichkeit (wählt mich, hört auf zu suchen, ihr kennt mich) gegen den Aufbruchs-, Gründer- und Pioniergeist, den die Kanzlerin in vielen ihrer Reden vortrug. Aber dieses »Sie kennen mich« schien erst jetzt, zu Beginn der Pandemie, ganz und gar eingelöst zu werden, weil all die Krisen, durch die Merkel die Deutschen gesteuert hatte, jetzt wie bloße Bewährungsproben und Notfallübungen wirkten. Der Ernstfall, das war jetzt: »Ich weiß, wie dramatisch schon jetzt die Einschränkungen sind: keine Veranstaltungen mehr, keine Messen, keine Konzerte und vorerst auch keine Schule mehr, keine Universität, kein Kindergarten, kein Spiel auf einem Spielplatz. Ich weiß, wie hart die Schließungen, auf die sich Bund und Länder geeinigt haben, in unser Leben und auch unser demokratisches Selbstverständnis eingreifen. Es sind Einschränkungen, wie es sie in der Bundesrepublik noch nie gab.« Angela Merkel war als Sprechende nie eine Freundin des Superlativs, sie setzte eher auf Gefühlsbeschwichtigung, sie war eine Politikerin der Zuversicht, keine Angstpolitikerin. Der banale Satz »Wir schaffen das« gehörte dabei stets zu ihrem Sprachbesteck und war 2015 bereits so ausgewaschen, dass es heute noch erstaunt, wie sehr er provozierte.

Der Gedanke, man könne sich neu erfinden, weil es Mode ist, das zu tun, oder weil es andere erwarten, blieb Merkel als politische Technik stets fremd. Gleichwohl erleben die Deutschen Merkel in den Monaten der Pandemie als eine andere Politikerin, eine kaum oder gar nicht Gekannte, und ein Satz aus ihrer Rede trifft diese Wandlung ganz gut: »Im Moment ist nur Abstand Ausdruck von Fürsorge.« In der Corona-Krise geht Merkel auch auf Abstand zu sich selbst, zu der alten Macht-

Merkel, der sachlichen und unpathetischen Schritt-für-Schritt-Politikerin, deren private Umrisse kaum kenntlich sind. Hier spricht sie mit großer emotionaler Eindringlichkeit, sie denkt die abstrakte Gesellschaft, das Volk wie ein einzige große Familie, die sie mit mütterlicher Sorge und Fürsorge begleitet, und sie setzt ihre eigene Biografie ein, um zu begründen, dass die Freiheitseinschränkungen die Ultima Ratio sind: »Lassen Sie mich versichern: Für jemanden wie mich, für die Reise- und Bewegungsfreiheit ein schwer erkämpftes Recht waren, sind solche Einschränkungen nur in der absoluten Notwendigkeit zu rechtfertigen. Sie sollten in einer Demokratie nie leichtfertig und nur temporär beschlossen werden – aber sie sind im Moment unverzichtbar, um Leben zu retten.«

Im Laufe der Corona-Krise wird sich Merkels Tonfall der Dringlichkeit und Eindringlichkeit noch einmal steigern. Sie, die stets die Contenance zu wahren wusste, die noch immer ihre Erschütterung kontrollierte, selbst wenn sie sehr bewegt war, etwa als sie im Bundestag um in Afghanistan gefallene Soldaten trauerte, geriet jetzt an den Rand der Fassungslosigkeit, wo Sprache versagt und der Körper die Wörter als Zeichen ablöst. In der Fernsehansprache waren ihre Hände noch äußerst gefasst, nur nuancierte Bewegungen, minimale Akzente, jetzt jedoch, am 9. Dezember 2020 im Bundestag, brechen ihre Hände geradezu in Tränen aus, es sind verzweifelte Hände, die diese Verzweiflung hörbar auf das Pult schlagen. Alle Beobachter sind sich einig, so hatte man die Kanzlerin öffentlich noch nie erlebt: »Wenn die Wissenschaft uns geradezu anfleht, vor Weihnachten, also bevor man Oma und Opa und andere ältere Menschen sieht, eine Woche der Kontaktreduzierung zu ermöglichen, dann sollten wir vielleicht doch noch mal nachdenken, ob wir nicht irgendeinen Weg finden, die Ferien nicht erst am 19. Dezember beginnen zu lassen, sondern vielleicht schon am 16. Dezember. Was wird man denn im Rückblick auf ein Jahrhundertereignis einmal sagen, wenn wir nicht in der Lage waren, für diese drei Tage noch irgendeine Lösung zu finden? Wenn wir vor Weihnachten zu viele Kontakte haben und es anschließend die letzten Weihnachten mit den Großeltern waren, dann werden wir etwas versäumt haben.« Merkel spricht so beteiligt, als ginge es unmittelbar um die eigene Familie, als spräche sie von ihren Eltern und Großeltern und auch von sich selbst, als Kind, als Mutter und Großmutter, als Jahrhundertereignis-Mitwirkende. Was wird man denn einmal sagen über uns? Auch das ist ihre Sorge, nicht ihr eigenes Bild in der Geschichte, sondern ihr und unser Platz in diesem Familienroman über Jahrhunderte. Schaden vom deutschen Volk abzuwenden, das hat sie ja geschworen, darauf hat sie einen Amtseid geleistet und da ist die Einsicht in die Endlichkeit und Begrenztheit der eigenen Macht schmerzlich und ernüchternd. Was Merkel an diesem Punkt ganz offenbar auch schmerzt, ist die Lernverweigerung, die Wissenszurückweisung mancher Politiker und Bürger. Wenn sie von der *flehenden Wissenschaft* spricht, meint sie auch sich, die Wissenschaftlerin Merkel.

Nachdem ihre Mutter, Herlind Kasner, im April 2019 gestorben war, hielt Angela Merkels Bruder Marcus die Trauerrede, so wie er es auch schon bei der Beerdigung ihres Vaters getan hatte. »Wenn es ein Motto gibt, das Herlind Kasner ein Leben lang begleitet hat«, sagte er, »dann war es die Idee, bereit zu sein, das gesamte Leben lang zu lernen.«

Auch Angela Merkel hat das verinnerlicht, als Politikerin, als Mensch, als Tochter. Schon als kleines Kind hat sie die Erfahrung gemacht, dass Sprache Beine machen kann und dass sie über Grenzen hinausreicht. Sie konnte sehr früh sprechen, aber lange Zeit kaum laufen. So kam es, dass sie ihren jüngeren Bruder losschickte, wenn sie, die als Ältere noch im Laufstall saß, etwas haben wollte, das außerhalb ihrer Reichweite lag. Sie wuchs vielsprachig auf. Das meint in erster Linie nicht, dass sie Russisch und Englisch lernte und liebend gerne Französisch gelernt hätte, wenn die Lehrerin nicht in den Westen geflüchtet wäre (diese Unkenntnis bedauert Merkel bis heute), sondern es meint die Fähigkeit, verschiedene Sprachspiele handhaben zu können, informelle, private, akademische, offizielle oder politisch angepasste. Als die DDR implodierte und der alte Westen mit Heißhunger über den Osten herfiel, hatte sie Gelegenheit, die neuen Sprachspiele der Macht und Gesellschaft kennenzulernen, und es reizte sie, sich in diesem

Sprachfeld völlig neu aufzustellen, diese Fremdsprachen namens *Demokratie, Politik, Medien* und *CDU* zu lernen. Damit ging die Erfahrung einher, dass Sprachen ihre Zeit haben, dass sie gemacht waren und dass sie letztlich, wenn sie aus der Zeit fielen, auch kontingent waren. Wie Gott spricht, weiß man nicht, das wusste auch die Pastorentochter nicht, aber kein Mensch sollte und kann sprechen wie Gott oder sein Sprechen mit Gott begründen und immunisieren. Der Kommunismus hatte als gottgleiches Sprachspiel abgewirtschaftet und Merkel legte ihr Ohr an die Bonner Republik, hörte zu und begann allmählich Gesamtdeutsch, Kohlisch, ministeriell und parteipolitisch zu sprechen.

Es stimmt, Merkel ist keine schneidige Sängerin, kein Riot-Girl des Feminismus, keine Rednerin, die überfällt und überwältigt, und vieles klingt aus ihrem Mund erst mal dröge, oder besser unaufgeregt. Sie hat auch nie eine große Erzählung angeboten, vielmehr war ihr Angebot an uns, ohne große Erzählung auszukommen. Ihre allererste Regierungserklärung als Kanzlerin stellte sie 2005 unter das Motto »Mehr Freiheit wagen« – und das meinte eben auch, dass der Einzelne sich von staatlicher Sinnstiftung frei zu machen habe, dass jeder, so wie sie, Chancen nutzen und an Grenzen gehen und dass die Bundesrepublik zur innovativen Aufbruchsgesellschaft werden sollte. In größerer narrativer Münze hat sie nie gezahlt.

Allerdings war sie als Rednerin nie so langweilig, wie manche Kommentatoren sie gerne beschrieben. Sie hat in unzähligen Formaten mit sehr wechselhaften Temperamenten und Intensitäten gesprochen, empathisch und engagiert immer, wenn es gegen Rechtsextremismus und Antisemitismus ging, oft hörbar berührt, wenn sie über die Verbrechen des Nationalsozialismus sprach. Ihre erste Ehrendoktorwürde wurde der Bundeskanzlerin am 1. April 2007 in Jerusalem verliehen. Es war kein Zufall, dass sie die erste Würdigung dieser Art von der Hebräischen Universität in Jerusalem annahm. Iris Berben, die zum Freundes- und Förderkreis der Universität gehört, erlebte damals eine für sie unbekannte Bundeskanzlerin, die mit besonderer Wärme und Menschlichkeit auftrat, fast schon klein, demütig vor den langen Schatten der Geschichte, fragil, verwundbar und um die Bestialität wissend, die Menschen einander antun können. Auch und gerade bei solchen Gelegenheiten achtet die Kanzlerin darauf, dass sich kein Kunstpathos in ihr Sprechen einschleicht. Kein Formulierungsfeuerwerk ist vonnöten, um vom Schrecken zu sprechen, von Erinnerungsverantwortung und Scham.

Mit Richard Rorty ließe sich Angela Merkel als liberale Ironikerin begreifen, die die Verfallsdaten von Macht und die ihnen zugeordneten Sprechweisen kennt und die kein Wahrheitsmonopol für ihr Sprechen beansprucht. Alles ist Prozess, Aushandlung, Schritt für Schritt. Nichts fällt vom Himmel, alles ist Handwerk. Der Auftrag des Menschen – diesem Verständnis nach –

ist es, den unendlichen Weg zur eigenen und zur Freiheit anderer anzutreten, eigene Freiheitszonen zu erweitern, ohne dafür andere in ihrer Freiheit einzuengen. Die liberale Ironikerin Merkel kann abends zu Bett gehen und die Bundeskanzlerin auf den Bügel hängen oder an der Garderobe abgeben.

Für das Glück ist die Kanzlerin nicht zuständig. Auch das politische Sprechen ist nicht glücksbegabt oder glücksschaffend. Politik ist allenfalls dazu da, strukturelles Unglück zu verhindern und Glücksbedingungen zu schaffen. Höchstens! Das Glück ausdrücken können allenfalls die Dichter, Lyriker, Poeten, Sänger, Erzähler. Dass Angela Merkel gelegentlich Reiner Kunze zitiert, wenn sie in Reden komplexe Empfindungen anklingen lassen will, ist bekannt. Auch im Kanzleramt kommt ihr mitunter ein Gedicht von ihm oder anderen in den Sinn. Mit der Erzählerin und Lyrikerin Ulla Hahn ist sie befreundet und auch Günter de Bruyn hat sie zu Lebzeiten sehr hoch geschätzt. Zu seinem achtzigsten Geburtstag am 1. November 2006 hat sie in Frankfurt an der Oder eine Laudatio auf ihn gehalten, die auch ein wenig von Angela Merkels Sehnsüchten und Seesüchten Auskunft gibt: »Sie können aus meiner Sicht Unbeschreibliches beschreiben, zum Beispiel Glück. So auch in der Erzählung ›Fedezeen‹. Mittelpunkt dieses modernen Märchens sind ›Glücksteiche‹. Tief in den Wäldern sind diese Glücksteiche aus den Tränen einer verfluchten Prinzessin entstanden. Wer darin schwimmt, wird mit Glück überschüttet. Sie schreiben – ich zitiere:

›Glück war das Leben an den Teichen, fern der Stadt, fern ihrem Lärm aus Lautsprechern und Fanfaren, ihren uniformierten Horden, fern von Schule, Benzingestank und Kommandos. Großvater wusste: Viele litten wie wir, aber keine außer uns beiden kannte den Ausweg ins Glück, die Wälder, die Teiche.‹ Ende des Zitats.«

Ja, auch Angela Merkel ist immer gerne weit hinausgeschwommen, in Templin, in der Uckermark, in Hohenwalde, wo ihr Wochenendhäuschen steht. Sie schwimmt hinaus, die Kanzlerin bleibt am Ufer zurück. Glücksteiche.

Namenswahl

»Mein Name ist Angela Dorothea Kasner«, so stellte sich die letzte Zeugin im April 2017 vor dem NSA-Untersuchungsausschuss vor. Ein Raunen geht durch den Saal. Kasner? Auf Nachfrage erwiderte die Kanzlerin später, da sie in der Öffentlichkeit sonst nie ihren zweiten Vornamen nenne, sei sie sozusagen erinnernd unwillkürlich in die Familienvergangenheit hinabgerutscht. Kasner, das ist ihr Mädchenname, der Name ihres Vaters Horst Kasner. Aber auch hinter diesem Namen liegt eine zurückgelassene Geschichte. Horst Kasner wurde 1926 als Horst Kazmierczak in Berlin geboren, als Kind eines polnischen Einwanderers. Vier Jahre nach seiner

Geburt entschieden sich die Neu-Berliner, ihren Namen *einzudeutschen,* aus Kazmierczak wurde Kasner. Als Angela Dorothea Kasner 1977 Ulrich Merkel heiratet, übernimmt sie seinen Nachnamen, obgleich es das Namensrecht in der DDR – zum damaligen Zeitpunkt moderner als das der BRD – erlaubt hätte, auch ihren Namen zum gemeinsamen zu machen. Die Ehe wird 1982 geschieden, Angela Merkel behält den erheirateten Namen. Sie ändert ihn auch nicht, als sie 1998 Joachim Sauer ehelicht. Zu diesem Zeitpunkt hatte sie sich schon als Angela Merkel einen politischen Namen gemacht, den aufzugeben Bekanntheitsgrade gekostet und somit Identitätsverlust bedeutet hätte.

Lange Zeit sind wir unseren Namen ausgeliefert, es liegt nicht in unserer Hand, uns Namen zu geben, wenn wir zur Welt kommen. Die Eltern legen mal mehr, mal weniger Bedeutung in die Namen ihrer Kinder, Zeichenkapseln, in denen es von Magie, Zeitgeist, Göttern und Geschlechtern wimmelt. Angela, das ist die Botin des Himmels, und Dorothea, das ist das Gottesgeschenk, beide Namen sind christlichen Ursprungs und verweisen auf katholische Heilige. Während es der Ordensbegründerin Angela beschieden war, friedlich in ihrem Bett zu sterben, starb die heilige Dorothea als Märtyrerin. Beide Frauen, so heißt es, besaßen einen langen Atem und waren fest im Glauben, selbst wenn sie wie Dorothea gefoltert wurden. Wer zur Welt kommt, erleidet einen Namen. Wer lebt und wächst, macht sich einen Namen. Wir verwandeln die Unfreiheit, die die

Namensgebung für uns bedeutet, in Freiheitsmomente, indem wir diesen Namen jenseits der Vorgeschichten und mythischen Einsprengsel mit eigenem Leben füllen. Öffentliche Namen hingegen werden oft zu Zielscheiben und müssen Projektionen ertragen, dann werden Namen entstellt, um bloßzustellen, um den Namensträger zu treffen, zu stigmatisieren. Auch Spitznamen, die man uns in der Kindheit umhängt, können verletzen, selbst wenn sie gut gemeint sind: Kasi wurde Angela Merkel in der Schule gerufen. Im Studium, heißt es, habe man ihr den Spitznamen Don Camillo verpasst, weil ein anderer Mitstudent Peppone gerufen wurde, ein wohlwollender Ehrenname, der offenbar auf ihre christlich grundierte Streitbarkeit verweist, denn schließlich ist Don Camillo in der berühmten Filmreihe (gespielt von Fernandel) ein sympathischer Geistlicher.

Als Angela Merkel 1991 Ministerin im Kabinett von Helmut Kohl wird, fängt sie sich neue Spitznamen ein, die zuspitzen, übertreiben, teilweise bösartig sind. Zunächst ist sie »Kohls Mädchen«, da sie als sein Geschöpf wahrgenommen wird, als von »Gottes Gnaden« gemachte Person. Wen hat er da wieder ausgegraben, schießt es manchem CDU-Granden durch den Kopf. Sie gilt als abgeleitete Figur, aber auch als eine Politikerin, die unter dem besonderen Schutz des »Alten« steht. Später, als manche spät, für eigene Machtambitionen zu spät, entdecken, dass Merkel diesem Stereotyp entwachsen ist, diffamiert man sie, besonders in der CSU, als »Zonenwachtel«, was Angela Merkel – das wird sie erst sehr viel später öffentlich einräumen – sehr schmerzt, denn damit wird sie nicht nur als Frau sexistisch beschrieben, sondern auch als Ostdeutsche stigmatisiert.

Aber auch diese Phase lässt Merkel hinter sich und als sie Anfang der 2000er-Jahre nach der Macht greift, wird sie insbesondere von den jüngeren Parteimitgliedern als »Angie« bezeichnet. Im Bundestagswahlkampf 2005 erklingt dann, zum Ärger der Rolling Stones, deren eher elegische Hymne »Angie«, die weder von der Stimmung noch vom Text besonders gut zu Angela Merkel passt und daher bald wieder in der Versenkung verschwindet wie der dazugehörige Nickname. Spöttisch und abwertend war zunächst auch das Etikett »Mutti« gedacht, als deren Erfinder wahlweise der CSU-Haudegen Michael Glos oder der Schwabenfürst Günther Oettinger (CDU) gelten dürfen. Dieses Schmähwort hat aber eine oft übersehene Stoßrichtung: Die älteren Herren, die es aufbrachten, meinten damit auch jene jüngere CDU-Generation, die auf Merkel setzte und sich daher wie Kinder um »Mutti Merkel« scharte. Im Laufe der Jahre wandelte sich der abschätzige zu einem wertschätzenden Begriff, da er aus der parteipolitischen in die gesellschaftliche Zone wanderte und hier eher an Fürsorglichkeit, Mütterlichkeit und Verlässlichkeit gedacht wurde.

Und auch Angela Merkel wendet diesen Begriff für sich ins Positive, nimmt ihn, auch im Wahlkampf 2013, als positives Framing für ihren erneuten Anlauf aufs

Kanzleramt. Die »Mutter der Nation« wird nun – je länger die Amtszeit dauert und je einhelliger die Auffassung wächst, sie sei eine Stabilitätsgarantin – zu einem Ehrentitel, der auch im Ausland registriert wird. Man spricht von der »Eisernen Kanzlerin« oder von »Mama Merkel«. Im Zuge der Finanzkrise 2008 und der folgenden Griechenland- und Eurokrise wird sie als »Madame No« bezeichnet, die Frau, deren Taschen zugenäht sind, die geizige Predigerin der Sparsamkeit, die Europas Süden harte Reformen abverlangt, ehe sie – wie immer – zu wenig und zu spät Geld rausrückt.

Das Image der »Mutter der Nation«, das früher Schauspielerinnen wie Inge Meysel vorbehalten war, weitet sich ab 2015 noch einmal in die arabische Welt, als die Kanzlerin die Zuflucht suchenden Flüchtlinge nicht zurückweist. »Mama Merkel« wird nun zur Schutzpatronin der Flüchtlinge, der Schutzsuchenden, der Heimatlosen. Am Budapester Hauptbahnhof halten Flüchtlinge Bilder von ihr wie eine Votivtafel in die Kameras, auch als Mahnung an die westliche Welt, sie nicht zu vergessen. Auch im völlig überfüllten griechischen Grenzlager Idomeni rufen verzweifelte Flüchtlinge nach »Mama Merkel«. Aus Dankbarkeit lassen manche syrische Eltern ihre Kinder auf deutschen Standesämtern auf den Namen Angela Merkel eintragen, wobei Merkel als Mittelname fungiert. Und umgekehrt wird die »Flüchtlingskanzlerin« von rechtspopulistischen Gegnern ihrer Politik als »Mutti Multikulti« verunglimpft.

Das vorstehende Namens- und Titelregister ist unvollständig, die Liste ließe sich verlängern. Deutlich wird aber, dass man sich seine Namen meistens nicht aussuchen kann und dass sie Gussformen für Gefühle und Geschichte werden, zumindest dann, wenn man eine Figur des öffentlichen Lebens ist. Im Zeitalter der populistischen Clowns und Autokraten ist Angela Merkels Name zum Synonym für seriöse Politik, für multilaterale Verlässlichkeit und Rationalität geworden. Auf der Weltbühne wird sie, nachdem ein twitternder orangefarbener Elefant die Bühne betreten hat, zur Leaderin of the free world ausgerufen.

Ruhestörung

Angela Merkel ist eine Anhängerin der Stille. Wenn man das Kanzleramt betritt, fällt – sofern gerade kein Staatsgast empfangen wird – die Ruhe auf. Und von Stockwerk zu Stockwerk wird es ruhiger. Im siebten Stock, da, wo die Kanzlerin ihr Büro hat, ist es am stillsten. Fast wirkt diese Zone wie ein meditativer Ort.

Auf jeden Fall ist es hier stiller als am Kupfergraben in Berlin, eine seltsame Straße im mittigen Mittendrin, zugig, touristisch, Straßenbahnen kreischen, das Kopfsteinpflaster lässt Autoreifen nölen, im Sommer toben Staren-Schwärme im Wäldchen hinterm Dom, im

Winter besorgen Hunderte Krähen ihr Krächzgeschäft. Einmal die Woche wird ein Flohmarkt abgehalten und seit Jahrzehnten verbreiten Baustellen und Gerüste den Eindruck des Provisorischen. Nachts treiben volltrunkene Nachtvögel vorbei, tagsüber schicken Straßenmusiker zauselige Klänge in den Wind und auch das Pergamonmuseum, der graue Klotz, steht nicht schweigend, sondern irgendwie dröhnend herum. Hier, genau gegenüber, lebt Angela Merkel. Irgendwie ein zugiger Fleck, ein Transitraum.

Hier wie überall sucht man sich seine Nachbarn nicht aus. Nachbarschaft auf engem Raum erfordert Toleranz. Lange Jahre lebten Angela Merkel und Ottmar Schreiner im selben Haus. Der Sozialdemokrat galt als einer der letzten aufrechten Linken in der Partei, seine Gegner bezeichneten ihn auch als »Beton-Linken«, und die Agenda 2010 war für ihn ein großer neoliberaler Sündenfall, ein Verrat an der Identität der SPD. Parteipolitisch und ideologisch betrachtet waren die Nachbarn Merkel und Schreiner also wechselseitig Prüfungen füreinander und wäre es nach Schreiner gegangen, wäre die SPD niemals Geburtshelferin der schwarzen Kanzlerin Merkel geworden. Als leidenschaftlicher Kämpfer für die Arbeitnehmerinnen und Arbeitnehmer war der schnauzbärtige Saarländer eher ein Anhänger der Lautstärke und auch privat kein Leisetreter. Der »Kumpel der Kumpel« kam gelegentlich spätabends nach Hause, ausgehungert und aufgekratzt nach dem Kampf mit neoliberalen Schrumpfköpfen. Kartoffeln wurden geschält, gekocht, in Scheiben geschnitten und schließlich mit Speck und Zwiebeln scharf angebraten. Dazu ein Glas Wein und ein Chanson von Mireille Mathieu. Schließlich brachten ein paar Spritzer Maggi den richtigen Pep und der Geruch gebratener Kartoffeln zog durch Fenster und Türen. Und weil es so schön war, wurde die Mireille noch etwas lauter gedreht. Dann kam es vor, dass jemand gegen die Wand schlug oder an der Haustür des großen Kumpels klingelte. Der First Husband – oder besser der First Gentleman – stand vor der Tür und bat herzlich um die Minderung der Lautstärke.

Trotz gelegentlicher Differenzen bildeten Ottmar Schreiner und Angela Merkel eine stabile Alltagskoalition, auch wenn die Auffassungen darüber, wie Kartoffeln zu würzen seien, deutlich auseinandergingen. Angela Merkel, so erzählte es Schreiner einmal, habe sich bei ihm mit Nachdruck darüber beklagt, dass er zu nachtschlafender Zeit Kartoffeln brate, was ja noch in Ordnung wäre, wenn er die Bratkartoffeln nicht mit Strömen von Maggi begießen würde. Das sei dann, neben der zu lauten Musik, eine arge Geruchsbelästigung, die sie nicht habe schlafen lassen. Doch weil beide Politiker Freunde der deutschen Kartoffel sind, konnten diese Differenzen schließlich überwunden werden und der Hausfriede blieb gewahrt.

Richtlinienkompetenz

Das Geschlecht des Worts ist weiblich, der Gebrauch meistens männlich. Die Richtlinienkompetenz. Ein sperriges Wort, ein deutsches Wort. Es legt fest, laut Grundgesetz, dass letztlich der Kanzler sagt, wo es langgeht. In der Geschichte der Bundesrepublik gab es nur einen Kanzler, der dieses Wort wirklich mit Leben und List füllte, das war Konrad Adenauer. Seinen Nachfolgern war weitaus weniger Macht vergönnt, weshalb sie die Richtlinienkompetenz auf ihre Weise zu gestalten versuchten. Im Grunde genommen war die Richtlinienkompetenz ein Sonderfall männlicher Kraftmeierei, weil Entscheidungsprozesse in einer Demokratie zu komplex sind, um sie mit einem Faustschlag auf den Kabinettstisch durchzusetzen. Willy Brandt ließ seine Minister so lange reden, bis sich irgendwann eine Entscheidung wie von selbst einstellte. Unter Brandt wurde die Richtlinienkompetenz zur Brandt-Kompetenz, was sein Nachfolger Schmidt scharf kritisierte. Ihm war das zu lasch. Fortan wurde aus der Richtlinienkompetenz eine Befehlskompetenz, manche sagen Brüllkompetenz, weil Schmidt (Spitzname »Schmidt-Schnauze«) gerne mal auf den Tisch haute, dass die Kaffeetassen wackelten. Das war aber bereits Politiktheater, schon aus der Zeit gefallen. Es folgte Helmut Kohl, der aus der Richtlinienkompetenz eine Bimbes- und Birnenkompetenz machte. Bimbes ist ein pfälzischer Ausdruck für Geld und Kohl war ein Herrscher über schwarze Kassen. Durch die Furcht einflößende Körpergröße Helmut Kohls gewann die Richtlinienkompetenz im Kabinett zwar schiere Präsenz, grundlegende Richtungsentscheidungen und abrupte Kurswechsel sind aus der Ära Kohl jedoch nicht überliefert. Und dann kam Gerhard Schröder. Aus der Richtlinienkompetenz wurden die Bastakompetenz, was dazu führte, dass der Kanzler eine Rekordzahl an Ministerinnen und Ministern verlor und seine Amtszeit vergleichsweise kurz ausfiel. Es war nicht mehr zu übersehen: Zu Beginn des 21. Jahrhunderts war die Richtlinienkompetenz eine Fata Morgana, ein nostalgisches Überbleibsel aus der Männerrepublik. Dann kam Merkel.

Die Bundestagswahl 2005, die die Union nur mit hauchdünnem Vorsprung vor der SPD gewonnen hatte, sah zunächst wie ein Fiasko für die Kanzlerkandidatin der CDU aus. Ob Merkel sich würde halten können? Es begannen sehr mühsame Koalitionsverhandlungen mit der SPD. Gerhard Schröder hatte am Wahlabend so laut gebrüllt, jetzt musste er erst langsam wieder in die Realität zurückgeführt werden. Neun Wochen nach der Wahl, am 10. Oktober 2005, einigten sich CDU/CSU und die SPD endlich darauf, dass Angela Merkel Bundeskanzlerin werden sollte. Auch im Rückblick bleibt es erstaunlich, dass daran überhaupt so lange Zweifel bestanden, denn die Union hatte zwar knapp, aber eben doch eindeutig gewonnen. Dennoch galt Merkel als Leichtgewicht. So schrieb etwa die altehrwürdige »Times« aus London: »Viele Menschen glauben, dass sie eine kurzfristige Führungsfigur ist.« Edmund Stoiber und Franz Müntefering dachten das auch. Beide zweifelten öffentlich an der Richtlinienkompetenz der Kanzlerin, was nichts anderes bedeutete als: Die Männer, wir, haben die Hosen an. Alle Welt wartete nun auf einen verbalen Gegenschlag der Kanzlerin, doch die schwieg erst mal. Dann folgte eine Fraktionssitzung der Union. Zu diesem Zeitpunkt erwartete man, dass Edmund Stoiber als Superminister in die Regierung eintreten und von Bayern nach Berlin wechseln würde. Was er denn damit gemeint habe, dass die Richtlinienkompetenz für Angela Merkel nicht gelten solle, wollten jetzt einige Abgeordnete wissen. Stoiber tat so, als hätte er die Rufe nicht gehört. »Steh auf!«, rief man ihm zu. Stoiber verschanzte sich noch mehr hinter einem Stapel Papiere und Akten und ignorierte den Unmut. Angela Merkel, die neben ihm saß, hatte genau registriert, wie sich im Saal die Stimmung gegen Stoiber aufbaute. Sie wartete noch ein genussvolles Weilchen, dann erhob sie sich langsam und sprach mit Bedacht: »Ach, das mit der Richtlinienkompetenz ist im Grundgesetz festgehalten« – sie machte eine Kunstpause – »und das Grundgesetz gilt auch dann, wenn der Kanzler eine Frau ist.« Über den Häuptern schwebte sicher nicht der Heilige Geist, aber langsam begann allen zu dämmern, dass auch Frauen

Machtworte sprechen können, ohne mit der Faust auf den Tisch zu hauen. Edmund Stoiber sackte in sich zusammen.

Gerhard Schröder zog sich aufs Altenteil zurück.

Edmund Stoiber wurde kein Superminister und blieb in Bayern.

Franz Müntefering verlor wenige Wochen später den Parteivorsitz.

Nur Merkel blieb.

An Tagen wie diesen

Mitunter sprechen Augenblicke Bände und ein kurzer Moment enthüllt, warum Angela Merkel Kanzlerin geworden ist und ihre Rivalen in der CDU nicht. Am 22. September 2013 fahren die Union und die Kanzlerin ihren größten gemeinsamen Triumph ein, sie erringen bei der Bundestagswahl 41,5 Prozent der Wählerstimmen. An *Tagen wie diesen/Wünscht man sich Unendlichkeit.* Im Konrad-Adenauer-Haus sind sie aus dem Häuschen, tanzen, singen, jubeln. Angie! Angie! Angie! Die

Körperenthemmung erinnert an Schützenfeste, karne-valistische Schunkelseligkeit, Kurvenjubel und Pogo für Senioren. Auf der Bühne begibt sich die Parteispitze auf die Suche nach Tagen wie diesen, Volker Kauder in der Rolle von Campino und Hermann Gröhe als Fähn-chenwedler. *Das hier ist ewig/Ewig für heute/Wir stehen nicht still/Für eine ganze Nacht.* Die Single »An Tagen wie diesen« der »Toten Hosen« war der große Hit des Jahres 2012, Platz 1 der deutschen Single-Charts und bei der Fußballeuropameisterschaft die emotionale Motiva-tionshymne des deutschen Teams. Man wundert sich noch heute, dass keiner der CDU-Granden Luftgitarre spielte. Angela Merkel klatscht wie die anderen auch selig im Schlagerrhythmus, dieses kollektive Klatschen zielt an allen Rhythmen vorbei und wirkt wie die Reha-bilitationsübung bewegungsentwöhnter Körper. Schon in ihrer Teenagerzeit fiel es Angela Merkel schwer, sich Pop- oder Schlagermusik hinzugeben. Sie hat einmal geschildert, dass sie nicht loslassen konnte, dass es der Musik kaum jemals gelungen war, sie emotional so zu überwältigen, dass sie einfach nur mitgetanzt hätte, ohne sich selbstmisstrauisch zu beobachten. Auch in diesem siegreichen Moment fällt ihre Selbstbeherr-schung auf, zwar lächelt sie selig und lässt innerlich für kurze Momente los, ganz Rhythmus, ganz Musik, ganz augenblickeins, der Körper fließt, aber dann springen sofort ihre Selbstkontrollinstanzen an. Wie mag das aus-sehen, was wir hier gerade darbieten? Gehen wir wirk-lich als Coverband der »Toten Hosen« durch? Und was soll die Deutschlandfahne? Generalsekretär Hermann Gröhe wird von der Seite ein Deutschlandfähnchen gereicht, mit dem er deutschlandbrav herumwedeln will, doch die Kanzlerin, wachsames Auge, entreißt ihm den Wimpel, so wie eine Kindergärtnerin einem Buben die Sandkastenschaufel wegnimmt, mit der er gerade zuschlagen will. Den CDU-Männern ist in ihrer Ekstase jedwedes Kontrollmoment abhandengekommen, das ihnen zuflüstern müsste, hier liegt ein schlimmer Fall kultureller Aneignung vor bzw. hier findet gerade eine komische Selbstentleibung des konservativen Habitus statt. Allerdings – das muss man rückblickend auch feststellen – waren die »Toten Hosen« vielleicht schon damals älter und konservativer als gedacht. Im Gegensatz zu ihren männlichen Kampfes- und Partygefährten behält die Bundeskanzlerin in der Stunde des Triumphes ein Auge für die ästhetischen und politischen Folgekosten der Sause. Sie weiß, dass zwischen nationaler Euphorie und nationalistischen Entgleisungen mitunter ein schmaler Grat liegt und dass keine Partei so tun sollte, als gehöre ihr das Land. Davon abgesehen ist Merkel aber auch eine wache Stilistin, die diesen Deutschlandfähnchen-Tanz dann doch arg kindlich findet und spürt, dass hier jemand Gefahr läuft, sich habituell selbst zu entleiben oder – mit anderen Worten – zum Vollhorst zu machen. Das letzte Mal, dass ein deutscher Politiker mit einer Düsseldorfer Band reüssieren konnte, war 1973, als der damalige Bundespräsident Walter Scheel mit dem Männergesangsverein

Düsseldorf »Hoch auf dem gelben Wagen« schmetterte. Da ging alles zusammen, Staatsamt, Liedgut, Parteifarbe und Stimmkompetenz. Lernen hätten die Nachwuchs-Punker der Union auch von Barack Obama, der 2012 im Zusammenspiel mit den Rolling Stones »Sweet home Chicago« sang und sowohl mit seiner Stimme als auch seiner coolen Aura zu überzeugen vermochte. Obamas Stimmeinsatz war so dosiert, so auf den Punkt, dass er mit minimalem Einsatz maximale Begeisterung auslöste. Die Band Volker und die schwarzen Hosen hingegen bot maximalen Einsatz und rief minimale Begeisterung hervor. Die »Toten Hosen« kommentierten den Auftritt der Coverband auf ihrer Facebook-Seite mit Ironie: »Wir verfolgen aus dem Übungsraum amüsiert die derzeit laufende Kontroverse über die CDU-Version von »Tage wie diese«. Uns persönlich kam die Darbietung eher wie ein Autounfall vor: Nicht schön, aber man schaut trotzdem hin ... Denn eins ist ja wohl klar: Das grausam vorgetragene Lied war immer noch mit Abstand die beste Leistung, die die CDU in letzter Zeit hervorgebracht hat.«

Vier Tage nach der Bundestagswahl klingelt das Mobiltelefon von Campino: »Lieber Herr Campino, ich rufe an, weil wir ja am Wahlabend so auf Ihrem Lied herumgetrampelt sind. Keine Angst, es soll nicht die nächste CDU-Hymne werden. Aber Sie haben da so ein schönes Lied geschrieben.«

Da war Campino dann doch erleichtert.

Die Kanzlerin bat ihn dann noch einmal um Verständnis für den einmaligen Ausrutscher, immerhin habe man doch das Lied, wie von der Band gewünscht, nicht mehr auf Wahlkampfveranstaltungen gespielt. »Aber generell, bei Siegesfeiern, hatten Sie gesagt, Sie hätten nichts dagegen.«

An dieser Stelle zeigt sich die gewiefte Realpolitikerin. In ihrem Protestschreiben gegen die politische Vereinnahmung des Liedes während des Wahlkampfes hatten die Toten Hosen keineswegs von Siegesfeiern gesprochen, sondern lediglich davon, dass sie nichts dagegen hätten, wenn das Lied bei allgemeinen, unpolitischen Feiern wie dem Oktoberfest zum Einsatz käme.

Aber Campino macht jetzt kein Fass auf. Als Gentleman, der er ist, gratuliert er der Kanzlerin zum Wahlsieg, allerdings ohne jeden euphorischen Anklang. Und dann setzte er hinzu, der Gesangvortrag sei wirklich bescheiden gewesen, aber nein, niemand sei jetzt länger beleidigt.

Selfies

Merkel hat keinen Selfie-Arm. Sie macht keine Selfies, sie lässt sie geschehen. Mesut Özil ärgert sich noch heute, dass er 2014, als die Kanzlerin nach dem Final-Sieg gegen Argentinien die Mannschaft in der Kabine besuchte, als einziger Spieler kein Selfie mit ihr schoss.

Die meisten Menschen lächeln, lachen oder grinsen, wenn sie ein Selfie mit der Kanzlerin machen. Die unübertroffenen Monster des Grinsens in Cinemascope sind Lukas Podolski und Lars Eidinger. Es erstaunt, dass Merkels Bodyguards diese Selfies zuließen, denn wenn man sie heute betrachtet, fürchtet man noch im Rückblick um die Sicherheit der Kanzlerin. Es wirkt so, als hätten der Fußballer und der Schauspieler die Kanzlerin gekapert, Lukas legt sogar einen Arm um Merkels Schulter, eine gestische Vereinnahmung, gegen die die Kanzlerin sonst eher allergisch ist. Und Lars Eidinger, halb nackt, noch in der Maske Richards des Dritten, sieht aus wie ein euphorischer Axolotl. Selbst Menschen, die es sonst hassen, Selfies zu machen oder zum Bestandteil eines Selfies gemacht zu werden wie Sebastian Vettel, werden angesichts der Bundeskanzlerin schwach. Beinahe widerwillig räumte der Formel-1-Star ein, dass er Frau Merkel geradezu entschuldigend um ein Selfie mit ihr gebeten hätte.

Einerseits ist es nicht erstaunlich, dass eine globale Figur wie Merkel zum Wunschobjekt der Selfie-Generation geworden ist, andererseits hat Merkel selbst keine narzisstischen Züge, ihr Selbstbild unentwegt zu inszenieren und zu teilen. Ein Selfie mit Merkel ist nun keine blaue Mauritius, es gibt Tausende mit ihr. Aufgekratzte Schüler, stolze Firmenbosse, Landfrauen, Journalisten, Altenpfleger, Köche, Imbissbudenbesitzer, Auszubildende, Feuerwehrleute, Polizisten – es gibt wohl kaum einen Berufsstand, kaum eine Existenzform, die kein

Selfie mit Merkel gemacht hätte. Selbst humanoide Roboter wie Sophia, eine Schöpfung des Unternehmens Hanson Robotics, können mittlerweile auf ein Selfie mit Merkel verweisen. Wenn man nach dem Ende ihrer Amtszeit alle Selfies mit Merkel zusammenstellen würde, könnte man daraus vermutlich einen faszinierenden Katalog unserer Gesellschaft unter dem Titel »Menschen und andere Wesen des 21. Jahrhunderts« machen, der – wie einst August Sanders berühmte Foto-Dokumentation – ein »Antlitz der Zeit« bieten würde.

Die berühmtesten Selfies mit Angela Merkel entstanden am 10. September 2015, als sie eine Flüchtlingsunterkunft in Berlin-Spandau besuchte und sich dabei mit mehreren syrischen Flüchtlingen fotografieren ließ. Man kann ohne Übertreibung sagen, dass diese Bilder um die Welt gingen. Nichts spricht dafür, dass hinter diesen nun schon ikonischen Fotos eine kommunikative Strategie steckte. Sie entstanden spontan, aus der Situation heraus und die Initiative dafür ging nicht von Merkel oder ihren Beratern aus. Gleichwohl haben diese Selfies selbstverständlich Vorgeschichten, Vorbedingungen. Merkel ist immer im Selfie-Modus, wenn sie sich unter Bürger begibt, und jeder, der an sie herankommt und freundlich fragt, wird bedient. Beim Tag der offenen Tür im Bundeskanzleramt, bei Merkels Reisen durchs Land, bei Wahlkampfveranstaltungen, bei Festen und Jubiläen, als Bundeskanzlerin entzieht sie sich selten, wenn sie jemand um ein Selfie bittet. Das ist ein Akt der Höflichkeit, meistens gute Kommunikation und schließlich auch ihr Amtsverständnis, nahbar sein und bleiben, bei aller gebotenen Distanz. Es hieße ja geradezu lebensfremd oder autokratisch zu sein, hier nicht mit der Zeit zu gehen, das Bad in der Menge ist eine politisch-mediale Pflicht und Disziplin für demokratische Staatschefs. Die Selfies mit den Flüchtlingen reihen sich also in Angela Merkels Selfie-Routinen, es wäre geradezu eine Selbstverweigerung gewesen, diese abzuschlagen.

Im Sommer 2015 entstehen in Deutschland Bilder, die die Weltöffentlichkeit erstaunen. Flüchtlinge werden an Bahnhöfen empfangen, mit Blumen, Lebensmitteln, Spielzeug. Die Willkommenskultur wird visualisiert und prägt Deutschlands Image weltweit. Auf diesen Bildern fehlt Merkel. Man wirft ihr vor, noch keine Flüchtlingsunterkunft besucht zu haben. Die Kanzlerin läuft gleichsam asynchron zum Zeitgeist, zum vorherrschenden Deutschlandbild. Als sie dann im August endlich eine Flüchtlingsunterkunft besucht, in Heidenau, schlagen ihr Hass und Hetze entgegen, wie sie es in ihrer Amtszeit noch nicht erlebt hat. Sprechchöre wie »Lügenpresse«, »Wir sind das Pack«, »Hau ab!«, Volksverräterin« sind zu hören. Merkel ist fassungslos, schockiert. Woher dieser Hass? Das ist unser Land? Der Terminkalender lässt keine Atempause, keine längere Besinnung, keine Sprachlosigkeit zu. Merkel macht in diesen Tagen auch Wahlkampf. Am 4. September 2015 besucht sie Essen und wirbt für den Oberbürgermeister-Kandidaten der Union. Auch

der Auftritt auf dem Essener Burgplatz ist einigerma-
ßen tumultuös: Flüchtlinge halten Merkel-Fotos hoch,
Wutbürger schreien ihre Ablehnung heraus, halbe Na-
zis keifen, Merkel-Hasser und Fans stoßen aufeinander, es wird gepfiffen, gebuht, geschimpft, gejubelt.
Die Männer neben der Kanzlerin, der OB-Kandidat,
Armin Laschet und ihr Generalsekretär Peter Tauber,
trainieren Zuversichtsgesichter, aber ihnen ist äußerst
mulmig zumute. Die Situation ist angespannt. Als
sie die Bühne verlässt und ihren Weg durch die wo-
gende Menge sucht, kommen die Sicherheitskräfte ins
Schwitzen. Jemand drückt der Kanzlerin ein Foto in die
Hand, es zeigt den am 2. September im Mittelmeer er-
trunkenen Alan Kurdi, den zweijährigen syrischen Jungen. Dann drängen junge Männer heran, erinnert sich
Peter Tauber, türkisch- oder arabischstämmige Essener,
und bitten um ein Selfie. Merkel lässt es zu, woraufhin der Generalsekretär flachst: Darauf könnt ihr euch
schon was einbilden, ich hab noch kein Selfie mit der
Kanzlerin. Er erntet einen spöttischen Blick der Chefin, die trocken meint: Das müssen Sie sich noch verdienen.

Am selben Tag, am frühen Morgen machen sich in
Budapest Tausende Flüchtlinge auf den Weg, um über
die Autobahn nach Deutschland zu gehen. Deutschland, das Land der Hoffnung, ein Land polarisierter Gefühle. Während die einen, vielleicht das erste Mal in ihrem Leben, eine Art Stolz auf dieses Land empfinden,
weil es sich human zeigt, brüten andere Hass aus, weil

sie ihr Deutschsein bedroht sehen, weil die fremde Welt anklopft.

In diesem Ringkampf deutscher Seelenlagen, in diesem emotionalen Ausnahmezustand, in dem auch darum gerungen wurde, welches Selbstbild die Deutschen in Zukunft in die Welt getragen wissen wollen, konnte Merkel nicht beiseitestehen. Sie musste Deutschland ins 21. Jahrhundert führen, sie musste zeigen, dass die Deutschen aus der Geschichte gelernt hatten und Verantwortung übernahmen. Geschichte ist immer auch ein Bildhintergrund und die Zukunft gewinnt man nicht mit hassvereisten Fratzen, mit Bildern, die nach hinten zeigen.

Natürlich war Merkels Besuch in der Spandauer Flüchtlingsunterkunft am 10. September auch ein Termin, um Bilder zu produzieren. Aber Selfies kann man nur kontrollieren, wenn man sie selber macht. Welche Wirkmacht die Selfies der Flüchtlinge hatten und haben, ist bis heute umstritten. Gelegentlich werden sie, was das ikonische Potenzial angeht, mit Willy Brandts Kniefall verglichen. Dass die Selfies wie Flüchtlingsmagneten gewirkt hätten, ist durch Studien widerlegt worden, die meisten Flüchtlinge kannten diese Bilder nicht, als sie flohen. Und sie flohen nicht nach Deutschland, weil Merkel so einladend lächelte, sondern weil sie um ihr Leben fürchteten. Übersehen wird meistens auch, dass es nicht so sehr die Selfies selbst waren, die um die Welt gingen, sondern Fotos von diesen, also professionelle Fotos, die den Moment festhielten, als Merkel in die Kameras der Handys schaute. Das bekannteste stammt von dem Fotografen Bernd von Jutrczenka, ein höchst aufmerksamer Beobachter, der sich genau an die Szene erinnert, als Shaker Kedida sein Handy zückt. Er glaubt nicht, dass Merkel die Selfies selbst initiiert hat: »Ich glaube eher, dass es ihr unangenehm gewesen wäre, einfach so da reinzurauschen, ohne den Leuten mit einer Geste der Offenheit zu begegnen. Natürlich hat sie sich auch nicht da hingestellt und gesagt, so, jetzt kommt doch mal her. Es war eine Eigendynamik. Die Leute sind da einfach rumgewuselt, und dieser schmale, kleine Mann, der ist wirklich so durchgeflutscht und hat sie dann angesprochen und gesagt: Hallo, ich bin Jeside aus dem Irak. Er hat Merkel seine Bewunderung ausgesprochen, sich bei ihr bedankt und da hat sie einfach kurz zugehört, und so schnell konnte man gar nicht gucken, wie er dann, schwupp, das Handy rausgeholt und Frau Merkel an sich gezogen hat. Man sieht aber an der Hand der Kanzlerin, dass sie trotz der Nähe schon noch eine gewisse Distanz wahrt.«

Mit diesen Fotos, die die Selfie-Knipser zeigen, also mit diesen Meta-Selfies, synchronisiert sich Merkel wieder mit dem vorherrschenden Deutschlandbild, mit den politisch und gesellschaftlich progressiven Kräften, die sich für Flüchtlinge engagieren. Dass diese Bilder auch politisches Risikopotenzial bargen, war ihr nur zu bewusst. Am 15. September sagt sie auf einer Pressekonferenz: »Ich muss ganz ehrlich sagen, wenn wir jetzt anfangen, uns noch entschuldigen zu müssen dafür, dass wir in Notsituationen ein freundliches Gesicht zeigen, dann ist das nicht mein Land.« Wenn man so will, war Deutschland in diesen Tagen ein einziges gigantisches Selfie, ein kollektives Wimmelbild, in dem darum gestritten wurde, wer mit aufs Bild darf und wie man in die Kamera schaut und wie Deutschland aussieht. Entgegen der Tendenz der meistens Selfies, sich darin zu erschöpfen, einen Moment zu glorifizieren und eine blank polierte Ego-Botschaft zu versenden, stehen diese fixierten Augenblicke für tiefgreifende politische Umbruchsprozesse. Wer wollen wir sein? Wer gehört dazu? Haben wir gelernt?

Peter Tauber hat sein Selfie zwei Jahre später doch noch bekommen. Nach der Bundestagswahl 2017, die Union hat schwere Verluste erlitten, bleibt aber stärkste Kraft, sitzt die Wahlkampfcrew erschöpft, aber dennoch siegesgewiss im Konrad-Adenauer-Haus. Unvermittelt wendet sich die Kanzlerin an Tauber und sagt: Jetzt lassen Sie uns das Selfie machen!

Soweit bekannt ist, fiel die Kanzlerin nur einmal selbst als Selfie-Bittstellerin auf, am Rande des UN-Klimagipfels 2019 in New York. Greta Thunberg bereitete sich auf ihre Rede vor, als Angela Merkel an sie herantrat und um ein gemeinsames Foto bat, das sie gerne auf Instagram veröffentlichen wollte. Greta hat sich anschließend über dieses Ansinnen bitter beklagt, denn nicht nur Merkel bat sie um ein gemeinsames Bild, sondern Königinnen, Präsidenten und Politikerinnen aus aller Welt, eine richtige Schlange habe sich hinter Merkel gebildet. Durch diesen Rummel sei ihr die Ruhe gestohlen worden, sich auf ihre Rede vorzubereiten. Als sie dann anhebt, wütend und aufgebracht, den Tränen nah und atemlos, dürfte sich auch Angela Merkel, die ehemalige Umweltministerin, die »Klimakanzlerin«, angesprochen gefühlt haben: »Meine Botschaft ist, dass wir euch beobachten. Das ist alles falsch. Ich sollte nicht hier sein. Ich sollte auf der anderen Seite des Ozeans zurück in die Schule gehen. Und jetzt kommt ihr zu uns jungen Leuten und sucht Hoffnung. Wie könnt ihr es wagen! Mit euren leeren Worten habt ihr meine Träume und meine Kindheit gestohlen. Und ich bin noch eine der Glücklichen. Menschen leiden. Menschen sterben. Ganze Ökosysteme kollabieren. Wir stehen am Beginn eines Massensterbens und ihr sprecht nur über Geld und erzählt Märchen vom ökonomischen Wachstum. Wie könnt ihr es wagen!«

Das Foto, das Greta Thunberg und Angela Merkel zeigt, erzählt viel. Im Blick der Aktivistin liegt wache Skepsis, der ganze Körper signalisiert Vorsicht und Distanz. Während Merkel lächelnd um Zuwendung wirbt, sie beugt sich vor, entzieht sich Greta dem Charme der Vereinnahmung. Wie, mag sie denken, kann sie es wagen.

Heimat

Es gibt unterschiedliche Vorstellungen davon, wie sich Heimat materialisiert. Fest? Oder flüssig? Gasförmig? Emotional? Ein Baum, ein Hobbykeller, eine Wiese, ein See? Oder ein Gespräch, eine Speise, eine Geste? Heimat wird viel öfter verloren als gefunden und die Umrisse dieses Gefühls sind immer auf Wanderschaft. Am 11. September 2008 besucht die Bundeskanzlerin die Realschule Ostheim in Stuttgart. Die meisten Schülerinnen und Schüler stammen aus Familien von Einwanderern. Als sie den Schulhof betritt, ist es laut wie beim einem Popkonzert. »Schlimmer als bei Tokyo Hotel«, staunt ein Beamter. Handys recken den Hals, Selfies mit der Kanzlerin werden geschossen, der hohe Gast schüttelt hundert frohgemute Hände und schreibt ihren Namen auch auf nackte Unterarme. Die Pressefotografen und Kameraleute balgen um das beste Bild, dann müssen sie zurückbleiben, die Kanzlerin will keine mediale Begleitung ins Klassenzimmer. Eigentlich ein Routinetermin, aber dieser wird anders werden. Sie ist auf Bildungsreise, besucht Schulen, Universitäten, Bildungseinrichtungen. Die Opposition kritisiert: bloße Symbolpolitik, schöne Bilder, nichts dahinter, zu wenig Geld, Bildung ist Ländersache.

Den Schülern ist das egal, sie freuen sich und Merkel bewegt sich, innerlich und äußerlich. Sie wird fortgebildet an diesem Tag. Eren aus der Klasse 8a bekommt den Auftrag, einen Aufsatz über diesen Besuch zu schreiben, er soll später auf der Internetseite der Schule veröffentlicht werden. Eren schreibt: »Ihre nächste Station war eines der vielen Projekte, ›Lyrik‹ mit José Olivier und Schülerinnen und Schülern der Klasse 9a und der Klasse 10b. Sie haben Frau Merkel erklärt, was das für ein Projekt ist, was sie gemacht und wie sie die Gedichte geschrieben haben. Sinan aus der 9a hat sein Fußballgedicht der Frau Merkel gewidmet, da sie sich nach einem Sieg oder Tor der deutschen Nationalmannschaft so riesig gefreut hat. Sinan hat unsere Bundeskanzlerin damit sehr glücklich gemacht. Doch dann kam sie an die Reihe. Frau Merkel musste in einem Satz schreiben, was Heimat für sie bedeutet. Sie hat nicht lange nachgedacht und hat geschrieben, wie sie im Osten Deutschlands aufgewachsen ist.« Die Schreibwerkstatt, an der Angela Merkel hier teilnimmt, wird von José F. A. Oliver geleitet. Der Schriftsteller ist der Sohn einer sogenannten Gastarbeiterfamilie, die 1960 aus Málaga nach Deutschland eingewandert ist. Oliver wächst inmitten vieler Zungen auf, deutscher, spanischer und alemannischer Zungen. Ein Spanier im Schwarzwald, ein Schwarzwald im Spanier, eine Heimat im Dazwischen, in Schnittmengen und Schmelzungen. Zu seiner Heimat gehört auch, dass er Kindern von Einwanderern die deutsche Sprache erschließt, mit Lyrik,

Poesie, mit einer Sprache, die den Alltag abstreift. Sprache ohne Benotung und Bevormundung.

Die Stunde ist schnell rum und die Kanzlerin eilt zum nächsten Termin. Eren schreibt: »Frau Merkel sagte, dass sie viel an unserer Schule gelernt hat und dass sie unsere Schule nicht vergessen wird. Dann war's auch schon wieder so weit. Frau Merkel ging mit einem Lächeln im Gesicht und stieg in ihr Auto. Das machte uns alle glücklich und ihr Besuch machte uns stolz. Es war ein Ereignis, das die Schüler, die Lehrer, die Sekretärin und unsere Schulleitung nicht vergessen werden.«

Es war keine Floskel der Kanzlerin, als sie sagte, sie werde diesen Tag nicht vergessen. Zwei Jahre später, am 4. Oktober 2010, einen Tag nach dem Tag der Deutschen Einheit, stellt sie in Berlin das Buch des früheren hessischen Ministerpräsidenten Roland Koch vor, es heißt »Konservativ«. Ausgerechnet sie? Sie, die von Koch heftig bekämpft worden war, sie, der er 2002 jede Fähigkeit zur Kanzlerkandidatur abgesprochen hatte, ausgerechnet sie, die von ihm hinter verschlossenen Türen mit allerlei despektierlichen Ausdrücken bedacht worden war, ausgerechnet seine Lieblingsfeindin stellte nun sein Buch vor? Und war es nicht Roland Koch, der 1999 im hessischen Landtagswahlkampf Unterschriften gegen die doppelte Staatsbürgerschaft gesammelt und damit ausländerfeindliche Stimmungen geschürt hatte? »Wo kann ich hier gegen Ausländer unterschreiben?«, wurde an manchem CDU-Stand gefragt. Die Kampagne gegen

die doppelte Staatsbürgerschaft war ein trübes Macht-
mannmanöver, das den gesellschaftlichen Frieden
störte und integratives Zusammenleben erschwerte.
Edmund Stoiber, der die Kampagne initiiert hatte,
wollte damit Wolfgang Schäubles Führungsanspruch
demontieren, er wollte die rot-grüne Bundesregierung
attackieren, die ein modernes Einwanderungsrecht auf
den Weg gebracht hatte, und er wollte rechtsextremen
Parteien Wähler abspenstig machen. Nach dem Willen der rot-grünen Bundesregierung sollte nicht mehr
entscheidend sein, von wem jemand abstammte (Ab-
stammungsprinzip, das ius sanguinis), sondern wo er
oder sie geboren worden war (Geburtsortsprinzip, das
ius soli). Mit ihrer Stimmungsmache gegen Ausländer und Einwanderer verwässerte die Union diese zeit-
gemäßere Lösung im Bundesrat und zwang dem rot-
grünen Gesetzesentwurf das obskure Optionsmodell
auf. Danach erhielten in Deutschland geborene Kinder
ausländischer Eltern zwar zunächst zwei Staatsbürgerschaften, mussten sich aber bis zum 23. Lebensjahr für
die deutsche oder die Staatsbürgerschaft der Eltern entscheiden. Das provozierte Identitätskonflikte, hemmte
die Integration und zwang zu nationaler Eindeutigkeit,
wo Heimat im Sowohl-als-auch, im Dialog der Kulturen
gelebt wird. Die Schüler der Realschule Ostheim mit ihren multikulturellen Herkünften wären womöglich von
ihrer Kanzlerin ziemlich enttäuscht gewesen, wenn sie
sich klargemacht hätten, wie die Unionspolitikerin Angela Merkel über das Optionsmodell dachte. Auch Eren,

der sich so freundlich an die Kanzlerin erinnerte, wäre vielleicht vom Optionsmodell betroffen gewesen und hätte sich entscheiden müssen, Deutscher oder Türke zu sein.

Auch an diesem Tag im Herbst 2010, als Merkel das Buch ihres alten Rivalen vorstellt, ist sie eher eine versöhnlich gestimmte Parteipolitikerin als Integrationsweltmeisterin. Sie erinnert an Kochs Attacke gegen die doppelte Staatsbürgerschaft und distanziert sich nicht davon, nein, keineswegs, sie findet vielmehr, dass das »Erhalten einer Staatsbürgerschaft der Endpunkt eines Prozesses ist und die Staatsbürgerschaft nicht einfach hingegeben wird in Form von doppelten Staatsbürgerschaften, wo man dann sozusagen mal schaut, was daraus wird.«

Die Parteipolitikerin ist aber nicht die einzige Angela Merkel, die an diesem Tag vor die Berliner Presse tritt. Sie hat zwar nur eine Staatsbürgerschaft, aber was heißt *Deutsch sein* heute, wie definiert man Heimat, gibt es nur einen Ort, der uns trägt und hält? Merkel setzt sich mit Kochs Heimatbegriff auseinander und an dieser Stelle ihres Vortrages erinnert sie sich recht unvermittelt an ihren Besuch an der Realschule Ostheim: »Ich will an dieser Stelle dazu eine Geschichte erzählen, die mich auf meiner Bildungsreise in Baden-Württemberg, in Stuttgart in einer Schule sehr beeindruckt hat. Dort gab es einen speziellen Literaturunterricht mit einem Schriftsteller und einem Lehrer in einer Klasse mit sehr vielen Kindern mit Migrationshintergrund,

und alle mussten in wenigen Worten aufschreiben, was für sie Heimat ist. Ich habe das geschrieben, was man bei mir erwarten kann: See, Wald und Kirchturm. Andere haben ihre Dinge geschrieben. Von den Kindern mit Migrationshintergrund hat keines ein landschaftliches oder bauliches Objekt genommen, sondern alle haben Freunde, die Familie, das Zuhause-Sein, das Im-eigenen-Bett-Schlafen gewählt. Kein einziges Kind hat ein städtebauliches oder landschaftliches Stück genannt. Das hat mich sehr nachdenklich gestimmt und bringt für mich die Frage, ob wir nicht noch einmal in viel breiterem Maß eine Diskussion darüber führen sollten: Was ist für jemanden Heimat?« Man spürt hier, dass die Politikerin auch noch im Rückblick verblüfft, ja, bewegt ist über diese ganz anderen Heimatgeschichten der Schülerinnen und Schüler. Sie hatte nicht gezögert, ihre Heimat zu definieren: Landschaft, Gebäude! Rums! Das steht wie eine Eins! Was die Schüler schrieben, war liquider, offener, auch integrativer, nicht ortslos, sondern eher ... ja, was, ortsfühlig, ortsvielfältig, familiär. Also eher eine emotionale, soziale Topografie als ein nationales Gebäude-Gelände. Fehlt es da an Orten und Ortsidentität? Ist das eine Leerstelle? Oder ist das ein Reichtum eigener Art? Ist das fehlende Integration oder eine Erzählung, die Deutschland vielstimmiger macht?

Den Konservativen war Angela Merkels Deutschlandbild, ihr Heimatbegriff immer zu nüchtern, zu leidenschaftslos, ja, mitunter beinahe komisch, sodass

man nicht sicher war, parodiert sie die an sie herange-
tragenen Erwartungen oder meint sie das ernst? »Kein
anderes Land kann so dichte und so schöne Fenster
bauen«, hatte sie einmal gesagt und das klang mindestens drollig. Und es klang ganz und gar unkriege-
risch und unpatriotisch. Und auf die Frage, wonach
die Heimat schmecke, antwortete sie trocken: »Kartoffeln!«

Im Laufe der Jahre als Kanzlerin wandelte sich Angela Merkels Heimatbild, es wurde wuseliger, bunter,
reicher und offener. Dazu trugen solche Begegnungen wie die in der Stuttgarter Schule bei oder auch eine
Veranstaltung im Kanzleramt 2008. Merkel hatte mit
Maria Böhmer (CDU) eine Staatsministerin im Kanzleramt angesiedelt, die sich als Beauftragte der Bundesregierung um Fragen der Migration, Flüchtlinge
und Integration kümmern sollte. Das war das erste Mal
in der Geschichte der Bundesrepublik, dass die soge-
nannte *Ausländerbeauftragte* – was für ein deutsches,
was für ein sperriges, hürdenreiches, ausschließendes
Wort – direkt im Bundeskanzleramt ihren Platz fand.
Maria Böhmer, Merkel eng verbunden, kümmerte sich
um Fragen der Integration. Im Herbst 2008 hatte sie
eine Idee, die die Kanzlerin begeisterte. Sie lud 200
»Gastarbeiterinnen« der ersten Generation ins Kanzleramt ein, um Danke zu sagen und ihre Geschichten auf-
zunehmen. Merkel hat später oft von dieser unverhoff-
ten Begegnung erzählt, wie beschämend es gewesen sei,
mit welcher Dankbarkeit die Eingeladenen reagierten.

Wie beschämt sie war, als sie davon hörte, wie diese erste Generation noch hinter Zäunen gelebt, in Sammelunterkünften, und kaum Berührung gefunden hatte mit einem deutschen Alltag jenseits des Arbeitsplatzes. Selten, so Merkel, habe sie etwas emotional derart bewegt wie dieser Besuch und die damit verbundenen Erzählungen. Von den langen, sehnsuchtsschweren Sonntagen, wenn Menschen aus der Türkei oder Spanien zu den Bahnhöfen gingen und auf die Gleise schauten. Die Gleise sangen von der fernen Heimat, die nahezu unerreichbar war in diesem Moment, aber dennoch bildeten diese Gleise einen Steg, ein Band zwischen der Fremde und dem fernen Zuhause, zwischen der Zukunft und Vergangenheit.

Die Optionspflicht, der Zwang, sich zwischen zwei Staatsbürgerschaften entscheiden zu müssen, entfiel 2014 in der zweiten Großen Koalition, es war vor allem die SPD, die das betrieben hatte. Inzwischen hatte aber auch Merkel dazugelernt. Als 2016 die Konservativen in der Union erneut gegen die doppelte Staatsbürgerschaft mobilmachten, legte sie ein energisches Veto ein. Zwar beschloss der Parteitag dann gegen ihren Willen, die Optionspflicht wieder einzuführen – was eine schwere Niederlage für die Parteichefin darstellte –, eine Mehrheit würde sich im Bundestag dafür aber nicht finden lassen. Zwei Jahre später, 2018, zeigte sich die Kanzlerin selbstkritisch: »Wir haben lange gebraucht – ich stehe hier für eine Partei, die besonders lange gebraucht hat –, um anzuerkennen, dass wir ein

Einwanderungsland sind, auch wenn sich noch immer viele schwer damit tun, auch und gerade im Kontext der Globalisierung gesellschaftliche Vielfalt als Stärke zu verstehen.«

Was Merkel mittlerweile auch entdeckt hatte, war ihre eigene, sozusagen doppelte Migrationsgeschichte, ihr Großvater war Pole und sie selbst war als Ostdeutsche in das wiedervereinigte Deutschland und in die CDU gleichsam eingewandert. Sie war lange Zeit die Fremde geblieben. Die autochthonen Parteimitglieder der CDU, die großen und die kleinen Fürsten, hatten sie mehr als einmal spüren lassen, dass sie bloß eine Zugereiste war, die aus einem sehr fernen Land kam. Nicht wenige dachten da noch wie Adenauer, für den die »asiatische Steppe« gleich hinter der Elbe begann. Für Merkel hingegen führten die Gleise, wenn sie am Bonner Hauptbahnhof stand, nach Hause, in die Heimat, nach Berlin, in die Uckermark, nach Templin.

Am 8. Februar 2019 wurde Angela Merkel die Ehrenbürgerwürde ihrer Heimatstadt Templin verliehen. Sie hatte in der Stadtverordnetenversammlung lediglich eine Zweidrittelmehrheit gefunden, also keine einhellige Zustimmung für die Kanzlerin. Sie nahm es gelassen. Sie war sichtlich bewegt an diesem Tag, alte Jugendfreundinnen waren gekommen, ihre Mutter, ihr alter Mathelehrer und ihre Russischlehrerin. Die Rede, die die Ehrenbürgerin hielt, war eine Zeitreise, die verdeutlichte, dass nichts bleibt, wie es war. Herlind Kasner war rührig bis zuletzt, sie gab noch mit neunzig Jahren Englischkurse an der Volkshochschule und als die Flüchtlinge nach Templin kamen, hatte sie ihnen ehrenamtlich Deutschunterricht gegeben. Nur zwei Monate nach diesem festlichen Tag im Templiner Rathaus starb Herlind Kasner. Unbemerkt von der Öffentlichkeit hatte sich die Kanzlerin viel Zeit für die sterbende Mutter genommen. Templin würde danach für sie, die Tochter, ein anderer Ort sein, die Welt auch.

Ihre persönliche Heimat bleibt die Uckermark, Hohenwalde, nicht weit von Templin, wohin sie schon als Kind oft gefahren war und wo sie jetzt ein Wochenendhaus besitzt. Dort liegt Kopfsteinpflaster wie eh und je, Wälder und Seen nehmen die Menschen, wie sie sind. Die Jungen ziehen weg, Kinder fehlen, die Toten bleiben tot, alle werden älter und ab und an schlachtet jemand Hühner. Das ist Hohenwalde, ein Dorf wie ein stiller Roman.

Wer Bundeskanzler ist, gehört zum Inventar der Republik. Er oder sie kann sich nicht dagegen wehren, in alles Mögliche verwandelt zu werden. Man ist ein Land, ein Objekt, ein Ding, ein Amt, eine Geschichte, ein Fakt und ein Gefühl. Die Autorin Jana Hensel registrierte diese Empfindung so: »Mein Deutschland-Gefühl, es ist in Wahrheit ein Angela-Merkel-Gefühl. Ich bin in dieses Gefühl eingezogen wie andere in ein Haus. Ich habe darin genauso selbstverständlich gewohnt wie auch das Kind. Es ist uns mit den Jahren wie zu einer zweiten Haut geworden. Ist es nicht das, was wir Heimat nennen? Ist es nicht das, wonach wir immer

suchen, wonach wir uns sehnen? Mit Patriotismus hat
das nichts zu tun, für männlichen Patriotismus hat sich
Angela Merkel nie geeignet.«

Neue Heimaten

Was unter der Staatsministerin Maria Böhmer begonnen wurde – die erste und zweite Generation der »Gast-
arbeiter« ins Kanzleramt einzuladen –, wurde unter ihrer Nachfolgerin Aydan Özoğuz (SPD) fortgesetzt. So
kam es, dass das erste Mal in der Geschichte der Bundesrepublik ein arabisch-syrisches Büfett zu dieser Veranstaltung im Kanzleramt gereicht wurde. Eine Teilneh-
merin erinnert sich an dieses Bild, weil es so vielsagend
war und weil es sie rührte, da sie selbst eine Einwan-
derungsgeschichte lebt. Da, wo alle Kanzler der Bundesrepublik Deutschland in Öl gegossen und ernst auf
die Besucher blicken, im ersten Stock, war ein großes
Büfett aufgebaut. Eine syrische Flüchtlingsfamilie, die
in der alten Heimat ein Restaurant betrieben hatte, be-
tätigte sich jetzt als Speiseveranstalter und hatte zahlreiche Genussinseln aufgebaut, mit bunten Köstlich-
keiten der arabischen Welt. Frauen mit Kopftuch boten
freundlich Spieße und Häppchen an. Die sieben Kanzler von Adenauer bis Schröder schauten immer noch
ernst. Die Kanzlerin hingegen schlenderte von Stand

zu Stand, nahm hier und da, lobte und kostete, ließ hier ein »Lecker« und da ein wohliges »Mmmmh« aufsteigen. Warum, fragte sich die Betrachterin, warum ist erst diese Kanzlerin auf die Idee gekommen, diesen Menschen auch einmal zu danken, dass sie Deutschland mit aufgebaut haben? Was hat die sieben Männer in Öl daran gehindert?

Dr. Sauers gesammeltes Schweigen

Als es kaum noch abwendbar schien, dass Angela Merkel die erste Kanzlerin der Bundesrepublik werden würde, im Sommer 2005, begann man sich mit ihrem Mann zu beschäftigen. Fast alles, was wir wissen, stammt aus dieser Zeit. Die Reporter schwärmten aus und kamen fast immer mit leeren Händen zurück.

Joachim Sauer heißt der Ehemann der Kanzlerin. Anfang der Achtzigerjahre haben sie sich am Zentralinstitut für Physikalische Chemie der Akademie der Wissenschaften in Berlin kennengelernt. Wann genau? Unbekannt! Seit wann zusammen? Eher unbekannt. Sie heiraten 1998. Nur eine kleine Hochzeitsanzeige in der *FAZ*. Alles Weitere unbekannt. Immerhin gelang es einer Reporterin dann doch, eine eher mürrische Dorfbewohnerin in Hohenwalde zum Sprechen zu bringen. Die Sätze waren kurz, die Frau kam aber gerade auch vom Schlachten ihrer Enten, weshalb sie Spuren von Daunen trug. »Im Dorf«, sagte die wortkarge Frau, »mosern sie ab und an über Sauer.« – »Warum?« – »Weil er nie was sagt.« – »Nie?« – »Nein!« – »Wann sagt er denn nie etwas?« – »Na, beim letzten Dorffest.« – »Kein Wort?« – »Er hat schweigend neben seiner Frau gesessen.«

Sicher ist, dass Professor Sauer kein Snob ist. Denn dasselbe nervenstarke Verhalten zeigte er 2005 auch auf dem Bayreuther Hügel am Tisch des Bundespräsidenten. Eine vornehme Dame hielt ihm freundlich ihr hungriges Ohr entgegen und fragte: »Und Sie sind der Mann von der Frau Merkel?« – »Ja!« Sie setzte nach: »Und sind Sie Chemiker oder Physiker?« Der Professor: »Chemiker.« Die Dame gab nicht auf: »An der Freien oder an der Humboldt-Universität?« – »Ja!«, sagte der Professor, woraufhin die Dame beschloss, ihr Ohr einzuholen.

Professor Sauer schweigt. Die Presse taufte ihn »das Phantom« oder »Phantom der Oper«, weil man ihn zwar in der Oper sah, aber nicht hörte. Kein Mucks. Auch Angela Merkel geizt mit Worten, wenn es um ihren Mann geht, der von Barack Obama gern »der Professor« genannt wird. Der Spitzenforscher mit zwei erwachsenen Söhnen aus erster Ehe gehört auf seinem Fachgebiet zu den besten Forschern der Welt. Es ist bezeugt und bewiesen, dass Professor Sauer spricht, aber eben nur dann, wenn er es will. Und nur dann, wenn es in der Öffentlichkeit nicht um Politik geht. Auch Frau

Merkel hat bewiesen, dass sie sprechen kann, wenn es aber um ihn geht, wird selbst sie wortkarg. Sogar die unerbittlichsten Talkmaster entlockten ihr nur ein paar karge Krumen. Der unerschrockenste von allen rang ihr einmal diesen Satz ab: »Mein Mann ist ein prima Kerl.« Weiterhin kam ans Licht, dass der prima Kerl sich so gut wie nie über ihr Essen beklagt. »Nur ...«, schob die Kanzlerin nach und den Zuschauern stockte der Atem, »... nur auf dem Kuchen sind ihm immer zu wenig Streusel. Er ist halt Konditorensohn.« Kein Wunder, dass sich angesichts eklatanter Ehepflichtverletzungen wie fahrlässig verschuldeter Streuselknappheit schwere Krisen zwischen den Eheleuten anbahnten und die Regenbogenpresse Unheil witterte. Ist es da nicht verständlich, dass man als Frau Alternativen zu diesem sauertöpfischen Streusel-Fanatiker sucht? Nicolas Sarkozy, auch er ein unerschrockener Talkmaster, glaubte 2008 bei der Verleihung des Karlspreises an die Kanzlerin in Aachen, er müsse sich auf Kosten des schweigsamen Professors amüsieren. »Es ist ein großes Glück für mich, mit Angela Merkel Hand in Hand arbeiten zu können. Innerhalb von zwölf Monaten, Herr Sauer, haben wir uns zwölfmal getroffen. Und angesichts ihres vollen Terminkalenders wäre es spannend, Herr Sauer, die Anzahl unserer Begegnungen mit ihr zu vergleichen.« Den Diplomaten beider Länder fuhr der Schreck in die kriegsentwöhnten Glieder. Herr Sauer schwieg. Ihn kann so schnell nichts erschüttern.

Hatten wir Pech mit diesem First Husband? Nein, der Professor war ein Glücksfall für dieses Land. Denken wir zurück an all die verlogenen Familienidyllen, die männliche Politiker inszenierten, um die Wähler zu locken. Saubere Kinder, brave Frau, das waren die Wahlplakate, mit denen vor allem konservative Politiker zu überzeugen suchten. Denken wir an das Unglück der Familie Helmut Kohls – das uns bis zum heutigen Tage verfolgt –, denken wir an die von der Politik vergiftete Hannelore Kohl, die unermüdliche Wahlkämpferin des großen Kanzlers, denken wir an Doris Schröder-Köpf, auch sie eine wortgewaltige Politikerin an der Seite ihres Mannes, dann müssen wir Joachim Sauer dankbar sein für alle die Worte, die von ihm fehlen. Er hat sich schweigend um uns verdient gemacht. Es war ein Akt psychopolitischer Hygiene. Er hat nicht geschwiegen, weil er nicht reden konnte, sondern weil jedes Wort von ihm in Kanzlerinnen-Exegese umgemünzt worden wäre. Haben wir ihn irgendwo als Schirmherr vermisst? Hat er auf einem Plakat gefehlt? Hätten wir es gern gesehen, wenn er seinen Kopf zärtlich an ihre Schulter geschmiegt hätte nach einem Wahlsieg? Fehlte er bei »Lanz«? Haben die Ehefrauen anderer Länder bleibende Schäden erlitten durch seine Absenz beim Damenprogramm? Das ganze First-Lady-Theater ist uns erspart geblieben. Eines Tages wandte sich ein Reporter unvermittelt an den Professor und fragte ihn, ob er stolz sei auf seine Frau. »Kann man stolz sein«, antwortete er und vermied das »Ich«, das ihm in den Mund gebeten worden war. Man kann sicherlich sagen, dass Angela Merkel und Joachim Sauer zueinander hin- und nicht voneinander wegemanzipiert sind, sie haben ihre Leben ohne einander und das Leben, das sie miteinander haben, ist so privat, wie es geht. Dass sie das durchgehalten haben, gleicht in dieser Gesellschaft medialer Dauer- und Hypererregung einem mittelgroßen Wunder.

Und es zeugt von Charakter.

Aber – alles im Leben hat mehrere Seiten und Gesichter und oftmals entsteht aus entschiedenen Absichten das genaue Gegenteil. Als Angela Merkel am 22. November 2005 zur Bundeskanzlerin vereidigt wird, fehlt der Professor. Wo ist Sauer?, fragt sich das halbe, wenn nicht das ganze Land. Hinterher wird seine Frau im kleinen Kreis in der ihr eigenen trockenen Art feststellen: »Wenn er nicht berühmt werden wollte – das hat er jetzt geschafft.«

Des Müllers Lust

Die Deutschen sind ein Wandervolk, sie haben das moderne Wandern gleichsam erfunden. Ein Ahnherr dieser welt- und naturerschließenden Fortbewegungsart war der Schriftsteller Johann Gottfried Seume, der 1801/1802 auf seinem »Spaziergang nach Syrakus« nahezu sechstausend Kilometer zu Fuß zurücklegte, nur gelegentlich nahm er die Kutsche oder ein Maultier. Von Seume stammt das bekannte Zitat: »Wo man singt, da laß' dich ruhig nieder, böse Menschen haben keine Lieder.« Damit wäre zumindest bewiesen, dass Angela Merkel kein böser Mensch sein kann, denn sie singt gern Volkslieder: »Wann immer eine Möglichkeit ist, auch mal Volkslieder zu singen oder Ähnliches, tue ich das gerne.« Der zeitgenössischen Merkel-Forschung ist es zwar noch nicht gelungen, genau nachzuweisen, wo und wann die Kanzlerin singt, aber es gibt Anhaltspunkte: Im Kabinett singt sie nicht, da sind sich alle einig, dahingegen soll sie schon mal beim Kochen, Wandern, der Gartenarbeit und in der Badewanne gesungen haben. Zugegeben werden muss, dass die Experten hier an einen toten Punkt angelangt sind, denn es ist ihnen bislang nicht gelungen, zweifelsfrei herauszufinden, ob die singende Kanzlerin in heimischen oder auswärtigen Badewannen singt oder ob sie ausschließlich zu Hause oder im Gegenteil nur auswärts oder aber hier wie dort im Badeschaum Volkslieder anstimmt. Man sieht, es bleibt noch auf Jahre hinweg viel zu tun. Sicher ist, dass die Kanzlerin in ihrer Freizeit leidenschaftlich gern wandert und dabei ganz eigene Wege geht, was hier aber nur verdeutlicht werden kann, wenn wir allgemein auf das Motiv des Wanderns in der Politik zurückblicken. Wer an dieser Stelle Angela Merkels ganz eigenen Beitrag auf diesem Feld der Symbolpolitik abschätzen möchte, muss mindestens bis zu Konrad Adenauer zurückgehen.

Als jungenhafter Student und Wandersmann kam Adenauer feuchtfröhlich bis nach Venedig und noch der neunzigjährige Kanzler wusste in seinem Feriendomizil in Cadenabbia am Comer See seine Entourage mit derben Trinkliedern zu unterhalten: *Lieber einen zu viel getrunken und dann schwer ins Bett gesunken und darauf in stiller Kammer Buße tun im Katzenjammer. Holdrio, holdrio, hahaha.* Seinen ungeliebten Nachfolger Ludwig Erhard hielt Adenauer schon deshalb für ungeeignet, ihn im Kanzleramt zu beerben, weil er ihn zu weich fand, zu viel Bauch, zu wenig Kopf. Als Wanderer fiel Erhard schon deshalb aus, weil er als Zweijähriger an Kinderlähmung erkrankte und seither einen deformierten Fuß hatte; jede längere Wegstrecke fiel ihm schwer. Gut zu Fuß war hingegen der dritte Kanzler der Republik, Kurt Georg Kiesinger (CDU), der nicht nur gerne wanderte, sondern das die Welt auch sehr gern wissen ließ. Der hochgebildete Kiesinger, sein Spitzname lautete »wandelnder Vermittlungsausschuss« oder auch »König Silberzunge«, zerbrach sich beim Wandern auch darüber den Kopf, wie er sein ramponiertes Image als ehemaliges NSDAP-Mitglied aufhellen konnte. Der erste Kanzler einer Großen Koalition, also auch darin ein Vorläufer Angela Merkels, besaß wegen seiner Naturliebe auch ein Gespür für Stimmungen und schöne Bilder. Gib den Deutschen Wald, dann wird's gelingen. Einmal ließ er das Kabinett an einem lauen Sommertag im Garten des Palais Schaumburg tagen und ein anderes Mal, der Kanzler urlaubte, lud er die Unterhändler der Koalition zum konfliktlösenden Baden in einen nahe gelegenen See. Es konnte passieren, dass der Wandersmann unvermittelt stehen blieb und Sommerlieder wie *Geh aus mein Herz und suche Freud/In dieser lieben Sommerzeit* rezitierte. In diesem Zusammenhang darf Marie-Luise Kiesinger nicht vergessen werden, die Gattin des Kanzlers. Ohne die Balken zu biegen, darf man sie als eine Vorläuferin des schweigsamen Joachim Sauer betrachten, denn auch sie trat so gut wie nie in Erscheinung und biss sich lieber die Zunge ab, als über die Politik ihres Mannes zu sprechen. Immerhin ist von einer bilateralen Revolte zu berichten, die Frau Kiesinger noch im Rückblick schätzenswert macht. Im Sommerurlaub 1967, Kurt Georg frönte mal wieder dem Wandern, setzte sie sich erstmals an das Steuer eines VW Cabrio, bemerkte trocken: »Die Bedeutung von frischer Luft wird stark überschätzt« – und brauste davon. Der Kanzler, wurde berichtet, sei zutiefst erschrocken gewesen über diese eheliche Auflehnung.

Vielleicht kündigte sich in diesem Akt der Unbotmäßigkeit auch Kiesingers kommende Niederlage an, denn 1969 brauste Vizekanzler Willy Brandt ihm davon. Obwohl die Union deutlich stärker war als die SPD, bildete Brandt mit der arg zerrupften FDP die erste sozialliberale Koalition der Bundesrepublik. Als junger Mann war Willy Brandt durchaus gut zu Fuß, aber als Politiker kam ihm die Wanderlust abhanden. Er rostete ein. Das Kapitel Helmut Schmidt und das Wandern fällt noch kürzer aus. Als Soldat war er genug marschiert, fand er. Das lässt natürlich fragen, ob das Wandern die Vorstufe des militärischen Marsches ist oder ob das Wandern, gerade nach 1945, nicht eine Art stille Konversion, eine Abrüstungshilfe für die Deutschen war, die immerzu wandern müssen, aber nicht mehr irgendwo einmarschieren wollen. *Wem Gott will rechte Gunst erweisen, den schickt er in die weite Welt.* Manchmal ist Wandern aber auch beides: Krieg und Frieden.

Politiker, die für oder in der Öffentlichkeit wandern (ein Widerspruch in sich), führen mindestens immer Propaganda im Schilde. Seht her, ich bin bodenständig, gut zu Fuß, belastbar und volkstümlich. Der Politiker, der von einer Schar frohgemuter, der Zukunft zugewandter Bürger umgeben ist, wirkt wie Moses, der sein Volk ins gelobte Land führt. Diese Moses-Pilger haben immer die nächste Wahl im Auge und zielen auf den Wahlzettel. In diesem Zusammenhang kann man davon sprechen, dass, wer wandert, auch mit den Füßen abstimmt. Das Wandern mit Politikern ist also meist ein vorgezogener Urnengang. Bundespräsidenten sind von Haus aus Wandersleute, denn sie wollen ihr Image pflegen, aber auch – jenseits der politischen Lager – das Land, vielleicht die Demokratie ertüchtigen. Walter Scheel verdankt seinen Ruf als populärer Bundespräsident einem Gassenhauer der Wanderkultur, *Hoch auf dem gelben Wagen,* und sein Nachfolger Karl Carstens wollte zunächst einmal seine frühere NSDAP-Mitgliedschaft wegwandern und darüber hinaus gute Laune verbreiten.

Beides ist ihm eindrucksvoll gelungen. Beeindruckend ist auch die Wanderliaison zwischen Franz-Josef Strauß und Helmut Kohl, die sich bekanntlich wechselseitig für politische Nieten hielten. Zum einen waren ihre gemeinsamen Wanderungen klare Inszenierungen für die Öffentlichkeit, die beweisen sollten, dass Männer, die zusammen wandern, keine Dolche im Gewande mit sich tragen. Zum anderen dachten die Parteistrategen wirklich, diese urdeutsche Seelenpflege zu Fuß könnte helfen, die Rivalen zum Wohle der Union in Wald- und Wandereintracht zu vereinen, wider alle Erwartung und Natur. Dass das nur für Momente gelang, wundert kaum. Immerhin durfte sich Kohl den total erschlafften Bayern einmal auf den Rücken packen, um ihn die letzten fünfzig Meter zu einem Forsthaus zu tragen, wo der nahezu bewusstlose Ministerpräsident mit Gaben von Bier stabilisiert werden konnte. Von solchen Körperzuständen sind heutige Wanderhelden meilenweit entfernt. Wenn Markus Söder oder Sebastian Kurz wandern gehen, geht es stets um den Gipfel und den Anspruch, den strahlend blauen Himmel durch das eigene Selbst zu ersetzen. Wo ich bin, ist oben und sei die Luft noch so dünn. Die Sonne darf dankbar sein, wenn sie mit ihnen aufs Selfie darf.

Angela Merkel hingegen wandert gern im bildlosen Raum. Im Gegensatz zu den genannten Siegfried-Darstellern am Berg ist kein Medientross dabei, wenn sie in Tirol wandern geht. Unwillkürlich fragt man sich, ob ihre beiden Lieblingstiere, die sie einmal nannte,

Erdkröte und Fledermaus, für eine Kultur des Unbe-
achtet-bleiben-Wollens stehen, für ein privates Leben
unterm Radar. Angeber in Gottes Bestiarium sehen
anders aus. Wer einmal Fotos sah, die Angela Merkel
im Wanderurlaub in Tirol zeigen, wird nicht auf den
Gedanken kommen, hier handele es sich um insze-
nierte Fotos oder um eine Inszenierung durch Nicht-
Inszenierung, wie die ausgefuchstesten Kommentatoren zu verstehen geben. Merkel ist Merkel ist Merkel
ist Merkel. Merkel ist auf diesen Fotos so sehr ein tou-
ristischer Mensch, eine derart überzeugte Anwältin
des Normalen und Gewöhnlichen, dass man die we-
gelagernden Fotografen allesamt selbst entwaffnen
möchte. Sie bestellt die Kameras im Urlaub nicht, sie
stoßen ihr eher zu. Sie legt auch keinen Wert darauf,
als Model für Outdoor- und Trekking-Kataloge durch-
zugehen. Im scheinbar immer gleichen Outfit wandert sie durch Jahre und Zeiten.

Als sie anfing, in Südtirol Urlaub zu machen, wurde
bisweilen Reinhold Messner an ihrer Seite gesichtet.
So sah man sie 2006 gemeinsam auf dem Gipfel des
Monte Rite. Es ist der Bergsteiger, der die typischen
Gesten des Zeigens und des Raumgreifens macht,
Feldherrengesten. Von Angela Merkel wird man dieses Gestenrepertoire im Urlaub nicht zu sehen bekommen. Auch den Vergleich von Sport und Politik über-
lässt sie ihrem Bergführer: »Angela Merkel ist zäh,
nicht nur am Berg, auch im politischen Betrieb um sie
herum. Man wird sie nicht so leicht kleinkriegen. Sie

bleibt länger wach im Kopf, klarer als andere. Sie hat immer noch viel Ausdauer. Sie hat ja im Grunde keine Zeit, für so eine Tour zu trainieren – wenn man das berücksichtigt, ist sie in guter Form.« Die Bundeskanzlerin ist eine postheroische Wanderin, sie will kein Social-Media-Team an ihrer Seite und keine Symbole. Sie, die nie eine gute Sportlerin war, geriert sich auch hier nicht als Athletin. Der Wanderschritt ist ihr gemäß, schon der Laufschritt ist ihr Tempo nicht. Volker Schlöndorff, der passionierte Marathonläufer, wollte sie einmal zum Joggen motivieren, worauf die Kanzlerin im Garten des Kanzleramts ein paar Runden drehte, doch diese stete wie atemlose Monotonie ist ihr Ding dann wohl doch nicht. Im Grunde ist Angela Merkel eine im besten Sinne romantische Wanderin ganz in der Gefolgschaft von Joseph von Eichendorff und seinem Gedicht *Allgemeines Wandern:*

Vom Grund bis zu den Gipfeln,
So weit man sehen kann,
Jetzt blüht's in allen Wipfeln
Nun geht das Wandern an:

Die Quellen von den Klüften,
Die Ström auf grünem Plan,
Die Lerchen hoch in Lüften,
Der Dichter frisch voran.

Und die im Tal verderben
In trüber Sorgen Haft,
Er möcht sie alle werben
Zu dieser Wanderschaft.

Ziemlich beste Freunde

Wolfgang Schäuble und Angela Merkel, das ist großes deutsches Kino. Ein Thriller, ein Drama, ein Krimi mitunter, ein Buddy-Film. Ein Buddy-Movie, so bezeichnet man Filme, in denen zwei nicht voneinander lassen können, gemeinsam zahlreiche Abenteuer bestehen, durch dick und dünn miteinander gehen, aber zugleich ein beträchtliches Talent entwickeln, einander zu quälen und zu piesacken. Berühmte Buddy-Paare der Filmgeschichte sind Stan Laurel und Oliver Hardy, Jack Lemmon und Walter Matthau oder Pierre Richard und Gérard Depardieu (»Der Hornochse und sein Zugpferd« lautet einer ihrer Erfolgstitel). Wo wir gerade bei den Franzosen sind: Auch Angela Merkel und Nicolas Sarkozy konnten zeitweilig als Buddy-Paar durchgehen, wozu wiederum passt, dass sich die Kanzlerin auf das erste Treffen mit dem Franzosen unter anderem dergestalt vorbereitete, dass sie ein paar Komödien mit Louis de Funès studierte, um gegen die zappelige Sprunghaftigkeit des französischen Politikers gewappnet zu sein. Man sieht, das Kino verbindet. Aber zurück zu Schäuble und Merkel. Bevor wir mit ihnen im Jahr 2012 ins Kino gehen, müssen wir einen Blick zurückwerfen, denn ihr gemeinsamer Lebensfilm hat Überlänge und ist voller Peripetien, also scharfkantiger Umschwünge.

Im Bundestagswahlkampf 1990 macht Angela Merkel ihre ersten Schritte als Politikerin, Wolfgang Schäuble seine letzten als gesunder Mensch. Ein psychisch kranker Attentäter streckt ihn mit drei Schüssen nieder, er schwebt zwischen Leben und Tod. Schäuble kehrt in die Politik zurück, aber er ist gezwungen, fortan im Rollstuhl zu sitzen. Er ist schon eine Legende, da ist Merkel noch eine Lernende. Sie wird Ministerin, er ist der Nachfolger Helmut Kohls, der 1998 mit feuchten Augen abtritt, nachdem ihn Gerhard Schröder vernichtend geschlagen hat. Der neue Parteichef Schäuble sucht eine loyale Generalsekretärin und findet Angela Merkel. Sie ist die erste Frau auf diesem Posten. Überschätze sie nicht, aber unterschätze sie auch nicht, soll Lothar de Maizière gesagt haben, als sich Schäuble bei ihm nach den Talenten seiner einstigen Regierungssprecherin erkundigte.

Die machtpolitische Begabung seiner Generalsekretärin muss Schäuble im Dezember 1999 anerkennen und erleiden. Die CDU droht in der Parteispendenaffäre vollkommen zerrieben zu werden, als Angela Merkel ohne sein Wissen einen Meinungsbeitrag in der »Frankfurter Allgemeinen Zeitung« veröffentlicht, in dem sie der Partei empfiehlt, sie müsse sich von dem alten »Schlachtross« Kohl befreien und lernen, auf eigenen Beinen zu stehen. Im Strudel der Affäre versinkt auch Schäuble und Merkel wird seine Nachfolgerin als Vorsitzende der Partei.

Als 2004 ein neuer Bundespräsident gesucht wird, gelingt Merkel ein machtpolitisches Meisterstück. Sie macht Horst Köhler zum Bundespräsidenten und Wolfgang Schäuble, der Machtspieler, wird von ihr über das Brett geschoben. Schach, ein Spiel für Könige und Königinnen. Nach der hauchdünn gewonnenen Bundestagswahl macht Angela Merkel Wolfgang Schäuble 2005 zum Innenminister und 2009 zu ihrem Finanzminister. Schäuble will wissen, ob sie ihn wirklich will als Finanzminister, das ist das Schlüsselressort, gerade in der Krise.

»Sie kennen mich. Ich bin nicht bequem. Sie können sich auf meine Loyalität verlassen, aber Sie wissen, was Sie tun?«

»Das weiß ich!«

»Dann ist es ja gut!«

Angela Merkel und Wolfgang Schäuble kennen einander gut. Was ihnen aneinander gefällt, ist, dass sie es immer wieder fertigbringen, sich gegenseitig zu überraschen. Im Herbst 2010 fällt der Finanzminister wochenlang aus. Eine alte Wunde heilt nicht, andere Komplikationen treten hinzu, manchmal denkt Schäuble, jetzt wird es eng. Er bietet der Bundeskanzlerin mehrfach seinen Rücktritt an. Merkel lehnt ab, sie brauche ihn und seine Autorität in Europa. Schäuble hadert. Da greift die Kanzlerin zum Telefon und ruft Schäubles Frau Ingeborg an. Sie möge doch bitte ihrem Mann ins Gewissen reden und ihm diesen Rücktrittsblödsinn ausreden. Ich brauche ihn. Wir brauchen ihn. Er soll sich alle Zeit der Welt nehmen, die er zum Gesundwerden braucht, und dann kommt er zurück. Ja, das hat das parlamentarische Urgestein dann doch überrascht, das kannte er nicht, es muss wohl auch ein Lebenselixier für Wolfgang Schäuble gewesen sein. Er ist zurück.

Ihr gemeinsamer Weg ist noch lang, die weltweite Finanzkrise, die Griechenlandkrise und das Flüchtlingsdrama im Spätsommer 2015. Im Mittelpunkt des Geschehens immer: Merkel und Schäuble. Wenn einer sie stützen kann, dann er, wenn einer sie stürzen kann, dann er. Manchmal klingt er wie ein Orakel, wie der Alte vom Berg, wie einer mit dem Dolch im Gewande.

Am 5. Januar 2012 kommt die französische Filmkomödie »Ziemlich beste Freunde« in die deutschen Kinos. Links und rechts des Rheins ist man sich einig, diesen Film muss man gesehen haben. Irre Geschichte. Ein nahezu vollständig gelähmter Rollstuhlfahrer, sehr reich, sehr bürgerlich, sucht einen Pfleger und findet einen Freund. Der ist ein Einwanderer, kleinkriminell, ein Hallodri, ein Schlitzohr, ein feiner Kerl, ein Typ aus den proletarischen Vorstädten. Der lebensmüde feine Pinkel im Rollstuhl bekommt von ihm Nachhilfe in Sachen Lebensmut.

Frau Schäuble hatte den Film schon gesehen.

Kanzlerin: »Wollen wir uns den Film miteinander ansehen? Ich hab den auch noch nicht gesehen. Oder ist es blöd, wenn wir zusammen ins Kino gehen?«

Finanzminister: »Müssen Sie Ihren Mann fragen?«

Die beiden wählen ein Kino am Alexanderplatz. Ohne Popcorn. Im Schutz der Dunkelheit bleiben sie weitgehend unbemerkt. Personenschützer reihum. Erst als sie das Kino verlassen, wird Schäuble von einem jungen Mann angesprochen. Dass er das alles ganz toll mache, einen richtig guten Job. Die Kanzlerin wird übersehen. Anschließend gehen sie in eine Kneipe zum Bier und schauen die zweite Hälfte eines Champions-League-Spiels der Bayern. Und sie lachen über die Szene mit dem jungen Mann, der die Bundeskanzlerin nicht wahrnahm, weil er nicht mit ihr rechnete. Und darüber lachen sie noch mal, über die eingeschränkte Wahrnehmungskraft des Menschen, der meistens nur das sieht, womit er rechnet und was er kennt.

Das Spiel zwischen Angela Merkel und Wolfgang Schäuble geht weiter, bis zuletzt. Ihre Griechenlandpolitik? Hielt er für falsch! Ihre Flüchtlingspolitik? Hielt er für falsch! Ihre Nachfolgerin Kramp-Karrenbauer? Er unterstützte Friedrich Merz. Zu Wolfgang Schäubles 75. Geburtstag gibt es eine Feier im Deutschen Theater. Die Kanzlerin spricht. Und der Schauspieler Uli Matthes liest Tucholsky und Friedrich Schillers »Die Bürgschaft«.

Zu Dionys, dem Tyrannen, schlich
Damon, den Dolch im Gewande;
Ihn schlugen die Häscher in Bande.
»Was wolltest du mit dem Dolche, sprich!«
Entgegnet ihm finster der Wüterich.
»Die Stadt vom Tyrannen befreien!«
»Das sollst du am Kreuze bereuen.«

Schäuble weiß, wo die Dolche liegen, aber er blieb ihr Diener, so lange sie diente. Das Dienen ist ihr gemeinsames Band.

Kochtopf

Als Angela Merkel im Frühjahr 2000 zur Parteivorsitzenden gewählt wird, fragte sie ihre Mitarbeiter, ob sie sie mal zwicken könnten, denn das sei doch tatsächlich unglaublich. In die denkbare Reichweite des Kanzleramts gekommen zu sein! Wow! Sie, die aufstrebende Politikerin und ihr Team, zwickten sich eigentlich unentwegt in diesen Tagen. Wahnsinn! Parteivorsitzende. Zwick mich mal einer! Und dennoch schien das Kanzleramt unendlich weit entfernt, zu unglaublich schien dieser Weg, dieser kometenhafte Aufstieg. Immer noch schien im Frühjahr 2000 kaum denkbar, dass diese Frau aus dem Osten Kanzlerin werden könnte.

Als Angela Merkel dann tatsächlich gegen alle Erwartung 2005 Kanzlerin geworden war, müssen sie im Merkel-Team blau-grüne Arme vom vielen Zwicken gehabt haben. Eines Tages, nicht lange nach der Wahl zur Bundeskanzlerin, klingelte das Telefon in Hohenwalde, dort, wo die Wochenend-Kochtöpfe der Kanzlerin wochentags schlummern. Frau Merkel, die Kanzlerin, die Kochende nahm das Gespräch an und am anderen Ende der Leitung befand sich ein Präsident, wir sagen nicht, welchen Landes, aber eben doch ein Präsident. Die Kanzlerin erlitt stehenden Fußes einen Kochlöffel-Kanzlerinnen-Widerstreit-Schock. Wie sollte sie das zusammendenken, zusammenbringen? Die Stimme des Präsidenten, der sie nicht nach einem Suppenrezept, sondern eher nach dem Zustand der Welt fragen wollte, und ihr eher unpolitisches Handwerk? Ihr kam das unwirklich vor, wie ein Märchen. Zwick mich mal einer. Aber entscheidend ist, dass die Politikerin Merkel lernte, dass alles Politik ist, auch der Kochtopf, weshalb sie heute niemand mehr zwicken muss, wenn der Präsident anruft.

Mut wagen

Wenn die innere Einheit heute, mehr als dreißig Jahre nach der Wiedervereinigung, immer noch nicht gelungen ist und die Ostdeutschen eher als Wutbürger abqualifiziert statt als Mutbürger qualifiziert werden, dann hat das möglicherweise auch damit zu tun, dass die Westdeutschen es jahrzehntelang an Veränderungsmut im Einigungsprozess fehlen ließen und stattdessen ein tief sitzendes Ressentiment gegen den Osten pflegten. So lange, bis der Osten tatsächlich so wütend wurde, wie die Westdeutschen es schon immer angenommen hatten, dass er sei.

Der 20. Juni 1991 ist ein bemerkenswerter Tag, für Deutschland, das deutsche Parlament und die junge Politikerin Angela Merkel. An diesem Tag wird in Bonn über die Hauptstadtfrage abgestimmt und damit über die Zukunft Deutschlands. Der Deutsche Bundestag ist in diesen Jahren im Alten Wasserwerk direkt am Rhein untergebracht, weil der alte, in die Jahre gekommene Plenarsaal abgerissen wurde. Aus dem Provisorium Bonn sollte eine dauerhafte Hauptstadt werden und dann kamen der 9. November 1989 und Schabowskis Zettel dazwischen.

Das Alte Wasserwerk platzt an diesem Tag aus allen

Nähten. In der zwölfstündigen Debatte sprechen hundertvier Redner, an einem Tag, das ist ein Rekord. Fast alle haben nur wenige Minuten. Angela Merkel ist gewiss nicht die entscheidende Stimme in diesem wogenden Chor der Meinungen, des Streits, Bonn- und Berlinbefürworter bekämpfen sich mit allen seidenen und halbseidenen Argumenten, die Bonner hängen fast ausnahmslos vor dem Fernseher und zittern mit, auch in Berlin wartet man gespannt. Die großen Tiere sprechen. Willy Brandt, Helmut Kohl, Norbert Blüm, Hans-Jochen Vogel, Ingrid Matthäus-Maier, keine prominente Stimme fehlt. Angela Merkels Beitrag dauert kaum fünf Minuten, dennoch ist er wichtig, wenn man ihre innere Statur verstehen will, ihre Anpassungsfähigkeit, ihre Veränderungsbereitschaft, ihre Lust auf Demokratie und die Chance zur Selbstverwirklichung: »Herr Präsident! Meine Damen und Herren! Wir entscheiden heute über Parlaments- und Regierungssitz, nicht mehr und nicht weniger. Das ist heute oft gesagt worden. Das sagen viele, die vierzig Jahre in einer Demokratie gelebt haben. Ich habe fünfundreißig Jahre in einer Diktatur gelebt. Für mich ist diese Entscheidung deshalb vielleicht eine andere; und sie hat sehr wohl etwas mit der inneren Einheit Deutschlands zu tun. Es wurde heute davon gesprochen, dass Bonn in den letzten vierzig Jahren ein selbstbewusstes Bonn geworden ist. Ich glaube, Bonn hat allen Grund dazu, selbstbewusst zu sein. Aber dann frage ich mich: Wenn Sie in dieser Stadt, eingebettet in eine gute Infrastruktur, für uns in den neuen

Bundesländern nicht die Zuversicht ausstrahlen können, dass Sie auch diese Änderung ertragen werden,
woher sollen wir dann den Mut in den neuen Bundesländern nehmen?« Die Ministerin kritisiert hier, ohne
es offen zu nennen, die fehlende Veränderungsbereitschaft der Westdeutschen. Sie würde nie sagen, dass sie
die alte Bonner Republik als saturiert, bequem, einge-
fahren und verwöhnt einschätzt, aber das zu denken,
daran kann sie ja niemand hindern. Hier sagt sie es mit
feiner Klinge: Den Ostdeutschen werden ungeheure
Veränderungen abverlangt und sie sind ihrerseits mit
einem gewaltigen Vertrauensvorschuss in diesen Prozess gegangen. Wenn aber den Westdeutschen, angesichts einer eher kleineren Biografiebaustelle, schon
jetzt der Mut fehlt, die Zuversicht, woher soll dann der
Treibstoff kommen, mit dem die Deutschen insgesamt
in die Zukunft fahren? Angela Merkel hatte schon damals begriffen, was Tancredi in Giuseppe Tomasi di
Lampedusas Roman »Der Leopard« als widerspruchs-
volle Einsicht artikulierte: »Wenn wir wollen, dass alles so bleibt, wie es ist, muss alles sich ändern.« Angela
Merkel hatte sich radikal verändert und konnte sich deshalb in vielen inneren Ansichten treu bleiben.

Ein Todesfall und eine Hochzeit

Jeder Sarg entwickelt seine ganz eigene Sarganzie-
hungskraft, seinen individuellen Sog, der davon ab-
hängt, wer an ihn herantritt. Als Angela Merkel am
1. Juli 2017 in Straßburg an den Sarg Helmut Kohls trat
und ihren Kopf respektvoll neigte, sah sie aus, als wäre
sie durch ein Meer aus schwarzem Blei geschwommen.
Ihr Gesicht eine einzige tiefe, schattige Furche. Ohne
ihn, hatte sie gerade gesagt, stünde sie jetzt nicht hier.
Ohne ihn gäbe es sie nicht als Kanzlerin. Was ihm wi-
derfuhr, blühte ihr schon jetzt, nämlich zu Geschichte
zu gerinnen. So stand sie da und glich ihm selbst, dem
Liegenden, für Sekunden, die Historie ist der mächtigste Totengräber.

Nach der Trauerfeier im Straßburger Parlament
wurde der Sarg in einen Hubschrauber verladen und
nach Speyer geflogen, wo man im Dom vom »Kanzler
der Einheit« Abschied nehmen wollte. Die Bundeskanzlerin machte sich in ihrer Limousine auf den Weg. Kurz
vor dem Ziel warf sie das Bleikleid ab und überraschte
ihre Begleiter mit einer spontanen Änderung der Rei-
seroute: »Jetzt machen wir es mal wie Kohl.« Sie ließ
die Limousinen von der Bundesstraße abbiegen und
bat darum, am nächstmöglichen Gasthof haltzuma-

chen. Der Wirt des Landgasthofes »Zum Engel« (»Nix aus der Bix«) kam gerade vom Einkaufen und als er auf seinen Parkplatz einbiegen wollte, wurde er von ernst blickenden Sicherheitsmännern gestoppt und in Empfang genommen. Als man ihm mitteilte, dass die Kanzlerin in seinem Biergarten säße, dachte er zunächst an ein Double, an einen Fernsehspaß mit versteckter Kamera. Aber die Frau dort war ganz echt, war ganz Merkel. Sie bat um Kaffee für sich und ihr Team. Dann ließ sie sich von ihrem Gastgeber aus dessen Leben erzählen. Ein weit gereister Mann, der viele Jahre in Asien gelebt und gekocht hatte. So also hatte das Kohl immer gemacht. Kurzerhand abbiegen, runterfahren, sich unters Volk mischen. Zu Kohls Zeiten mochte das noch gegangen sein, die Tage waren nicht so engmaschig, hier und da blieben Schlupflöcher, um dem Protokoll und dem Terminkalender zu entkommen. Hier saß sie nun und verdankte die geschenkte Stunde dem toten Kanzler, denn seine letzte Reise führte ihn mit der MS Mainz über den Rhein. Das Einladen und Ausladen des Sarges, sein vielfältiger Weg mit Hubschrauber, Auto und Schiff, der gemessene Schritt der Sargträger, das jeweilige Einholen und Ausbreiten der Fahnen auf dem Totenschrein, all das schenkte ihr diese Stunde.

Die Kanzlerin verabschiedete sich vom Wirt, der in der Küche schon die Bestellungen des Abends vorbereitete, und setzte zum Aufbruch an, als ein Menschenauflauf auf der gegenüberliegenden Straßenseite ihre Aufmerksamkeit erregte. Ein Brautpaar war aus der gegenüberliegenden Kirche getreten und wurde gefeiert. Kurz entschlossen querte die Kanzlerin die Straße, nahm gewissenhaft den Zebrastreifen und schritt zielstrebig auf das Brautpaar zu. Ein verwackeltes Handy-Video hat die Szene für die Nachwelt festgehalten. Die Kanzlerin, ganz in Schwarz, tritt vor die Braut, ganz in Weiß, und gratuliert. Sie wolle mal, wo sie nun schon mal hier sei, einfach mal Hallo sagen. Hallo! Und dann ging sie wieder und eilte zum Dom, wo der Tote schon auf sie wartete.

Madame Nö

Im Sommer 1990 wird über den deutschen Einigungsvertrag verhandelt. Auf der ostdeutschen Seite ist der Staatssekretär Günther Krause Verhandlungsführer. An seiner Seite findet man in diesen Monaten oft die stellvertretende Regierungssprecherin der letzten DDR-Regierung, Angela Merkel. Die Männer am großen historischen Tisch schenken ihr wenig Beachtung, eine Sprecherin halt, eine unauffällige Dienerin der Macht, die nur an den Rändern des großen Bildes zu finden ist, wenn überhaupt. Sie sieht aus wie eine Studentin, kleidet sich auch so, ist leicht zu übersehen. Wenn die Männer verhandeln, sitzt sie oft in zweiter Reihe, an einem schmalen Tisch hinter dem entscheidenden, dem großen Tisch der deutschen Einheit. Von heute aus betrachtet, erscheint es kaum glaubhaft, dass inmitten all der Männer in ihren grauen, blauen und braunen Anzügen keine einzige Frau saß.

Es war wieder spät geworden. Günther Krause und Angela Merkel machten sich auf den Weg zu ihrem Dienstwagen. Pressesprecherin Merkel sah eine Journalistin vom »Stern«, und weil es tief in der Nacht war, fragte sie die Berichterstatterin: »Woll'n Se mit?« So fuhr man zu dritt durch die Nacht. Zuerst wurde Krause abgesetzt, danach machte man sich auf den Weg zum Hotel der Reporterin. Sie fragte Angela Merkel, ob sie nicht auch Lust hätte, in die Politik zu gehen, etwa als Bundestagsabgeordnete oder in diese Richtung zumindest? Die Regierungssprecherin schwieg, zögerte eine Weile, bevor sie antwortete, dann sagte sie trocken: »Nö!« Danach schaute jede in ihre Dunkelheit. Sechs Monate später war Angela Merkel Mitglied des Bundestages und Ministerin.

Hauptbahnhof

Es war eine schwere Geburt. Der Berliner Hauptbahnhof wurde nicht gebaut, sondern erlitten. Er wurde teurer als geplant, er wurde nicht so schön wie erhofft und natürlich wurde er viel später fertig als gedacht.

Endlich also war es so weit: Am 26. Mai 2006 wurde der Palast aus Glas und Großstadtsucht eingeweiht und die Bundeskanzlerin, die gleich gegenüber amtiert, ließ es sich nicht nehmen, die Eröffnungsrede zu halten. Man beachte den feinen Humor, mit dem die Kanzlerin spricht: »Berlin hat in den letzten Jahren viele großartige Tage erlebt, aber ich glaube, der heutige ist auch nahe an einem Superlativ. Es ist ein symbolträchtiger Tag, weil dies einfach auch ein symbolträchtiger Ort ist.« Ein Tag nahe am Superlativ! Aber eben nur nahe dran, kein Superlativ, also fast, eben nicht ganz. So ist Merkel, eine Superlativ-Scheuende. Über den Berliner und sein Verhältnis zum neuen Hauptbahnhof sagt sie: »Der Berliner, der ja ein Kiez-Mensch ist, hat jetzt einen Hauptbahnhof. Man braucht sich eigentlich nicht zu wundern, dass ihm das nicht ganz leichtfällt.« Auch ihr, einer halben Berlinerin, fällt die Begegnung mit dem neuen Ort nicht leicht. Sie ist nicht nur eine Superlativ-Scheuende, sondern auch eine Selten-Überschäumende. Ein bisschen Schaum gibt es dann doch, denn natürlich will sie den Hauptbahnhof auch würdigen: »Dieser Bahnhof steht mit seinem Glas, seinen vielen Etagen, seinen vielen Richtungen, seinen Geschäften und mit allem, was es hier gibt, dafür, dass es ein modernes, aufgeschlossenes, weltoffenes Gebäude ist und damit auch symbolträchtig für Berlin und für unser Land, die Bundesrepublik Deutschland. So wünsche ich es mir jedenfalls.« Und dann beschließt sie ihre Rede und macht den neuen Nachbarn zur Verpflegungsstelle mit Gleisanschluss: »Ich freue mich darauf, wenn ich abends im Kanzleramt einmal gar nichts mehr zu essen bekomme, entweder einen Döner zu essen oder bei McDonald's oder – jetzt bekomme ich gleich Ärger – auch in einer deutschen Buletten-Bude, oder wie immer man das hier nennt – wahrscheinlich etwas gehobener –, vorbeizuschauen.« Heiterkeit, so weit das Auge reicht.

Von Konrad zu Herlinde

Nein, zwischen diesen beiden konnte es nicht funken, zwischen dem Fotografen Konrad Rufus Müller und Angela Merkel. Konrad Müller, der den Beinamen »der Kanzlerfotograf« trägt, weil er alle Kanzler der Bundesrepublik fotografiert hat, ein Titel, der – wie wir sehen werden – äußerst umstritten ist, lernte die Politikerin 1991 bei einer Auslandsreise kennen. Nach einem gemeinsamen Abendessen in San Francisco, bei dem zumindest der Fotograf ordentlich dem Alkohol zugesprochen hatte, bot der fünfzehn Jahre ältere Mann der jungen Ministerin das Du an. In diesem Moment sei das Fallbeil gefallen, erinnert sich der Fotograf. Angela Merkel fand das unverschämt, aber nicht, weil hier jemand ihr Amt verletzte, sondern weil hier eine Kumpanei-Attacke vorlag, für die es keine solide Basis gab, kein freundschaftliches Fundament, keine intime

Kenntnis des Gegenüber. Für die Politikerin muss das wie eine rüpelhafte Einverleibung ihrer Person gewirkt haben, von einem Fotografen, der sich selbst schon zum Inventar der Bonner Republik zählen durfte, der bereits Adenauer fotografiert hatte, auf den sich Merkel ja oft bezog. Fuhr die Politikerin also hier ihre Pranken aus, zeigte sie sich kapriziös? Nein, sie wollte bloß nicht beim Essen von ihrem Gegenüber wie ein Nachtisch verspeist werden.

Die meisten Fotografen und Fotografinnen bezeugen, dass Angela Merkel keine Diva ist, dass sie vielmehr freundlich und zugewandt bleibt, auch wenn sie genau darauf achtet, dass die Zeit, die man verabredet hat, auch eingehalten wird. So berichtet etwa die Fotografin Anja Weber, die die Bundeskanzlerin 2017 für die »taz« fotografierte, von einer sehr umgänglichen Kanzlerin: »Ihr Büro ist wirklich riesig und recht unpersönlich, und darin bewegt sie sich zum einen als Person und zum anderen als Kanzlerin. Das Amt macht sie ja quasi zu einer Kunstfigur. Dieses Spannungsfeld wollte ich mir anschauen. Als Person fand ich sie ziemlich witzig und nahbar, anders als die meisten Politiker*innen, die ich bis dahin getroffen hatte.« Die Fotografin blickte dann von Merkels Büro auf die gegenüberliegende Wiese des Reichstags, wo sie lange Jahre jeden Sonntag Fußball gespielt hatte. Und sie erzählte der Kanzlerin, dass sich ihre Mannschaft bei einem queeren Spaßturnier den Kampfnamen »Lokomotive Merkel« gegeben habe, was die Kanzlerin maximal skurril fand.

Von einer angenehmen Begegnung berichtete auch Walter Schels, der durch seine Tierporträts, aber auch seine Hand-Fotografien berühmt geworden ist. Er trifft Angela Merkel 2005, kurz vor der Wahl, sie hat eingewilligt, dass Schels sie und ihre Hände porträtiert. Wer nicht glauben mag, was für großartige Erzählerinnen Hände sind, schaue sich die Handporträts von Schels an, der vom Säugling bis zur Greisin, vom Dalai-Lama bis zum Menschenaffen, von Helmut Schmidt bis Campino wirklich jede Hand fotografiert hat. Jede Hand ein faltenreicher Ozean.

Merkel ist bei solchen Porträtsitzungen einerseits streng, aber auch folgsam, sie will dienen, aber nicht dem Fotografen, sondern der Sache. Sofern die ihr einleuchtet, ist sie äußerst pflichtbewusst.

Schels kommt rein.

Merkel: »Was muss ich machen?«

Schels: »Sie müssen nichts machen!«

Merkel: »Muss ich nicht lächeln?«

Schels: »Nein!«

Die Kanzlerin entspannt sichtlich. Das Handporträt von Angela Merkel, das daraufhin entsteht, ist sicher eines der intimsten Seelenbilder, die von ihr existieren.

Als Konrad Müllers »Du« 1991 in San Francisco leblos zwischen die Teller und Gläser fällt, beginnt im gleichen Jahr ein fotografischer Dialog, der fruchtet und bis heute anhält. Die bekannte Fotografin Herlinde Koelbl beginnt eine Langzeitstudie unter dem Titel »Spuren der Macht. Die Verwandlung des Menschen durch das Amt«. Dafür begleitete sie fünfzehn Menschen aus Wirtschaft, Medien und Politik und dokumentierte die körperlichen und habituellen Veränderungen durch Fotos und Interviews. Wie ungelegen ihr die Fotografin zunächst kam, räumte Angela Merkel ihr gegenüber unumwunden ein: »Am Anfang fand ich die Befragung unglaublich lästig. Ich habe mich dagegen aufgelehnt und mich alles andere als gefreut, wenn Sie wieder vor der Tür standen. Ich dachte, was soll der Quatsch? Das Buch erscheint ja erst in acht Jahren, man muss heute in der Presse auftauchen. – Doch dann merkte ich, dass ich mich plötzlich gefragt habe: War Frau Koelbl in diesem Jahr eigentlich schon da? Ich musste also feststellen, dass ich offensichtlich doch eitel genug bin, Ihr Projekt interessant zu finden.« Im November 1998 beendet Herlinde Koelbl das Projekt, nimmt es aber 2005 wieder auf und trifft die Kanzlerin wie zuvor einmal im Jahr zur Porträtsitzung. In dieser Zeit, so Koelbl, habe sich das Leben aus dem sichtbaren Körper mehr und mehr zurückgezogen. Das Amt greift nach dem Menschen, formt, drückt, presst und quetscht ihn, saugt das Leben heraus. So sei es auch mit Schröder gewesen, der als Kanzler auf ihren Bildern immer entseelter gewirkt habe, immer starrer, immer panzerhafter. Bei besonders mächtigen Menschen ziehe sich das Leben in die Augen zurück, während der Körper sichtbar unter den ungeheuren Erwartungsanforderungen leide, schrumpfe und seine lebendige Individualität verliere. Heute, so Koelbl, bliebe für diese Sitzungen kaum noch Zeit, auch die begleitenden Interviews müssten entfallen, aber zwischen beiden herrsche mittlerweile ein wortloses Verständnis.

Von veränderten Zeitregimen weiß auch der Fotograf Josef Albert Slominski zu berichten, der Angela Merkel das erste Mal am 20. April 2006 porträtierte. Slominski, Jahrgang 1937, der sich selbst Slomi nennt und von Kollegen auch so gerufen wird, muss lachen, als er sich an diesen Termin im Kanzleramt erinnert, weil er ihn nach 35 Minuten eigenhändig abbricht und meinte: »Jetzt reicht's.« Eine solche Zeitvergeudung, ein so luxuriöses Herumwälzen und Baden in Zeit sei mittlerweile gar nicht mehr denkbar, heute müsse man in fünf Minuten zur Sache, also zum Bild kommen. Slominski legt übrigens Wert darauf, dass er der einzige Fotograf in Deutschland ist, der alle amtierenden Kanzler und Kanzlerinnen in deren Regierungszeit fotografiert hat, während Konrad Müller – an dieser Front sein Antipode – Konrad Adenauer, Ludwig Erhard und Kurt Georg Kiesinger erst fotografierte, als diese bereits aus dem Amt geschieden waren. Slomi ist eher ein sachdienlicher Diener am Bild und Objekt, während Konrad Müller mitunter auch ein pfauenfedriger Diener seines Selbstbildes ist, was für einen Fotografen mitunter eine hinderliche Sache ist, vor allem, wenn man es mit der uneitlen Angela Merkel zu tun hat.

Auch deshalb scheiterte Konrad Müller bei dem Versuch, eine intimere Porträtsitzung mit Merkel zu gestalten. Müller konnte gut mit Männern wie Willy Brandt, Helmut Kohl oder Gerhard Schröder, Männer, mit denen man auch mal eine Zigarre rauchen oder etwas trinken konnte, Männer, mit denen man Männerdinge tun konnte, Kumpanei auf Zeit. Merkels Vorgänger im Amt waren auch eher empfänglich für tiefe Seelenlandschaften, sie hatten durchaus ein Interesse daran, dass sie jemand mit Licht zeichnete, malte, so wie Müller das tat, und ihnen eine Aura verlieh, die im Tagesgeschäft ungesehen blieb. Müller machte aus den Politikern deutsche Landschaften. Willy Brandts Gesichter bekamen durch ihn Gesichte, der Elefant Kohl wirkte bei ihm wie ein unverstandener Riese voll mit unterdrücktem Sentiment und Gerhard Schröder glich einem Hollywood-Freibeuter wie Errol Flynn und Gentleman-Gangster wie Steve McQueen. Angela Merkel jedoch hat keine gesteigerte Veredelungssehnsucht und sie suchte nie Kumpanei mit Journalistinnen oder Fotografen.

Weil Konrad Müller auch gerne plaudert, sehr unterhaltsam zudem, läuft er obendrein Gefahr, indiskret zu sein, eine Todsünde für jeden Kanzlerfotografen. So hat er die Öffentlichkeit ausführlich wissen lassen, wie seine Porträtsitzungen mit Angela Merkel letztlich scheiterten und es bedarf keiner prophetischen Gaben, um anzumerken, dass das niemand im Kanzleramt gefreut haben dürfte. Achtzehn Jahre nach der USA-Reise mit Merkel kam es zum Termin im Kanzleramt, 2009. Merkel wünschte sich, neben der Ahnengalerie der Bundeskanzler abgebildet zu werden, unter dem Bild von Ludwig Erhard. Doch der Fotograf, der nur mit natürlichem Licht arbeitet, sah, wie das Kunstlicht der Deckenstrahler das Gesicht verzerrte, unansehnlich machte. Ein Streit entbrannte, der Fotograf kabbelte sich drei Stunden mit Merkels Mitarbeitern, ehe man sich auf ein anderes Motiv einigte. Trotz dieser disharmonischen Beziehung kommt es zu einem weiteren Termin mit der Kanzlerin. Lassen wir den Fotografen selbst sprechen, so wie er dem »Spiegel« die Szene geschildert hat: »Beim zweiten Mal setzte sie sich vor mich hin und sagte: ›Machen Sie mal.‹ Da sagte ich: ›Frau Bundeskanzlerin, das geht so nicht. Bei Ihrem Vorgänger Gerhard Schröder saß ich mal eine ganze Woche im Vorzimmer. Und immer, wenn Zeit war, sind wir irgendwohin gefahren oder haben mal ein Glas Champagner getrunken. Und ab und an habe ich nebenbei ein Bild gemacht.‹ Da sagte sie: ›Herr Müller, das würde ich keine halbe Stunde aushalten.‹ Und ich sagte: ›Sehen Sie, gnädige Frau, deshalb wird das mit uns nichts.‹« Merkel, so Müller weiter, sei ein »Kontrollfreak«, der nicht verstehe, dass ein Kanzler auch einen »optischen Biografen« brauche. Dass hier verletzte Eitelkeit spricht, ist kaum zu überhören und eine »optische Biografin« hatte die Kanzlerin längst gefunden. Sie hieß und heißt Herlinde Koelbl.

Möglicherweise passt Herlinde Koelbls fotografischer Stil auch deshalb gut zur Kanzlerin, weil er sachlich ist, undramatisch, unprätentiös, und dennoch eine schneidende Schärfe hat. Denn wenn man den Körper über Jahrzehnte dokumentiert, wird er in seinen endlichen Möglichkeiten auch deutlich, wird offenbar, wie die Macht und die Zeit nach dem ganzen Menschen greifen.

Einen ganz anderen Stil verfolgte der Fotograf Andreas Mühe, der eine Zeit lang als Kanzlerinnenfotograf und Merkels »Lieblingsfotograf« galt. Seine Porträts sind melodramatische Arrangements, die den Menschen dem Augenregime des Künstlers unterwerfen. So hat er die Kanzlerin einmal im Botanischen Garten von Berlin fotografiert, den Blick abgewandt, mit dem Rücken zum Betrachter, sodass die Politikerin aussieht wie eine weltverlassene Frau in einem romantischen Gemälde, wie ein Kranich, der vorsichtig ins Weite lugt. Offenbar empfand der »Kanzlerinnenfotograf« diesen Titel als lästig. So gestaltete er 2013 eine Fotoserie unter dem Titel »A.M. Eine Deutschlandreise«, die suggerierte, der Fotograf sei mit der Kanzlerin durchs Land gereist und hätte sie aus dem Wagen auf vierzehn sehr deutsche Motive blicken lassen. Der Betrachter sah stets den sorgfältigen frisierten Hinterkopf der Kanzlerin und ihren Blick durch die Scheibe der Regierungslimousine. Der mediale Rummel war groß, woraufhin sich das Bundespresseamt beeilte mitzuteilen, dass die Kanzlerin in keiner Weise an diesem Projekt mitgewirkt habe. Mühe hatte, das war unschwer zu erkennen, ein Merkel-Double engagiert. Fortan herrscht Bildlosigkeit zwischen ihm und dem Kanzleramt.

Dem Fotografen Andreas Herzau, der sie einige Jahre beobachtete, gelang es immerhin, sie in ein kurzes Gespräch über Fotografie zu verwickeln. Er begleitete sie am 15. September 2009 im legendären Rheingold-Express der Deutschen Bahn. Die Kanzlerin hatte das Grab Adenauers in Bonn besucht und machte nun Wahlkampf wie er, im Zug. Mit an Bord waren zahlreiche Angehörige des ersten Kanzlers und viele Journalisten. Mit Blick auf die opulenten Adenauer-Bildbände, die sich im Zug stapelten, wollte Herzau von der Kanzlerin wissen, ob sie nicht auch ein Interesse an Bildern hätte, die sie dem ewigen Einerlei der tagesaktuellen Berichterstattung entzögen. Die Kanzlerin erwiderte matt, sie halte das für unnötig. Als der Fotograf beharrte und fragend nachsetzte, ob es nicht gerade als Frau, die in einer Männerdomäne agiere, wichtig sei, sich anders als diese ins Bild setzen zu lassen, erstarb das flüchtige Gespräch vollends. Kurz darauf fielen der Kanzlerin die Augen zu. Herzau überlegte, ob er die schlafende Kanzlerin fotografieren sollte, das wäre ein echter Coup. Doch der Blick eines Bodyguards machte ihm unmissverständlich klar: Denk nicht mal dran!

Möhren

Im Winter 2013, kurz bevor sich das Jahr endgültig ver- abschiedete, stürzte die Kanzlerin schmerzhaft. Beim Langlauf-Ski im Engadin war der Fall nicht weich, son- dern hart wie ein brutaler Faustschlag. Die Kanzlerin brach sich den linken hinteren Beckenring an und die Ärzte empfahlen wenig Bewegung, möglichst Bettruhe, und eine Gewichtsreduktion. Die Kanzlerin befolgte das Programm eisern. Sie entschleunigte, sie ruhte und sie aß Möhren, Sellerie, Gemüse und Obst in allen ge- schnitzten und gehobelten Varianten.

Im Frühjahr 2014 besuchte die Kanzlerin die USA und traf sich mit Präsident Obama im Gemüsegarten. Der Garten im Park des Weißen Hauses war eine Idee von Michelle Obama, die damit ein Vorbild für eine ge- sunde Ernährung setzen wollte. Den amerikanischen Kollegen fiel auf, dass die Bundeskanzlerin stark abge- nommen hatte, und bald las man überall, sie habe min- destens zehn Kilo verloren. Die Zahl rauschte wie eine Rakete durch den Blätterwald: die Merkel-Diät, das Ge- heimnis der Merkel-Diät! Nach dem Spaziergang mit Obama durch Salatbeete und Obstspaliere genoss die Kanzlerin einen grünen Salat aus Michelle Obamas Garten.

Einige Wochen darauf flog die Kanzlerin zum siebten Mal nach China. Wie kein anderer deutscher Kanzler bemühte sich Merkel um gute Beziehungen zum Riesenreich im fernen Osten. Am Abend eines langen Tages saßen die Kanzlerin, ihre Gastgeber und zahlreiche deutsche Mitreisende an einem gewaltigen Tisch, der sich unter den Schüsseln, Töpfen, Pfannen und Schälchen bog. Hier dampften Suppen, da köchelte es, Fleisch verschiedener Herkünfte türmte sich, was das Meer hergab, war auch zu finden. Der Blick der Kanzlerin kreiste geradezu hilflos über diesem gastronomischen Gebirge der Gastfreundschaft, ein Blick wie ein Hubschrauber, der landen muss, weil der Sprit ausgeht, der aber keine Stelle findet, die gefahrlos zu wählen wäre. Die Gastgeber missdeuteten den kreisenden Blick offenbar und fuhren weitere Genüsse auf, um die Kanzlerin zu ehren und ihren offenbar großen Appetit zu stillen. Eine deutsche Delegationsteilnehmerin, sie saß der Kanzlerin direkt gegenüber und wusste um deren Askese, eilte todesmutig in die Küche des exquisiten Hotels, boxte sich durch Wände aus Leibwächtern, überwand Sprachbarrieren und bat den Küchenchef um Möhren. Möhren? Kaum jedoch war der Wunsch verstanden, schleppten die Gastgeber in der ihnen eigenen Bombastomanie große Platten mit kunstvoll zugeschnittener Rohkost herbei und endlich durfte der Blick der Kanzlerin landen, endlich konnte sie beherzt zugreifen.

Willy Brandt war ein leidenschaftlicher Angler. Jedenfalls so lange, solange niemand davon wusste. Er angelte im Norwegen-Urlaub, allein oder mit den Söhnen, und entspannte sich dabei. Aber dann fanden Fotos in die Welt, die sein Image als Angler beschworen. Brandt bekam nun bei zahlreichen Anlässen unzählige Angeln geschenkt, so viele, dass er selbst den Überblick verlor. Die fremden Angeln starrten ihn an und er blickte ratlos auf die Ruten. Fortan war ihm das Hobby vergällt und er nahm Angeln nur noch in die Hand, wenn ihn die Fotografen darum baten.

Wenn Politiker angeln gehen und das zeigen, ködern sie neben Fischen auch immer das Publikum respektive den Wähler. Von Wladimir Putin gibt es spektakuläre Angler-Bilder, auf denen der Kreml-Chef mit entblößtem Oberkörper dasteht, bereit zum Kampf mit jedweder Tiefseebestie. Zwar gibt es von Angela Merkel keine Bilder, die sie beim Angeln zeigen, aber sie besitzt einen Angelschein. Das kam so: In ihrer Kindheit und Jugend fuhr Angela Merkel oft nach Hohenwalde, wo der Große Krinertsee lockte. Obwohl sie nie einen Fisch an der Angel hatte, war sie dennoch Mitglied des Anglerverbandes der DDR, weil das Befahren eines Sees mit einem Boot nur dann erlaubt war, wenn man eine gültige Angellizenz vorweisen konnte. Und so wurde sie in Hohenwalde, das etwa sechzig Einwohner zählte, Vorsitzende des dortigen Angelverbandes. Zu ihren Aufgaben gehörte es, das alljährliche An- und Abfischen zu organisieren, und auch das Winterfest des Angelverbandes wurde von ihr auf die Beine gestellt.

Die Anglerin Angela Merkel existiert also vor allem auf dem Papier, obwohl sie gerne auf der Lauer liegt. Das jedenfalls bescheinigte ihr der CSU-Politiker Michael Glos bei einer launigen Festrede zu ihrem 50. Geburtstag: »Sie setzt ihre Uneitelkeit als Waffe ein, insbesondere gegen eitle Männer. Sie weiß, Auerhähne schießt man dann, wenn sie balzen. Ihre Trophäenwand ist schon reich bestückt. Wenn ich mir die erste Reihe ansehe, wird noch mancher daran landen.« Das Gelächter war groß, aber mancher, der da lachte, fand sich später in einen Auerhahn verwandelt.

Das rote Bändchen

»Wer nicht an Wunder glaubt, ist kein Realist.« Das sagte einst David Ben-Gurion, der erste Premierminister Israels. Angela Merkel zitiert diesen Satz, als sie 2008 als erste ausländische Regierungschefin vor der Knesset spricht, dem israelischen Parlament. Merkel ist Realistin, deshalb glaubt sie an Wunder. Und dass es freundschaftliche und vitale Beziehungen zwischen Israel und Deutschland gibt, ist für sie ein Wunder angesichts dessen, was Deutsche den europäischen Juden angetan haben. Als Jugendliche erfuhr sie in der DDR wenig über die Shoa. Die DDR unterhielt keine diplomatischen Beziehungen zu Israel, verstand sich selbst als antifaschistischer Staat und fühlte sich daher kaum zuständig für die Aufarbeitung des Nationalsozialismus. Die offizielle Erinnerungskultur war einseitig, kommunistische Widerstandskämpfer standen im Mittelpunkt, jüdische Opfer blieben zumeist ausgespart. Umso ergriffener war die Schülerin, als sie das Konzentrationslager Ravensbrück mehrfach im Rahmen des Unterrichts besuchte und danach von Albträumen heimgesucht wurde.

Als die junge Ministerin Merkel 1991 erstmals nach Israel reist, besucht sie das Kloster Tabgha am See Genezareth, wo deutsche Mönche eine Benediktinerabtei betreiben. Dort führt sie ein Mönch durch das Kloster und zeigt in die Ferne. Merkel hat diese Begegnung auf dem Hamburger Kirchentag erinnert und ihr Empfinden geschildert: »Und so standen wir in dieser Landschaft mit ihren Hügeln und sahen die fruchtbare Ebene, in der der See Genezareth liegt. Dieser Mönch nun sagte zu uns: Schauen Sie einmal, hier ist Jesus den Berg hinuntergekommen, und dann war er hier am See, und wenn Sie jetzt hier in die nächste Bucht gehen, da hat er Petrus getroffen, den Fischer, und da, ein Stück weiter, da war die Speisung der Fünftausend, und dann ist er hinübergefahren, und da geschah das Erlebnis mit dem Sturm.« Merkel staunte, beneidete den Mann, war angerührt. Dieser vollkommen ungebrochene Glaube und dieses beinahe kindliche Gottvertrauen! Hier materialisierten sich all die Geschichten, die sie aus der Kindheit und dem elterlichen Pfarrhaus kannte, und die biblischen Wunder gewannen eine sonnendurchflutete Plastizität. Hier schien plötzlich alles möglich.

Und dass sie siebzehn Jahre später als deutsche Bundeskanzlerin nach Israel reist, auf den Spuren von Konrad Adenauer, grenzt für sie auch an ein Wunder. In der Regierungsmaschine sitzt 2008 auch Charlotte Knobloch, die Präsidentin des Zentralrates der Juden in Deutschland. Die Kanzlerin und die Präsidentin sitzen dicht beieinander, nur durch den Gang getrennt. Angela Merkels Blick fällt auf ein rotes Bändchen am Handgelenk ihrer Nachbarin. Die erklärt ihr, was es damit auf sich hat. Das rote Bändchen werde an der Klagemauer zumeist von älteren Frauen verkauft und solle vor dem bösen Blick, überhaupt vor allen bösen Widerfahrnissen schützen. Und dann zieht Charlotte Knobloch ein rotes Bändchen aus der Tasche und fragt, ob sie es der Kanzlerin umlegen darf. Merkel stimmt zu, woraufhin ihr die Nachbarin das Bändchen sorgfältig umlegt und es, so will es der Brauch, mit einem dreifachen Knoten befestigt. Schließlich spricht sie noch einen Segensspruch, auch das gehört dazu. Und dann leuchten die Augen der Kanzlerin wie eine Landschaft.

Es muss eine tiefe Beziehung zwischen Angela Merkel und Pinguinen geben – doch dazu später mehr. Nähern wir uns der Frage, wie Angela Merkel es mit Tieren hält, grundsätzlich und von Anfang an. Nein, ein Haustier besitzt Angela Merkel nicht (und besaß nie eines), aber es ist bezeugt, dass sie auf dem Waldhof in Templin inmitten von Tieren aufwuchs. Der Waldhof war vielleicht keine Arche, aber es gab doch Hühner, Schweine, Rinder, ein Pferd, umherstreunende Katzen und manchmal einen Marder, der im Hühnerstall wütete. Da Angela Merkel bis heute eine Liebhaberin deftiger Speisen ist, kann man nicht davon ausgehen, dass die Hofschlachtungen der Schweine sie dergestalt erschüttert hätten, dass Fleischverzicht eine Option gewesen wäre. Im Gegenteil, sie erinnerte das Schweineschlachten 2017 ohne Traumaschatten: »Jede Woche wurde für die Küche ein Schwein geschlachtet und ich habe mich daran beteiligt. Es war eine tolle Kindheit.« Allerdings dürften die Schweine auf dem Waldhof ein vergleichsweise glückliches Leben geführt haben, viel Auslauf, die Schnauze im Dreck, Wühlen ohne Ende. Das muss auch für die Kinderschar auf dem Waldhof gegolten haben. Eine Kinderfreundin, die ebenfalls dort aufwuchs, formuliert es in der Erinnerung so: »Der ganze Waldhof bestand aus Sand, der mit der dunklen Farbe der verrotteten Kiefernnadeln durchsetzt war. Wenn wir vom Spielen draußen auf dem Hof kamen, sahen wir immer wie die Schweine aus, die aus der nächsten Suhle an den Futtertrog zurückkehren: schwarz bis über die Ohren.«

Aus dem Jahr 1995 stammt eine Pressemeldung, die damals kaum Beachtung fand: »Bundesumweltministerin Angela Merkel (CDU) wurde im Norden Brandenburgs von einem Hund gebissen. Beim Radeln mit einem Begleiter kam am Mittwochabend in einem Dorf aus einem unverschlossenen Gartentor der Deutsch-Kurzhaar-Jagdhund ›Bessi‹ herausgesprungen und schnappte nach dem Ministerinknie. Das Tier muss für zwei Wochen im Zwinger bleiben. Tollwut-Gefahr, hieß es offiziell. Dabei galt ›Bessi‹ als völlig harmlos. Das Tier war sogar durch die Jagdprüfung gefallen – wegen ›Bisslosigkeit‹.« An dieses private Erlebnis wird im Januar 2007 erinnert, als Angela Merkel Wladimir Putin in dessen Sommerresidenz Sotschi besucht. Das deutsch-russische Verhältnis befindet sich nach dem Ende der Kanzlerschaft Gerhard Schröders und der Orangen Revolution in der Ukraine gerade auf einem Kurs der Abkühlung und Entfremdung. Putin lässt immer öfter den »Zaren« raushängen, innen- und außenpolitisch. Als der russische Präsident und Merkel vor laufenden Kameras aufeinandertreffen, lässt Putin seinen großen schwarzen Labrador durch den Raum laufen. Der Hund beschnüffelt ausgiebig Merkels Knie und Schoß und streunt dann passiv-aggressiv durch die Gegend. Die Kanzlerin erstarrt zunehmend, versucht aber, sich keine Blöße zu geben, sie kennt das rüpelhafte Verhalten ihres Gastgebers und dessen Techniken der Einschüchterung. Jahre später gesteht Merkel in einem Interview ein: »Obwohl, wie ich glaube, der russische Präsident genau wusste, dass ich nicht gerade begierig darauf war, seinen Hund zu begrüßen, brachte er ihn mit. Aber so war es nun mal. Und man sieht ja, wie ich mich tapfer bemühe, Richtung Putin zu gucken und nicht Richtung Hund.« Putin wird später behaupten, er habe der Bundeskanzlerin eine Freude machen wollen, indem er ihr seinen Lieblingshund präsentierte. Aber lassen wir diese verlogene Machtdemonstration hinter uns und wenden uns erfreulicheren Mensch-Tier-Beziehungen zu.

In Deutschland gibt es keine Hunde oder Katzen, die – wie in Amerika oder England – an der Seite ihrer Herrchen oder Frauchen ins Weiße Haus oder in Downing Street 10 einziehen, aber insbesondere in Wahlkampfzeiten kommen Politiker um Tiere nicht herum. Wer siegen will, muss streicheln. Das Haustier an sich ist ein Machtfaktor und der Deutsche an sich ist eher sein Haustier als ein Zoon politikon. Insofern sind Hund und Katze mächtige Abgeordnete im alternativen Parlament der Tiere und Dinge. Und die Kanzlerin? Welchem Tier würde sie ihr Ohr neigen, welches Tier ist ihr liebstes? Das fragte ein Bürger in Stralsund und die

Kanzlerin gab folgende Antwort: »Ich finde Erdkröten etwas sehr Interessantes. Oder Fledermäuse.« Heiteres Staunen. Die Kanzlerin beeilte sich zu ergänzen, dass sie es vor allem liebe, Tiere in der freien Natur zu beobachten, insbesondere Kraniche, die ihr aus der Uckermark vertraut sind. In Neuseeland streichelte sie einen vom Aussterben bedrohten Kiwi (ein putziger Laufvogel mit langem Schnabel), in Brisbane kraulte sie einen Koala und in Marlow (Mecklenburg-Vorpommern) fütterte sie einen Lemur (Feuchtnasenaffe). Die dazugehörigen Fotos zeigen eine entspannte Kanzlerin, die die Contenance auch nicht verliert, als sich der Lemur auf ihrer Schulter niederlässt. Angst vor Tieren sähe anders aus.

Nähern wir uns nun dem Seelenverwandten der Kanzlerin, dem Pinguin, der, wie alle wissen, ein Vogel ist, auch wenn er nicht fliegt. Der Pinguin wird auf Landgang meistens unterschätzt, was ihn mit der frühen Angela Merkel verbindet, die als junge Ministerin zwar nicht für einen Pinguin, aber doch für eine »graue Maus« gehalten wurde. Als Angela Merkel im Jahr 2002 das erste Mal eine innigere Bindung zu einem Pinguin einging, war sie längst keine Unterschätzte mehr. Der niedersächsische Ministerpräsident Christian Wulff schenkte der neuen CDU-Parteivorsitzenden den Pinguin zu ihrem Geburtstag am 17. Juli 2002, oder genauer: Er schenkte ihr eine Pinguin-Patenschaft, denn natürlich war Christian Wulff klar, dass Angela Merkel den Pinguin aus dem Hannoveraner Zoo nicht mit nach Berlin würde nehmen können. Merkel nahm den Brillenpinguin gerührt auf den Arm und der junge Pinguin schaute auch ganz gerührt und stoisch in die zahlreich klickenden Kameras. Ein Jahr später besuchte Merkel ihren Pinguin im Hannoveraner Zoo erneut und diesmal fütterte sie ihn sogar. Allerdings schien sich Helmut wenig aus dem ihm zugeworfenen Fisch zu machen. Helmut? Wie war der Pinguin zu diesem Namen gekommen? Hatte ihn Christian Wulff in Erinnerung an Helmut Kohl so genannt oder war gar Angela Merkel die Namensgeberin? Um diesen Sachverhalt zu klären, baten wir den Hannoveraner Zoo um Auskunft, der wie folgt antwortete: »Seinen Namen verdankte der kleine Pinguin seiner ungewöhnlich stoischen Art, das Leben und seine Irrungen und Wirrungen ruhig in seinem Eimer-Nest sitzend zu betrachten – und seiner Körperform.« War Helmuts Stoizismus nicht auch eine Geisteshaltung, die ihn mit Merkel verband?

Im Jahr 2007 schaffte es der Pinguin sogar ins Protokoll des Parteitages der niedersächsischen CDU. Der Ministerpräsident Christian Wulff hielt eine flammende Rede auf die CDU als Fortschrittspartei und begrüßte die Kanzlerin folgendermaßen: »Angela Merkel hat hier in Hannover bereits die Patenschaft für einen Pinguin im Zoo namens Helmut übernommen. Das rief nach einer Ergänzung. Wir haben hier eine Patenschaftsurkunde für den soeben getauften Fußballroboter Angela. Dieser Fußballroboter namens Angela ist im Jahre 2006 in Japan Fußballweltmeister geworden.« Und Stephan Weil, damals noch Oberbürgermeister von Hannover, ließ es sich nicht nehmen, ein Grußwort zu sprechen und schöne Grüße von Helmut auszurichten, der sich im Übrigen bester Gesundheit erfreue, er habe sich eigens erkundigt. Angela Merkel strahlte.

Jetzt aber wird es für einen Augenblick traurig. Auf unsere Frage, ob Helmut denn noch lebe, antwortete der Hannoveraner Zoo wie folgt: »Der Brillenpinguin ›Helmut‹ lebt leider nicht mehr. Die Paten bzw. diejenigen, die eine Patenschaft abschließen, werden üblicherweise von uns über den Tod ›ihres‹ Patentiers informiert. In diesem Fall wurde die niedersächsische CDU entsprechend informiert.« Weitere Einzelheiten wurden nicht mitgeteilt. Tröstlich ist, dass die Kanzlerin seit 2011 eine zweite Pinguin-Patenschaft ausübt, und zwar für die Pinguin-Dame Alexandra, die in Stralsunds Ozeaneum lebt. Als die Kanzlerin ihr Patentier im Sommer 2019 zum wiederholten Male besucht, erklärt sie den staunenden Gästen der anschließenden Diskussionsrunde: »Alexandra mausert sich und ist deshalb nicht so schmuck wie normalerweise.« Hier spricht jemand vom Fach. Der Pinguin ist ein geselliges Tier. Er lebt bisweilen mit Millionen von Artgenossen auf engstem Raum, er ist treu, fürsorglich und kooperativ. Wie Merkel sind Pinguine große Multilaterale. Sie verstehen es, ihre Kolonie friedlich zusammenzuhalten. Vermutlich ist es auch kein Zufall, dass Merkels Patentier Alexandra heißt, denn bei ihr handelt es sich um einen Humboldt-Pinguin, der so heißt, weil Alexander von Humboldt ihn entdeckt haben soll. Der Forschungsreisende des

18. Jahrhunderts wiederum gehört zu Merkels Leitster-
nen, denn sie selbst ist eine große Forschungsreisende,
die jeden Bürgerdialog, jede Auslandsreise mit Wissbe-
gier angeht. Im Zeitalter des Populismus zitiert Merkel einen Satz von Humboldt wieder und wieder: »Die
gefährlichste aller Weltanschauungen ist die der Leute,
welche die Welt nie angeschaut haben.«

Töchter

Der missbräuchliche Gebrauch von Töchtern in der Politik ist mittlerweile inflationär. Die Täter sind meistens Männer, selten Frauen. Als Angela Merkel im
April 2000 zur neuen Parteivorsitzenden der CDU gewählt wurde, betrachteten sie viele als Übergangsphä-
nomen, als Notnagel, als nützliches Werkzeug. Die
Parteispendenaffäre musste ausgestanden werden
und Helmut Kohl dergestalt in die Historie verabschie-
det werden, dass man sich möglichst nicht selbst die
Hände schmutzig machte. Die Herren Koch, Stoiber,
Rühe, Rüttgers, Merz und viele andere wollten noch etwas werden, deshalb überließen sie es der »Ziehtoch-
ter« des Alten, den Alten aufs Abstellgleis zu schieben.
Sie selbst waren mutlos. Aber insgeheim wetzte man
die Messer, denn man wartete nur darauf, Merkel ihrerseits politisch auszurangieren. Tatsächlich war die

Sprache damals brutaler, »zerquetschen« wolle man »die Merkel«.

Im Februar 2000 begab sich Edmund Stoiber in eine Talkshow. Sein Gastgeber hieß Reinhold Beckmann. Stoiber ließ das Publikum wissen, dass seine Töchter der Auffassung seien, die Frau Merkel könne doch viel mehr aus sich machen, so mit den Haaren und der Frisur. Botschaft angekommen. Frau Merkel ist Frau, ungelenk dazu, grau, bieder, die soll erst mal lernen, sich ordentlich zu kleiden, über Politik reden wir später. Auch der Vorwurf der Kinderlosigkeit schwang untergründig mit, denn hätte Frau Merkel Töchter wie er, dann könnte sie sich ja auf deren Urteils- und Geschmacksvermögen verlassen und müsste nicht von seinen Töchtern beraten werden.

Nun, wie die Geschichte ausging, ist bekannt. Merkel überließ Stoiber zwar 2002 den Vortritt als Kanzlerkandidat, aber der wusste die Chance nicht zu nutzen. Als Angela Merkel dann endlich 2005 gegen immer noch enorme Widerstände auf dem Sprung zur Kanzlerkandidatin war, fragte sie den erzkonservativen CSU-Abgeordneten Georg Brunnhuber: »Schorsch, bin ich konservativ genug für euch da unten im Süden? Wird das gehen?« Worauf der Schorsch verschmitzt erwiderte: »Lass mal, konservativ sind wir schon allein. Sieh du zu, dass unsere Töchter bei der Stange bleiben.« Hier werden die Töchter als Zukunftsgaranten verstanden, denn nur wer die Töchter gewinnt, gewinnt die Zukunft. Die schlaueren Konservativen hatten begriffen, dass sie ihren Töchtern und damit vielen vergleichbaren Wählerinnen nicht die Welt von gestern als ihre Welt von morgen verkaufen konnten. Denn bei den Bundestagswahlen 1998 und 2002 waren der Union vor allem die Frauen davongelaufen. Auf diese Achillesferse zielte die SPD auch bei der Bundestagswahl 2005. Die Frau des Kanzlers, Doris Schröder-Köpf, attackierte Merkels Kompetenz als Frauen- und Familienpolitikerin und führte dazu ihre Kinderlosigkeit ins Feld: »Frau Merkel verkörpert mit ihrer Biografie nicht die Erfahrungen der meisten Frauen. Die beschäftigt, wie sie Familie und Job unter einen Hut bekommen, ob sie nach der Geburt für mehrere Jahre aussteigen wollen oder wie sie ihre Kinder am besten erziehen. Das ist nicht Merkels Welt.« Angela Merkels Mutter Herlind Kasner ärgerte sich über diese persönliche Attacke so sehr, dass sie, die nach der Wende in die SPD eingetreten war, umgehend aus der SPD austrat. Dieser persönliche Angriff auf ihre Tochter war ihr höchst zuwider. Bei den Wählerinnen konnte Angela Merkel als Frau allerdings 2005 tatsächlich nur bedingt punkten, denn es wählten immer noch mehr Frauen SPD als CDU, obwohl Schröder Familienpolitik als »Gedöns« bezeichnet hatte. Aber er hatte im TV-Duell mit Merkel seiner Frau öffentlich die Liebe ausgesprochen und sie gegen den Vorwurf verteidigt, dass sie sich in den Wahlkampf einmische. Das klang ein bisschen wie ein Groschenroman, aber offenbar zog es bei mancher Zuschauerin. Vielleicht war es Angela Merkel deshalb ein ganz besonderes Vergnügen, ihre Familienministerin Ursula von der Leyen – sie hat fünf Töchter – eine sehr moderne Familienpolitik machen zu lassen, die für die CDU nahezu revolutionär war. Dabei stibitzte die CDU-Politikerin einfach die meisten Reformvorschläge ihrer SPD-Vorgängerin Renate Schmidt und brachte so manche Verbesserungen für Familien und berufstätige Frauen auf den Weg.

Einen ganz neuen Typus der politischen Tochter brachte dann Sigmar Gabriel 2016 ins Spiel. Seine vierjährige Tochter Marie rief, als sie ihren Vater mit Angela Merkel im Fernsehen sah, begeistert: »Guck mal, Mama, da ist die Frau vom Papa.« Daraufhin wurde Marie erklärt, dass es sich bei Frau Merkel um die »Arbeitsfrau« des Papas handele. Sigmar Gabriel soll diese Anekdote aus dem heimischen Goslar auch seiner Chefin erzählt haben, was die Kanzlerin offenbar sehr amüsierte. Sie hat gelacht. Die wissbegierige Marie durfte auch auf einem SPD-Parteitag auftreten, als Gabriel noch selbst erwog, bei der nächsten Wahl gegen die Amtsinhaberin anzutreten. Er gab den Delegierten des Parteitags folgende Geschichte zum Besten: Am Dienstagabend bringt er Marie zu Bett. »Bis morgen früh, Papa!« – »Ne, du, da bin ich nicht da, da muss ich nach Berlin, ins Kabinett.« Die Tochter erwidert enttäuscht: »Aber sag mal, wie lange musst du denn noch immer zu Angela Merkel fahren?« Und der Vater, ganz argloser Schelm: »Keine Angst, nur noch bis 2017.« Die Delegierten lachten scheppernd. So sehen Sieger, so sehen moderne Väter aus. Eben noch am Kinderbett, morgen schon im Kabinett, übermorgen Kanzler. Die Geschichte hatte bekanntlich andere Pläne mit Sigmar Gabriel.

Auf der Suche nach Angela Merkels Nachfolger mischen 2021 ebenfalls Töchter mit oder sie werden mitgemischt. Friedrich Merz gilt als »alter weißer Mann«. Die Herzen der Unionsfrauen hat er nicht gewonnen, er hat den Ruf, ein Macho zu sein. Als er 2021 das zweite Mal versucht, Parteivorsitzender zu werden, setzt er folgenden Tweet ab: »Ich weiß, dass wir in der Frauenpolitik besser werden und mehr tun müssen. Aber wenn ich wirklich ein ›Frauenproblem‹ hätte, wie manche sagen, dann hätten mir meine Töchter längst die gelbe Karte gezeigt und meine Frau hätte mich nicht vor vierzig Jahren geheiratet.« Die anschließende Erregungswindhose war beträchtlich. Zumindest auf Twitter. Friedrich Merz hatte mal wieder versucht, die bloße Existenz einer Tochter als Zukunftsqualifikation zu verkaufen, so als ob die Tochter an sich eine Fortbildungsmaßnahme für den Mann von gestern sei. Etwas geschickter stellte es Norbert Röttgen an, der ebenfalls auf Twitter mitteilte, dass aller Ringlicht-Ruhm seiner Tochter gebühre. Tatsächlich hatte ihm diese zum Einsatz eines Ringlichts geraten, was den ohnehin George-Clooney-haften Röttgen optisch noch telegener machte. Das Rennen machte dann dennoch Armin Laschet, ganz ohne seine Tochter Eva zu instrumentalisieren, wie es der Anwalt der Emanzipation und Gleichberechtigung Friedrich Merz getan hatte.

Man sieht, der symbolpolitische Gebrauch von Töchtern ist gefährlich. Wo Politiker ihre Töchter ins Feld führen, gilt es, auf der Hut zu sein. Und wo Töchter ihre frauenfeindlichen Väter als Feministen verkaufen, siehe Ivanka Trump, heißt es, Reißaus zu nehmen.

Gottes Bestiarium

Zumeist ist es eine Maus, die die Bühne betritt, wenn man sich mit Zeitzeugen über die junge Ministerin Merkel unterhält. Es sind überwiegend Männer, westlich sozialisierte Männer, die einräumen, dass sie Angela Merkel zunächst als »graue Maus« wahrgenommen oder besser abgestempelt hätten. Hier muss man unweigerlich an den Titel einer französischen Filmkomödie denken, »Ein Elefant irrt sich gewaltig«.

Der Dickhäuter wiederum führt uns zu Joachim Gauck. Nachdem der frühere Pastor Gauck die Leitung der Stasi-Unterlagenbehörde abgegeben hatte, suchte er eine neue Aufgabe, seine sprudelnde Beredsamkeit suchte ein neues Gerinne und fand es in einer, in *seiner* gleichnamigen Talkshow in der ARD. Zu seinen Gästen gehörte auch Angela Merkel. Fast ein Jahr nachdem sie im April 2000 zur Parteivorsitzenden der CDU gewählt worden war, besuchte sie den wortgewaltigen Gauck. Gaucks Redestrom war immer von der Selbstgewissheit gespeist, dass er sich selbst gerne zuhörte, nicht nur weil die Worte so schön flossen, sondern auch weil seine Stimme so wohltuend temperiert war. Wie ein warmer Duschstrahl. Und so findet sich Angela Merkel, die selbst viel nüchterner, sachlicher, lakonischer und erdiger klingt, bald eingehüllt in diesen Strahl aus pastoralem Wohlklang. Es ist nicht zu übersehen, dass sie das belustigt.

Und schon wieder hebt Gauck an und begibt sich auf die Suche nach Angela Merkel: »Als Sie anfingen, haben Sie in einer bestimmten Situation mal gesagt, ich heiße zwar Angela, das bedeutet so viel wie Engel, ich bin aber auch nur ein Mensch. Und nun sind Sie wahrlich in die Niederungen der Politik geraten und in Gottes politischem Bestiarium da sind so powerfulle Typen wie ein Elefant, wenn wir an Helmut Kohl denken, wie ein Bulle oder Stier, wenn wir an Gerhard Schröder denken, wie ein Tiger, wenn wir an Edmund Stoiber denken, und vielleicht, wenn wir über den Kanal gucken, eine Dame, eine eiserne Lady, die manche für einen Drachen hielten. Und wenn wir nun Angela Merkel angucken, wo ordnen wir die ein?« Angela Merkel hat diesem Sermon mit wachsender Spottlust zugehört, ihre Augen blitzen. Und genauso antwortet sie: »Ja, Herr Gauck, das wäre ja mehr Ihre Aufgabe als meine, das wird sich erst später herausstellen, welches Bild es wird; ich glaube, dass ich ganz gute Ohren habe, um zu hören, und einen ganz guten Mund, um meins zu sagen, und Tiere, die diese beiden Eigenschaften erfüllen, kommen erst mal infrage und die Spezifizierung lassen wir uns vielleicht einmal ein bisschen offen.« Gauck ist baff. Er hat ein Problem. Er kann sie immer noch nicht einordnen und ihre Antwort hat ihm die Sache nicht leichter gemacht.

Etwa ein Jahrzehnt später treffen die beiden wieder aufeinander, viel hat sich getan. Angela Merkel ist im fünften Jahr Bundeskanzlerin und Joachim Gauck will Bundespräsident werden. Doch bei der Wahl ist er der Kandidat von SPD und Grünen und sein Gegenspieler heißt Christian Wulff und wird von Angela Merkel unterstützt. Wulff wird, überraschenderweise, erst im dritten Wahlgang gewählt, obwohl die schwarzgelbe Regierungskoalition die absolute Mehrheit hat in der Bundesversammlung. Aber vor allem viele FDP-Abgeordnete sind sauer auf die Kanzlerin und wollen Nadelstiche setzen. Um dieses Machtmanöver muss man wissen, um zu verstehen, warum Philipp Rösler (FDP) die Kanzlerin mit einem Frosch verglich. Der frühere FDP-Chef litt darunter, dass ihn die Altvorderen innerhalb und außerhalb der Partei nicht ernst nehmen wollten. Zu jung, zu nett, Bubi. Dieser Stereotype wollte er sich mit einer schaurigen Tiergeschichte entledigen. Nachdem er am 13. Mai 2011 zum Bundesparteivorsitzenden der FDP gewählt worden war, trat er vor die Presse und setzte das bedrohlichste Gesicht auf, das ihm zur Verfügung stand: »Wenn Sie einen Frosch in heißes Wasser werfen, dann hüpft er sofort heraus. Wenn Sie aber einen Frosch in kaltes Wasser setzen und dann langsam die Temperatur erhöhen, wird er zuerst nichts merken und nichts machen, und wenn er etwas merkt, dann ist es zu spät für den Frosch. So viel zum netten Herrn Rösler.« Hier wollte jemand als kalter, kluger und bisweilen grausamer Stratege der Macht wahrgenommen werden. Den Nachweis dafür blieb Rösler lange schuldig. Als aber Christian Wulff als Bundespräsident zurücktreten musste, kam wieder Joachim Gauck ins Spiel. Der jungenhafte FDP-Vorsitzende sah seine Chance gekommen, der Kanzlerin eins auszuwischen. Diesmal, ließ er Angela Merkel wissen, werde die FDP Joachim Gauck unterstützen, der erneut als Kandidat von SPD und Grünen antrat. Die Kanzlerin verlor einen Augenblick die Fassung und brüllte ihren Vizekanzler mit Verve an, wenn er das mache, sei die Koalition beendet. Doch der nette Herr Rösler kippte nicht um. Schließlich obsiegte Merkels Realismus. Sie, die Gauck im Grunde genommen schätzte, aber seine pastorale Wortflut bisweilen fürchtete, gab nach und rief den Kandidaten selbst auf dessen Handy an. Der saß gerade im Taxi. Als Gauck die frohe Botschaft vernommen hatte, wies er den Fahrer an, eine neue Route zu wählen: »Sie fahren den neuen Bundespräsidenten, wir ändern die Richtung.«

Philipp Rösler hätte sein Manöver still genießen können, stattdessen ging er zu Lanz. Der hielt ihm noch mal per Einspieler vor Augen, was er über den Frosch im Wasserbad gesagt hatte, dann fragte der Talkmaster mit der ihm eigenen nassforsch-öligen Neugier: »Wann hat Frau Merkel gemerkt, ich bin der Frosch?« Und Rösler erwiderte ohne einen Moment des Zögerns oder Nachdenkens: »Schätzungsweise bei der besagten Telefonschaltkonferenz des CDU-Präsidiums.«

....

Hier fehlen die Worte. Merkel haben sie sicher nicht gefehlt, aber auf solche Unbeherrschtheiten reagiert man beherrscht und lässt sprechen. Der Regierungssprecher stellte fest: »Tiergleichnisse sind denkbar ungeeignet für die Beschreibung des Verhältnisses der Kanzlerin zu ihrem Vizekanzler.« Es muss einer Kanzlerin vorbehalten bleiben, sich mit einem Tier zu vergleichen: »Ich habe bisher im Zusammenhang mit mir von einem Kamel immer nur insofern gesprochen, als ich Eigenschaften eines Kamels bezüglich des Schlafens habe. Ich kann in der Woche viele Tage mit wenig Schlaf auskommen, um dann erst am Wochenende viel schlafen zu müssen. Ich habe gewisse kamelartige Fähigkeiten.«

Drei Knöpfe gehen ihren Weg

Als Lenelotte von Bothmer (SPD) am 14. Oktober 1970 als erste Frau im Hosenanzug ans Rednerpult des Bundestages trat (Zwischenruf: »die erste Hose am Pult«), war das ein handfester Skandal. Der Vizepräsident des

Deutschen Bundestages hatte schon im Vorfeld gedroht, er werde so einen Angriff auf die Würde des Hohen Hauses nicht dulden. Eine Flut unflätiger Briefe erreichte die Rebellin, sie wurde als »ehrloses Weib« beschimpft, als Schande ihres Geschlechts. Das Beispiel zeigt, dass es immer die Frauen waren, die sich in der politischen Arena dafür zu rechtfertigen hatten, wie sie aussahen und wie sie sich kleideten. Der Körper der Frau, ihr Habitus, ihre Aura standen unter Generalverdacht. Der Körper der Frau hatte ehetauglich, liebestauglich oder familientauglich zu sein, für politische Zwecke schien er nicht geeignet. Das Fleisch des Mannes war fraglos Politik, das Fleisch der Frau war fraglos unpolitisch. Jahrzehntelang galten Frauen in der Politik als Irrläufer, Wesen, die ihrer eigentlichen Existenzaufgabe entflohen waren.

Selbst Angela Merkel hatte Anfang der Neunzigerjahre noch mit diesen Vorurteilen und Ressentiments zu kämpfen. Bei ihr kam erschwerend hinzu, dass sie als Frau aus dem Osten keinen Vertrauensvorschuss bei gleichaltrigen Westfrauen besaß, die eher die Nase rümpften über ihren anspruchslosen Kleidungsstil. Machen Sie doch mal etwas aus sich, wagen Sie mal was, zeigen Sie Farbe, ein Halstuch würde helfen, eine Kette, Schuhe mit Absätzen, ein bisschen Schminke und eine neue Frisur – solche Vorschläge zur habituellen Totalverwandlung wurden der jungen Ministerin jederzeit angetragen, von Journalisten, Beamten, selbst von Kolleginnen im Kabinett. Bald kursierte in der CDU ein böser Witz: »Was macht Angela Merkel mit ihren alten Klamotten? Ganz einfach. Sie trägt sie!«

Dabei hatte Angela Merkel in ihrer Kindheit und Jugend stets Wert auf Kleidung gelegt. Sie war stolz auf die West-Jeans, die Levis, die ihr die Hamburger Verwandten zuschickten, und auf ihrer ersten Westreise kaufte sie Hemden für ihren Lebensgefährten. Als nahezu ein Unglück erinnerte sie, dass sie als Kind mit einem nagelneuen Trainingsanzug aus dem Westen in eine harzige Baumhöhle gekrochen war und ihn damit ruiniert hatte. Die Westklamotten waren ihr textiles Veto gegen die modische Tristesse der DDR. In der Schule waren West-Jeans nicht wohlgelitten, hin und wieder musste ein Schüler wieder nach Hause gehen und sich umziehen. Bei einer Elternkonferenz – kurz vor dem Abitur – wurden Angelas Eltern heftig kritisiert, weil ihre Tochter Jeans vom Klassenfeind trüge, woraufhin die Kasners aufstanden und gingen.

Der erste Mann, der ihr neue Kleider verordnete, war Lothar de Maizière, dessen stellvertretende Regierungssprecherin sie 1990 wurde. Vor einer gemeinsamen Moskaureise ließ er ihr ausrichten, Frau Merkel solle sich mal was Anständiges zum Anziehen besorgen, so wie sie rumlaufe, könne man nicht in den Kreml »einmarschieren«. Ein Jahr später mokierte sich eine Boulevardzeitung über Merkels Stil. Als Frauenministerin hatte Angela Merkel gerade ein »Gleichstellungsgesetz« auf den Weg gebracht, in dem erstmals »die sexuelle Belästigung am Arbeitsplatz« thematisiert wurde.

Daraufhin hetzte die »Bild am Sonntag« mit der ihr eigenen Hemmungslosigkeit: »Würden Sie diese Frau einstellen?« Neben der Schlagzeile fand sich ein Foto, das nahelegte, hier habe man es mit einer total spießigen und unattraktiven Frau zu tun, bei der es sich nicht lohne, sie einzustellen, um sie dann am Arbeitsplatz belästigen zu können. Der Sexismus dieser Montage bleibt auch im Rückblick beschämend.

In jeder zweiten Talkshow, in der die junge Politikerin saß, konfrontierte man sie mit Styling-Vorschlägen und Schminktipps. Im Laufe der Zeit wurde ihr klar, dass es klüger und zeitökonomischer sein würde, wenn sie einen eigenen Stil fände, eine zweite Haut, die sie modisch unangreifbar machen und zugleich ihrem Bedürfnis nach souveräner Sachlichkeit und Schlichtheit entsprechen würde. Die Notwendigkeit, die Mode-Frage abzuräumen und die Nörgler stumm zu schalten, wuchs, je näher sich Merkel ans Kanzleramt heranarbeitete. Noch im Sommer 2003 erdreistete sich Heiner Geißler im Fernsehen, sich über den Kleidungsstil seiner Parteivorsitzenden zu echauffieren: »Es ist mir völlig schleierhaft, wer ihr zu den Kleidern rät, die sie anzieht.« Und selbst Joachim Sauer schien sich auf die Suche nach einem Outfit für seine Frau zu machen. Im »Stern« wurde Angela Merkel 2005 so zitiert: »Mein Mann sagt immer: Schau dir die Sager an, die trägt fabelhafte Blazer.« Krista Sager, die damalige Fraktionsvorsitzende der Grünen, erinnert sich heute nur ungern an den Artikel, denn für Angela Merkel musste der Eindruck entstehen, die Grünen-Politikerin hätte diese Geschichte in voller Absicht an die Öffentlichkeit getragen, doch tatsächlich verhielt es sich anders. Eine Reporterin des »Stern« war auf Krista Sager zugegangen und meinte flapsig: »Nun, Sie tragen ja neuerdings die gleichen Jacken wie Frau Merkel!«, woraufhin die Politikerin antwortete, es verhalte sich eher umgekehrt. Frau Merkel habe ihr erzählt, dass Herr Sauer ihre Jacken gelobt hätte. Daraufhin sei die CDU-Politikerin einkaufen gegangen und mit einem orangefarbenen und brombeerroten Blazer zurückgekommen. Zu einer schwarz-grünen Koalition kam es dann 2005 dennoch nicht.

Ab jenem Jahr war es neben der Designerin Anna von Griesheim überwiegend die Hamburger Modeschöpferin Bettina Schoenbach, die für Merkels »Uniform der Macht« zuständig war. Mit dieser Regierungs- und Machthaut war Merkel auf der Höhe der Zeit, ohne sich dem Zeitgeist zu unterwerfen. Wie jedes Design, das eine klassische Anmutung hat, erwarb sie sich mit diesen Blazern, mal mit drei oder vier Knöpfen, eine gewisse Zeitlosigkeit und Zeitenthobenheit. Merkel war, in dieser Schale mit wechselnden Farben, ihre eigene Zeit, womit sie anderen Zeitdiktaten widerstand. Merkel hatte sich die Einsicht der Schriftstellerin Marie von Ebner-Eschenbach zu eigen gemacht: »Man darf anders denken als seine Zeit, aber man darf sich nicht anders kleiden.« Und so pflegt die Kanzlerin einen Chic gradliniger Beständigkeit. Sie freut sich durchaus an der Garderobe anderer Frauen, nimmt sie wahr, aber sie bleibt bei sich. Als sie eine Abgeordnete ihrer Fraktion für die farbenfrohen und imposant verschlungenen Halstücher lobt, bietet diese an, ihr die verwickelte Knotentechnik zu zeigen, aber die Kanzlerin lehnt ab: »Bei mir würde das nach kurzer Zeit alles durcheinander sein.« Durcheinander mag sie nicht.

Zur Ordnung der Dinge gehört auch die Anzahl der Knöpfe, die Angela Merkels Jacken zieren, es sind meistens vier, mitunter aber auch drei. Im Sommer 2007 lud Alice Schwarzer die Kanzlerin zu einem Essen ein. Am Tisch sitzt auch die EMMA-Cartoonistin Franziska Becker. Merkel beugt sich zu ihr und weist darauf hin, dass ihre Jacken nicht drei, sondern vier Knöpfe tragen, nachdem Becker einen Cartoon unter dem Titel »Drei Knöpfe gehen ihren Weg« veröffentlicht hatte. Die Knöpfe auf Merkels Blazer sind so etwas wie Epauletten weiblicher Ausgeglichenheit, sie binden links und rechts zusammen, sie betonen die Körpermitte, sie sind Garanten der Balance.

Mittlerweile hat sich Merkels modische Silhouette zum ikonografischen Bild gewandelt, die Kanzlerin ist schon allein an ihren Umrissen zu erkennen und als Poster oder Meme längst Bestandteil der Popkultur. Die Kanzlerin findet das offenbar witzig. In ihrem Büro hat sie ein Bild aufgehängt, das sie in allen Farben zeigt, eine Montage, die das Momentum der Serialität ihrer Garderobe hervorhebt.

Eine Frau geht ihren Weg.

Mehr Willy wagen

Auf einer gemeinsamen Reise nach Amerika, 1991, brachte Helmut Kohl seine frisch ernannte Ministe- rin in Verlegenheit. In Anwesenheit von zahlreichen Journalisten wollte er wissen, was sie denn von ihm ge- halten habe, damals in der DDR. Merkel druckst he- rum. Ihr Kohl-Bild war von den Westmedien geprägt und die hatten vor 1990 selten eine gute Meinung von ihm. Vom grobschlächtigen Pfälzer, von »der Birne«, dem Mann, der Saumagen liebte. All diese Assoziatio- nen musste Merkel in diesem hochnotpeinlichen Mo- ment herunterschlucken, aber auch die Tatsache, dass sie stets eine große Bewunderin von Willy Brandt ge- wesen war. Vor einigen Jahren wurde die Kanzlerin von einem Journalisten gefragt, ob sie denn auch einmal vor Glück geweint habe in ihrem politischen Leben. Die Frage bereitete der Politikerin sichtbar Schwierigkeiten. Sie suchte und suchte und erinnerte sich schließlich an den 3. Oktober 1990, den Tag der Einheitsfeier, da habe sie wohl ein paar Tränen verdrückt. Abends war sie auf der Ehrentribüne vor dem Reichstag, wo sich die po- litische Klasse versammelt hatte, Richard von Weizsä- cker, Hans-Dietrich Genscher, Helmut Kohl und auch Willy Brandt. Der erste SPD-Kanzler, der Architekt der

Entspannungspolitik, war ihr großes Idol. Augenzeugen erinnern eine kurze Begegnung zwischen dem Altkanzler und Angela Merkel, die Willy Brandt mit einer geradezu heiligen Ehrfurcht begegnet sei. Auf jeden Fall habe sie ihn so angesprochen, als befinde er sich noch im Amt. Man versteht diese Hochachtung besser, wenn man sich einige Szenen aus Angela Merkels Leben vergegenwärtigt.

Der Bau der Mauer am 13. August 1961 war ein traumatisches Erlebnis für das junge Mädchen und zugleich ihre erste bewusste politische Erinnerung: »Da habe ich meine Eltern zum ersten Mal völlig ratlos und fassungslos erlebt. Ich habe erst gar nicht begriffen, warum und was der Bau der Mauer bedeutet. Meine Mutter hat den ganzen Tag geweint. Ich wollte ihnen helfen, hätte sie gerne wieder fröhlich gemacht, aber das ging nicht.« Zu dieser Zeit war Willy Brandt Bürgermeister von Westberlin und wenn er zuvor im Ost-West-Konflikt ein Kalter Krieger gewesen war, wandelte er sich jetzt zu einem Entspannungspolitiker, zu einem Anwalt der Politik der kleinen Schritte. In dieser Phase wurde Brandt zum Hoffnungsträger in Ost und West, insbesondere für die Familien, die wie die Kasners durch den Todesstreifen und die Mauer getrennt wurden. Herlind Kasner, deren Mutter in Hamburg lebte, verehrte Brandt, nicht zuletzt wegen ihm trat sie später in die SPD ein und auch ihre Tochter wäre ihr beinahe gefolgt. Als junge Wissenschaftlerin hatte sie sich ein Poster in die Küche gehängt, das Brandts berühmte Formel »Wir wollen mehr Demokratie wagen« zeigte. Diese Formulierung stammte aus seiner ersten Regierungserklärung 1969. Die Schülerin erinnerte sich sehr genau an Brandts Reise nach Erfurt, wo er im März 1970 begeistert von der DDR-Bevölkerung empfangen worden war. Und sie war beinahe zeitgleich mit Brandt in Moskau. Sie reiste mit dem »Zug der Freundschaft« nach Moskau, weil sie in der DDR eine Russisch-Olympiade gewonnen hatte und nun einen mehrwöchigen Sprachkurs absolvieren sollte. Und Brandt arbeitete derweil an der Überwindung der Teilung und am Abbau der Spannungen. Er reiste ebenfalls 1970 in die sowjetische Hauptstadt, um dort den Moskauer Vertrag zu unterschreiben, 1972 folgte der deutsch-deutsche Grundlagenvertrag. Brandt konnte die Teilung zwar nicht ungeschehen machen, aber er schaffte Linderung.

Dass Angela Merkel nachhaltig von Brandts Entspannungspolitik geprägt war, zeigte sich, als sie 2005 ihre erste Regierungserklärung als Kanzlerin abgab, worin sich einige Brandt-Reminiszenzen finden. Willy Brandt, der mehr Demokratie wagen wollte, fand nun eine Nachfolgerin, die »mehr Freiheit« wagen wollte und die genau wie er von einer »Politik der vielen kleinen Schritte« sprach.

Und je länger und öfter Angela Merkel mit der SPD regierte, desto verwechselbarer schien sie einer Sozialdemokratin zu sein. Kürzlich wurde die Kanzlerin auf einem Leserforum der »Ostsee-Zeitung« gefragt, wie man sie denn in Erinnerung behalten solle, und Merkel antwortete nach kurzem Überlegen: »Sie hat sich bemüht.« Auch mit dieser Formulierung schloss sie an Willy Brandt an, der auf die Frage, was auf seinem Grabstein stehen solle, geantwortet hatte: »Man hat sich bemüht.«

Den Schalk im Nacken

Die Szene ist berühmt geworden: Beim G-8-Gipfel in St. Petersburg, wir schreiben das Jahr 2006, pirscht sich der amerikanische Präsident Georg W. Bush an Angela Merkel heran, verpasst der sitzenden Kanzlerin eine Blitz-Nackenmassage und schlendert dann ungerührt weiter. Die Kanzlerin wirft die Arme empor und es ist bis heute schwer zu entscheiden, ob sie entsetzt war oder ob sie das Entsetzen nur spielerisch andeutete. Die Szene hatte etwas Infantiles, der mächtigste Mann der Welt hatte sich wie ein Pennäler aufgeführt, der seiner Klassenkameradin einen Lausbubenstreich spielte. In den USA kam es zum Aufschrei der Empörung und vielfach wurde von sexueller Belästigung gesprochen, ja, einige Feministinnen erwarteten nahezu stündlich einen Gegenschlag der Kanzlerin und fragten sich, ob Deutschland Amerika den Krieg erklären würde. In der Bundesrepublik jedoch nahm man eher amüsiert und entspannt von dem Vorfall Kenntnis, und da sich auch die Kanzlerin bis heute nicht dazu äußerte, blieben die deutsch-amerikanischen Beziehungen intakt. Tatsächlich nahm Merkel die Nackenattacke ihres Kollegen mit Humor. Bei einer Pressekonferenz ein Jahr darauf gaben beide Politiker entspannt und routiniert ihre Statements ab. Dann beendete der Gastgeber Bush den Pressetermin und gab der Kanzlerin den Vortritt. Im Abgehen rief er den Journalisten noch »Keine Rückenmassage« zu (»No backrubs«), was großes Gelächter auslöste. Und Merkel erwiderte: »Aber *ich* könnte es versuchen!«

Merkel ist nicht nur schlagfertig, sie ist überhaupt ein sehr humorvoller Mensch, und viele Menschen, die eng mit ihr zusammengearbeitet haben, versichern, dass die Kanzlerin einen Tag ohne ein irgendwie befreiendes oder krampflösendes Lachen als verlorenen Tag betrachtet. Mit anderen Worten, Frau Merkel versteht Spaß, selbst wenn sie das Opfer eines Scherzes wird, so wie auf dem niedersächsischen Landesparteitag der CDU im Jahr 2000 in Osnabrück. Merkel ist erst seit Kurzem Parteivorsitzende und noch ist unsicher, wie lange sie sich halten kann, ob sie jemals eine Chance bekommen wird, Kanzlerkandidatin der Union zu werden. Viele innerparteiliche Gegner betrachten sie nur als Zwischenlösung. In dieser Zeit muss sie öffentlich nachweisen, dass sie es, was den Machtwillen, die Angriffslust und die politische Härte angeht, mit den breitbeinigen Unionsmännern aufnehmen kann. Und auch bei dieser Parteitagsrede in Osnabrück will sie wie eine eiserne Lady rüberkommen, wie eine kraftvolle Gegen-spielerin zum amtierenden SPD-Kanzler, auch er ein Raubein. Merkel setzt in ihrer Rede gerade zu einem neuen Weckruf für die Bundesrepublik an, als sich von hinten ein Kellner mit einem Eisbecher nähert. Sowohl der Kellner als auch der Eisbecher wirken halbseiden und werfen Fragen auf. Dennoch gelingt es ihm, mit wehenden schwarzen Haaren direkt an die Rednerin heranzutreten und sie zu unterbrechen: »Hatten Sie ei-nen Eisbecher Copacabana bestellt?« Die Hände der Po-litikerin, eben noch im großen Gestenschwung, frieren ein, wie in einem Standbild gefangen steht sie da, aber nur eine halbe Sekunde, dann hat sie sich gefasst und den Kellner als professionellen Witzbold erkannt: Es ist Hape Kerkeling, Deutschlands liebster Spaß- und Fa-xenmacher, der sie für seine Sendung »Darüber lacht die Welt« auf den Arm nehmen will. Und nun serviert Merkel den Kellner ab. »Den Becher lassen sie mal nich hier und zum Knabbern gib es ooch nüscht.« Die Kanz-lerin sächselt und die Delegierten sind begeistert, es gibt stehende Ovationen für die Chefin, die so souverän geblieben ist.

Was Merkel in diesem Fall nur kurz andeutet, ist im kleinen Kreis der sie eng begleitenden Journalisten be-kannt: Die Politikerin könnte es, was das Parodieren angeht, wohl auch mit Kerkeling aufnehmen. Es ist vielfach berichtet worden, dass sie in sogenannten Hin-tergrundgesprächen andere Staatsführer gelegentlich parodiert, wenn die Stimmung gut und vertrauensvoll ist. Besonders eindrucksvoll kann sie den sinistren Wladimir Putin, den zappeligen Nicolas Sarkozy und den tumben Donald Trump nachahmen. Es ist wohl kein Zufall, dass es sich dabei um sehr egozentrische Männer handelt, die mit jedem Auftritt ihres großen Egos eine Parodie ihrer selbst gleich mitliefern. Jeder gute Parodist ist ein tief schauender Beobachter, der sein Gegenüber studiert, analysiert und dann durch Übertreibung die Larve vom Charakter reißt und den darunterliegenden Menschen zeigt. Merkel ist eine Anatomin der Mächtigen und ihrer Macht, sie weiß, wo die wunden Punkte sind, wie man sie anspielt. Auch Helmut Kohl parodierte Angela Merkel gelegentlich, eine durchaus menschenfreundliche Art, sich für manch erlittenen Tort zu rächen.

Dass Angela Merkel humorvoll ist, dass sie gerne Witze erzählt und lacht, verbirgt sie meistens in der Öffentlichkeit. Nur ein einziges Mal ließ sie sich hinreißen, überreden, einen Witz zu erzählen, der aber tief blicken lässt und viel sagt über ihr spannungsreiches Verhältnis zu Helmut Kohl. Es war auf dem Höhepunkt der Parteispendenaffäre, Helmut Kohl, der Kanzler der deutschen Einheit, war gerade dabei, sein Lebenswerk unwiderruflich zu beschädigen. Merkel, die neue Parteivorsitzende, war zu Gast bei Alfred Biolek, dem inzwischen verstorbenen heiteren Plauderkünstler, der seine Gäste stets mit Liebenswürdigkeit einlullte, ehe er ihnen dann doch eine dornenreiche Frage stellte, die dann aber gar nicht so empfunden wurde, weil das Gegenüber durch die Charmeoffensive des Gastgebers schon völlig betäubt war. Als der Talkmaster Angela Merkel fragt, ob sie denn gegenüber Helmut Kohl nicht auch Dankbarkeit empfinde, seufzt sie hörbar auf. Sie könne zum Thema Dankbarkeit aber einen Witz erzählen. Bio patscht sich begeistert aufs Bein. Merkel hebt an: »Als es die Sowjetunion noch gab, da fuhr ein Prawda-Reporter auf die Tschuktschen-Halbinsel, da werden die Menschen ganz alt. Und da fragte er einen ganz Alten, der sich vor 1917 noch auskannte: ›Was sind ihre Gefühle gewesen?‹ Und da hat der geantwortet: ›Hunger, Kälte, Einsamkeit.‹ Und dann fragt der Reporter: ›Und nach 1917, nach der Großen Sozialistischen Oktoberrevolution, was waren da Ihre Gefühle?‹ Und da sagt der Alte: ›Hunger, Kälte, Einsamkeit.‹ Und da fragt der Reporter: ›Da muss doch aber irgendwas dazugekommen sein nach der Großen Sozialistischen Oktoberrevolution?‹ Da sagt der Tschuktsche: ›Dankbarkeit!‹«

Die Gäste in »Boulevard Bio« lachen nur verhalten, was will sie ihnen damit sagen? Das Interessante an dem Witz ist, dass Merkel hier das kommunistische Regime der Sowjetunion indirekt mit Helmut Kohl vergleicht. Warum sollte sie ihm dankbar sein für »Hunger, Kälte, Einsamkeit«? Für die Not, in die er, selbstherrlich und ohne Unrechtsbewusstsein, die Partei gebracht hatte? Der Witz zündet im westdeutschen Fernsehstudio auch deshalb nicht so recht, weil sich in ihm das Empfinden der ehemaligen DDR-Bürgerin Merkel niederschlägt, ein Witz, der nur recht verstanden werden konnte, wenn man die Desillusionierungen der Menschen teilte, die im Ostblock gelebt und unter den falschen Versprechungen und rostzerfressenen Utopien gelitten hatten. Dass Merkel 1990 schließlich bei der CDU landete, hatte auch etwas mit der stramm antikommunistischen Haltung der Partei zu tun, denn Merkel, die 1990 zunächst zur SPD tendierte, rieb sich an Begriffen wie »Genosse« und dem Duzen, das sie an das pseudo-proletarische »Du« in der SED erinnerte. Erst im Laufe der Jahrzehnte entwickelte Merkel in Hinblick auf die SED-Nachfolge-Parteien PDS und schließlich Die Linke ein entspannteres Verhältnis. Als ein Abgeordneter der Linken sie bei einer Regierungsbefragung im Jahr 2020 kritisiert, antwortet ihm die Kanzlerin gelassen, sie werde seine Anregungen gerne prüfen, denn sie sei ja auch ein »aufmerksamer ... Zeitmensch, um nicht Genosse zu sagen«. Das ganze Plenum lacht. Die Kanzlerin erfindet schnell ein neues Wort, den Zeitmenschen, nur um den Begriff »Genosse« zu vermeiden. Und über diese derart ausgeprägte Genossen-Allergie muss sie dann selbst lachen.

Bei Madame Tussauds haben sie die Kanzlerin kürzlich der Zeit angepasst. Sie haben einige Falten tiefer gezogen, andere hinzugefügt und versucht – mit allem Respekt – das Alter sichtbarer werden zu lassen. Im Sommer 2021 ist die Kanzlerin siebenundsechzig geworden und hat damit das offizielle Rentenalter erreicht. Kaum ein Thema hat sie in den letzten sechzehn Jahren mehr umgetrieben als die Altersstruktur der Gesellschaft. Es gibt eine Geschichte, die sie immer wieder und wieder erzählt hat, bei offiziellen Reden, aber auch privaten Anlässen. Nicht lange nachdem sie Kanzlerin geworden war, nahm sie an der Verleihung eines Medienpreises teil und machte so die Bekanntschaft mit einem Radio-Feature, das sie bis heute erinnert und zitiert: »Mich hat eine Geschichte ganz besonders berührt, die in einem Radiostück über einen äthiopischen Asylbewerber erzählt wurde. Er telefonierte oft mit seiner Mutter in Äthiopien. Die Mutter hatte Angst um den Sohn und sagte: Du bist in ein Land gegangen, wo es im Winter so kalt ist. Ist das nicht fürchterlich schrecklich? Wie kommst du damit klar? Der Sohn hat dann gesagt: Ach, Mutter, das ist nicht so schlimm. Aber ich kann dir etwas sehr Schönes über Deutschland sagen: Hier sitzen überall auf den Bänken ältere Menschen. Hier würdest du richtig gut hinpassen, hier könntest du dich in die Öffentlichkeit trauen.« Einerseits rührte Merkel das Bild einer Gesellschaft, in der Ältere sich nicht ausgegrenzt fühlen müssen und in der die Mutter des jungen Äthiopiers sich wohlfühlen würde, andererseits könnte man auch irgendwann denken, dass ganz Deutschland eine Seniorenresidenz sei und dass sich hier umgekehrt junge Leute in der Öffentlichkeit beginnen, unwohl zu fühlen. Merkel, die sich seit der Flüchtlingsfrage 2015 sehr intensiv mit Afrika beschäftigt, weist in vielen Reden immer wieder auf die so ganz andere Altersstruktur des afrikanischen Kontinents hin: »Mehr als jeder Fünfte in Deutschland ist inzwischen über fünfundsechzig Jahre alt. Wir gehören zu den Ländern mit dem weltweit höchsten Durchschnittsalter und – das kommt erfreulicherweise hinzu – einer relativ hohen Lebenserwartung. Das Durchschnittsalter in Deutschland beträgt, glaube ich, ungefähr fünfundvierzig Jahre. Ich war kürzlich in Westafrika – in Mali, Burkina Faso und Niger. Dort ist das Durchschnittsalter der Bevölkerung fünfzehn Jahre. Das sind schon erhebliche Unterschiede. Jede Gesellschaft hat ihre eigenen Probleme.«

Das Nachdenken über das hohe Durchschnittsalter der Deutschen treibt Merkel ebenso um wie das eigene Älterwerden. Sie wollte das Land immer zukunftsfest machen, aber woher nimmt man Fachkräfte, wenn der Nachwuchs fehlt? Wenn immer weniger Frauen Kinder bekommen? Wenn immer weniger jüngere Leute für die Renten von immer mehr älteren Menschen aufkommen müssen? Und wie macht man die Gesellschaft altersgerecht? Wie verhindert man, dass ältere Menschen von den technologischen und kulturellen Entwicklungen abgeschnitten werden? Wenn ich da schon Schwierigkeiten habe, denkt sie wohl manchmal, eine promovierte Physikerin, wie kommen dann andere Menschen zurecht, die weder so gut ausgebildet sind noch so viel Assistenz besitzen? Sie werde alt oder sie sei ja schon alt, seufzt die Kanzlerin in letzter Zeit häufiger und sicher findet sich immer jemand in ihrem Umfeld, der das sofort dementiert. Aber Merkel muss gar nicht getröstet werden, sie denkt sich gerne als ältere, lebenskluge und erfahrungssatte Frau. Auf einem Kongress, der sich 2007 mit Altersfragen und dem Erfahrungskapital von alten Menschen beschäftigte (»Von wegen altes Eisen ... Erfahrung hat Zukunft!«), gab sie eine Anekdote zum Besten, die offenbar unter dem Eindruck stand, kurz zuvor einen neuen Fernseher erworben zu haben, dessen Gebrauchsanweisung die Kanzlerin vor beträchtliche Herausforderungen stellte: »Eine meiner persönlichen Sorgen ist, ob man beim Installieren der technischen Geräte noch mitkommt. Ich werde nicht müde, darauf hinzuweisen, und das tue ich auch hier, dass neue Produkte zwar schön sein mögen, aber großen Teilen der Bevölkerung nichts nützen, wenn sie nicht wissen, wie man sie installieren und bedienen soll. Ich persönlich hätte manchmal Lust, als Proband, also als Testperson, beim Durchlesen von Gebrauchs-

eisungen und bei der Frage dienlich zu sein, ob sie
gendeiner Weise praktikabel sind oder ob man da-
___ erst einmal ein eigenes Studium absolviert haben
muss. Es ist nicht in Ordnung, wenn die Unfähigkeit
von Insidern, mithilfe der deutschen Sprache einfa-
che Vorgänge zu beschreiben, dazu führt, dass Hunderttausende oder Millionen Menschen Selbstbewusst-
seinsschwächen erleiden, weil sie denken, sie verstehen
es nicht. Wenn ich mit der Installation meiner letzten
Neuanschaffung so lange zu tun hatte, dass ich mich
gar nicht mehr traue, das Nächste zu kaufen, dann ist
das natürlich für die Binnennachfrage kein gutes Zeichen.« Damit wäre also auch geklärt, was Angela Merkel nach ihrer Kanzlerschaft macht: Sie wird zur Ge-
brauchsanweisungsprüferin und nimmt den Kampf auf
mit schlecht geschriebenem Geschwafel.

Deutsches Blut

Nein, die Kanzlerin hat ihr Gesicht nicht immer im
Griff, ihr viel gerühmtes Pokerface lässt sich mitunter
lesen wie ein offenes Buch. Besonders Donald Trump
hat dieser Maske der Undurchschaubarkeit schwer zu-
gesetzt. Beim G-7-Gipfel im französischen Biarritz fügte
der amerikanische Präsident 2019 Merkels Miene des
Gleichmuts eine besonders schwere Schlappe zu. Auf

die Frage, ob er denn in Zukunft auch einmal Deutschland besuchen werde, antwortete er, das könne schneller passieren, als manch einer denke, schließlich habe er Deutsches im Blut. I have German in my blood. Die Kanzlerin neben ihm zuckte unwillkürlich zusammen und konnte ein Prusten kaum unterdrücken. Das mühsam zurückgehaltene Lachen ging viral um die Welt. Die Zeit, in der sich die Kanzlerin über diesen Typen den Kopf zerbrochen hatte, war augenscheinlich vorbei.

Bei ihrem Besuch im Weißen Haus 2018 hatte sie »The Donald« noch ein besonderes Geschenk mitgebracht, einen historischen Kupferstich von Rheinland-Pfalz aus dem Jahr 1705, auf dem auch der Ort Kallstadt zu sehen war, jene Gemeinde, aus der Trumps Vorfahren väterlicherseits stammten. Doch schon damals stöhnte ein außenpolitischer Berater, das sei nicht der Typ, der sich von einem Stahlstich beeindrucken lässt. So war es. Man hätte es wissen können.

Gehen wir noch ein Jahr zurück. Ihren ersten Besuch bei Donald Trump macht die Bundeskanzlerin im Frühjahr 2017. Sie bereitet sich immer intensiv auf Staatschefs vor, die sie das erste Mal trifft, aber dieses Mal hatte sie ein regelrechtes Trump-Studium unternommen, um der Psyche des Kerls auf die Schliche zu kommen. Sie hatte ein altes »Playboy«-Interview (1990) mit ihm gelesen, in dem er fabulierte, was er täte, wenn er Präsident würde. Sie analysierte einige Folgen der Realityshow »The Apprentice« und telefonierte mit Justin Trudeau und Theresa May, die Trump bereits zuvor getroffen hatten. Sie wollte sich auf keinen Fall von diesem Narren zum Narren machen lassen, wie es einigen zuvor gegangen war, die sich Trump gegenüber besonders unterwürfig oder liebenswürdig gezeigt hatten. Beide Strategien (Shinzo Abe, Emmanuel Macron) hatten nicht verfangen. Dem eher unterwürfigen Japaner hatte Trump später beim rituellen Handshake beinahe die Hand zerquetscht und über die Ehefrau des französischen Präsidenten, der es mit sprudelndem Charme probiert hatte, hatte der Amerikaner Despektierliches gesagt. Die Kanzlerin war also gewarnt und flog illusionslos nach Washington. Auf dem Hinflug trat sie wie gewohnt zu den mitreisenden Journalisten, um sie über die Ziele des Besuchs, ihre Erwartungen oder Befürchtungen zu unterrichten. Unter den Journalisten war auch die Kanzlerin-Korrespondentin der Deutschen Presse-Agentur, Kristina Dunz.

Bei der Pressekonferenz im Weißen Haus, der East Room war dicht Schulter an Schulter besetzt, imposante Kronleuchter hingen wie lüsterne Kronzeugen über dem Geschehen, standen die Kanzlerin und der Präsident nebeneinander. Amerikanische Journalistinnen und Journalisten, die als kritisch galten, wurden von Trump ignoriert, stattdessen erteilte er jenen das Wort, die eher als seine Fans zu bezeichnen wären. Ihre Fragen klangen wie Beifall. Auftritt Dunz. Sie erhob sich von ihrem Platz und fragte – das hatten ihr Kollegen empfohlen – auf Deutsch, denn in diesem Fall musste der Präsident die Übersetzung abwarten und konnte sie nicht voreilig abwürgen. Dunz wandte sich zuerst an die Kanzlerin: »Frau Bundeskanzlerin, mit ihrer Erfahrung aus der DDR äußern Sie immer die Zuversicht, dass Mauern auch wieder fallen können. Für wie gefährlich halten Sie die Abschottungspolitik des US-Präsidenten mit seinen geplanten Importzöllen und seiner Geringschätzung für die Europäische Union als Gemeinschaft?« Und dann schob sie gleich zwei Fragen nach, die sie an Donald Trump richtete: »Herr Präsident, ist es nicht auch eine Gefahr für Amerika, wenn ›America First‹ die Europäische Union schwächen würde?« Außerdem: »Warum macht Ihnen Pressevielfalt eigentlich so große Angst, dass Sie so oft von Fake News sprechen und selbst Dinge behaupten, die dann nicht belegt werden können, wie die Äußerung, Obama habe Sie abhören lassen?« Hier und da verlegenes Gehüstel, unterdrücktes Lachen, Murren und Spannung. Die Bundeskanzlerin setzte zur Antwort an, als Trump sie unterbrach, da er sich sichtbar über die Reporterin ärgerte. »Nice friendly reporter«, nölte er und schnitt Merkel das Wort ab. Zunächst stritt er ab, ein »Isolationist« zu sein und nur an »America First« zu denken, aber es müsse bitte schön fairer zugehen im Welthandel, man sei doch über viele Jahre einfach nicht fair behandelt worden. Die zweite Frage beantwortete er dann gleich gar nicht mehr, sondern fügte nur noch hinzu: »Ich weiß ja nicht, welche Zeitung Sie vertreten, aber ich würde sagen, dass das wieder ein Beispiel für Fake News ist.«

Nach der Pressekonferenz wollte der Präsident von

der Kanzlerin wissen, warum sie denn ausgerechnet diese Frau mit dieser Frage ausgesucht habe. Daraufhin erteilte Angela Merkel dem Präsidenten erst einmal eine Lektion in Sachen Pressefreiheit, denn so laufe es nicht in Germany, es würden keine Fragen vorher eingereicht und genehmigt, sondern man lege vorher nur fest, wer aus dem Pressepool etwas fragen solle, und dann sei es den jeweiligen Kollegen überlassen, diejenigen Fragen zu stellen, die man wirklich stellen wolle.

Auf dem Rückflug wurde die Szene im Regierungsflieger natürlich intensiv diskutiert, ob denn die Fragen der Kollegin Dunz wirklich so hart gewesen seien, ob es zu herausfordernd oder dem Anlass angemessen gewesen sei? Die Kanzlerin, die sich bei solchen Diskussionen sehr zurückhält und stets das Urteil anderer respektiert, sagte verschmitzt: Ich fand es nicht so schlimm. Aber mehr werde sie dazu auch nicht sagen.

Donald Trump, der Mann mit dem deutschen Blut, kam entgegen seiner Ankündigung in Biarritz nicht mehr nach Deutschland.

Die Losung des Tages

Die »Herrnhuter Losungen« sind eine Sammlung von Bibelsprüchen für den Tag, Parolen fürs Leben und den Weg darüber hinaus. *Die Weisheit von oben her ist zuerst lauter, dann friedfertig, gütig, lässt sich etwas sagen, ist reich an Barmherzigkeit und guten Früchten, unparteiisch, ohne Heuchelei* (Jakobus 3,17). So lautet ein Spruch. Es gibt diese sittlich-ethischen Kompassnadeln seit beinahe dreihundert Jahren, Wegweiser für die Westentasche, sie halfen den Mitgliedern der Gemeinde, sich als Gemeinde zu fühlen, vor allem dann, wenn die Gemeinden umringt waren von *Feinden, Andersgläubigen, Gottlosen*.

Auch in der atheistischen DDR gab es diese Bibelspruch-Sammlungen, misstrauisch vom Staat beäugt und vor der Veröffentlichung sorgsam auf aufrührerisches Potenzial durch den Zensor abgeklopft. Der Diakon Eberhard Rau, der 1958 zusammen mit Horst Kasner seinen Dienst auf dem Waldhof beginnt und dort die Betreuung von schwerstbehinderten Menschen organisiert und zu verbessern versucht, ist neben Angelas Vater die Instanz, die das Leben auf dem Waldhof prägt. Er ist durchaus ein Anhänger straffer Ordnung. Morgens treten Mitarbeiter und die zu betreuenden Bewohner zum Morgenappell an, die Losung des Tages wird ausgegeben und jeder bemüht sich nach Kräften, den Sinnspruch mit Leben zu füllen (obschon nicht jeder begeistert ist über den frühmorgendlichen Appell, der auch eine straffe, militärische Note hat). Der Waldhof war, mit seiner karitativen Ausrichtung und geistlichen Prägung, ein kleiner Staat im Staate, auch ein Hort unabhängigen Denkens. Die Menschen, die hier betreut wurden, waren lange versteckt und abgesondert worden, auf dem Waldhof versuchte man langsam, sie an die Gesellschaft heranzuführen. Auch Angela Merkel erinnert sich noch an bedrückende Bilder, an Menschen, die auf dem Waldhof an Bänke festgebunden wurden, weil man nicht wusste, wie man sie betreuen und fördern sollte. Nicht wenige dieser Menschen, die lange sozial vernachlässigt worden waren, zeigten Anzeichen von Hospitalismus.

Im Herbst und Winter, wenn es morgens noch dunkel war, wurden die Kinder des Waldhofs von einem Behinderten, alle nannten ihn nur Werner, zur Schule gebracht, das war immerhin ein Schulweg von mehr als einer halben Stunde. Erst wenn die Kinder größer waren, wenn sie in die vierte oder fünfte Klasse gingen, durften sie mit dem Fahrrad allein zur Schule fahren. In diesem Umfeld wächst das Mädchen Angela heran und es ist wohl keine gewagte Behauptung, wenn man annimmt, dass das Zusammensein mit normabweichenden, mit hilfsbedürftigen Menschen jemanden prägt und im besten Falle zu seiner Herzensbildung beiträgt. Die Mehrzahl der Kinder, die auf dem Waldhof aufwächst, wird später in therapeutischen oder gemeinwohlorientierten Berufen arbeiten. Man entwickelt ein Auge für andere, man denkt Gemeinschaft als Gemeinde, man hat ein Empfinden dafür, wo jemand in Not gerät und wie man sie lindert.

Kurz und gut, die Kanzlerin bringt von Haus und Herkunft aus eine soziale Ader mit, eine soziale Sensitivität, die sie davor bewahrt, in Menschen nur Gegenspieler, Werkzeuge, Machtdiener, Parteiameisen oder Funktionsträger zu sehen. Sie hat sich den Blick für den Menschen und sein Allzumenschliches bewahrt. Sie fasst instinktiv nach einer Hand, wenn es diese zu stützen gilt, so wie sie Ministerpräsidentin Malu Dreyer die Hand reichte, als sie gemeinsam die von der Hochwasserkatastrophe betroffenen Gebiet in Rheinland-Pfalz besuchten. Das war eine sichtbare Hilfeleistung für die Kollegin, die an Multipler Sklerose leidet, doch die meisten dieser Handreichungen finden jenseits der Kameras statt.

Aydan Özoğuz etwa kann von solchen Zeichen des Miteinanders, auch des Trostes erzählen. Die ehemalige Staatsministerin bei der Bundeskanzlerin und Beauftragte der Bundesregierung für Migration, Flüchtlinge und Integration (so weit, so sperrig) erinnert sich etwa an einen sehr hindernisreichen, nervenstrapazierenden Tag. Sie hatte eine Veranstaltung im Kanzleramt organisiert, die wichtig war und wo eine Menge Leute auf sie warteten. Sie ging früh in Hamburg aus dem Haus, wo sie lebt, und fuhr zum Bahnhof. Der erste Zug fällt aus. Leichte Nervosität. Der zweite Zug bleibt heute wegen technischer Störung im Depot! Die Staatsministerin fängt an zu schwitzen. Endlich, der dritte Zug nach Berlin, auch er verspätet, fährt ein. Der Sitz im ICE scheint aus glühenden Kohlen gemacht. Kaum in Berlin angekommen, hetzt die Ministerin ins Kanzleramt, hoffnungslos zu spät, sie glaubt, der Boden tue sich unter ihr auf und verschlucke sie gleich. Vielleicht besser so? Würde ihr die Kanzlerin den Kopf abreißen? Sie heftig vor allen tadeln? Merkel ist für ihre Pünktlichkeit bekannt ... Doch die Kanzlerin kommt ihr nahezu besorgt entgegen und sagt gelassen: »Wissen Sie, Frau Özoğuz, es gibt diese Tage, da hat sich alles gegen einen verschworen.« Und dann atmet die Ministerin einmal tief durch und los geht es.

Genauso einfühlsam und hilfsbereit zeigte sich die Kanzlerin, als der Fraktionschef der AfD darüber fantasierte, die Ministerin »in Anatolien entsorgen« zu wollen, eine deutliche Gewalt- und Vernichtungsfantasie, die viel rassistische Hetze im Netz nach sich zog. Merkel stärkte ihrer Ministerin den Rücken, öffentlich und privat, und zwar so sehr, dass sich Aydan Özoğuz mehr von der Unionspolitikerin als von der eigenen Partei unterstützt fühlte. Merkel bekräftigte sie darin, sich den Hass nicht zu sehr zu Herzen zu nehmen, sich zu wehren und nicht nachzugeben. Viele Ministerinnen und Minister im Kabinett Merkels können von solchen Zeichen oder Gesten der Solidarität berichten.

Auch eine Journalistin erinnert sich an diesen aufmunternden, aufhelfenden Charakterzug. Es war das erste Mal, dass sie mit der Kanzlerin auf eine Auslandsreise ging. Es ist ein kleiner, handverlesener Kreis, der die Regierungschefin begleiten darf und von ihr exklusiv unterrichtet wird. Sie war neu an Bord, jünger als die anderen, meist männlichen Kollegen und hatte sich noch keinen Namen gemacht. Dennoch war sie nicht nervös oder eingeschüchtert, nein, sie ging eher selbstbewusst an die Aufgabe heran, glaubte sich ihrer Gaben sicher zu sein. Und dann kommt der Moment, wo die Kanzlerin zu den Journalisten geht, es ist eng, man sitzt sich gleichsam auf dem Schoß und jeder darf seine Frage stellen, die zugleich ein Leistungstest ist, denn jeder Journalist will seinesgleichen zeigen, wie klug er ist, und andererseits der Kanzlerin mit einer originellen und am besten nie da gewesenen Frage imponieren. Als die Reihe an sie kommt, bringt sie kein Wort raus. Sie hat einen Blackout, die Frage steckt irgendwo, nur weigert sie sich, den Mund zu verlassen. Sie stottert, sie stammelt, sie sucht Wortbröckchen, doch es bleibt dabei, die Frage ist unauffindbar. Da beugt sich die Kanzlerin zu ihr vor, sieht ihr tief und gleichsam stress-hemmend in die Augen, versendet eine zwinkernde Augenaufmunterungsbotschaft und endlich wagt sich die Frage hervor. Die Kanzlerin antwortet mit besonderer Höflichkeit und großer Ausführlichkeit. Die Novizin, so empfand sie es, hatte ihr Gesicht wahren können, weil die Kanzlerin ihr Vertrauen schenkte, weil sie ihr einen Kredit einräumte und sie nicht voreilig abstempelte.

Umgekehrt ist Angela Merkel auch ein Mensch, der es nicht vergisst, wenn ihr jemand aufhilft und Mut macht. Nachdem sie Kanzlerin geworden war, dankte sie in ihren Reden, die sie auf Kirchentagen oder anderen kirchlichen Zusammenhängen hielt, mehrfach Margot Käßmann, die ihr einmal in einer kniffligen Situation zugeraten, sie ermuntert habe, zu sich zu stehen und etwas zu wagen. Dabei kann es sich nur um eine Begegnung im Jahr 1995 handeln, als sich Margot Käßmann und Merkel auf dem 26. Deutschen Evangelischen Kirchentag in Hamburg trafen. Auch der Kirchentag stand unter einer Losung: »Es ist dir gesagt, Mensch, was gut ist«.

Die damalige Umweltministerin Merkel war gebeten worden, über die Vorbilder ihres Lebens zu sprechen, doch es ist ungewiss, ob sie ihre Rede überhaupt wird halten können. Die Stimmung ist aufgeheizt und aggressiv. In diesem Frühjahr erregen sich die Deutschen über die Brent Spar, ein schwimmendes Zwischenlager für Rohöl, das von dem Mineralölkonzern Shell betrieben wird. Die Brent Spar war 147 Meter hoch, wog 14.000 Tonnen und sollte jetzt wegen Überalterung entsorgt werden. Der Mineralölkonzern wollte die Plattform im Meer versenken, das sei der beste und umweltschonendste Weg. Doch Greenpeace intervenierte, besetzte die Plattform und machte auf die anstehende Umweltsünde aufmerksam. An dieser Aktion entzündete sich ein regelrechter Aufruhr, weil die Brent Spar ein machtvolles und medial leicht zu inszenierendes Katastrophenbild war für die Gier der großen Konzerne, für die Naturzerstörung durch den Menschen und für Politiker, die der Industrielobby augenscheinlich aus der Hand fraßen. Eine gewaltige Protestwelle erhob sich. Es kam zu Boykottaufrufen, der Umsatz an Shell-Tankstellen brach massiv ein und schließlich wurden sogar mehrere Anschläge auf Tankstellen verübt, so auch in Hamburg, wo es eine besonders militante Szene gab. Und obwohl sich auch die deutsche Umweltministerin gegen die Versenkung der Brent Spar ausgesprochen und in dieser Hinsicht an ihren britischen Amtskollegen geschrieben hatte, war sie eine Zielscheibe des anschwellenden Protestes. Und jetzt stand sie hier im Saal 3 des Congress Center Hamburg und spähte durch den Vorhang. Die Sicherheitslage war angespannt, ihre Personenschützer empfahlen der Ministerin einen geordneten Rückzug. In diesem Moment riet Margot Käßmann, damals noch Generalsekretärin des Deutschen Evangelischen Kirchentages, zur Besonnenheit und ermunterte die Ministerin zu bleiben. Dass es hier, auf dem Kirchentag, zu Ausschreitungen oder Gewaltausbrüchen kommen würde, halte sie für undenkbar und man könne und dürfe sich auch auf den Geist dieses Kirchentreffens verlassen, gerade als gläubiger Mensch. Merkel blieb und hielt eine berührende Rede, eine Rede darüber, wie sie zu sich selbst fand.

Als Margot Käßmann im Oktober 2009 zur Ratsvorsitzenden der Evangelischen Kirche in Deutschland gewählt wird, gratuliert ihr Angela Merkel, die kurz vor ihrer erneuten Wiederwahl zur Kanzlerin steht. Man werde sicherlich noch viel von Frau Käßmann hören, meinte Merkel, und es auch schätzen, wenn sie Kritik üben würde. Auch das ist eine Grundüberzeugung der Kanzlerin, die in ihren Reden mehrfach den Aufklärer Voltaire zitierte: »Ich teile Ihre Meinung nicht, aber ich würde mein Leben dafür einsetzen, dass Sie sie äußern dürfen.« Dieses philosophische Toleranzedikt füllte die Kanzlerin selbst mit Leben. Merkel hatte den Afghanistan-Einsatz der Bundeswehr stets unterstützt und die Entsendung weiterer Truppen an den Hindukusch im Bundestag verteidigt. In einer Predigt im Neujahrsgottesdienst 2010 kritisierte Margot Käßmann das militärische Engagement: »Nichts ist gut in Afghanistan. All diese Strategien, sie haben uns lange darüber hinweggetäuscht, dass Soldaten nun einmal Waffen benutzen und eben auch Zivilisten getötet werden.« Damit drückte die Bischöfin aus, was viele Deutsche dachten, die nicht nachvollziehen wollten, dass Deutschlands Sicherheit auch am Hindukusch verteidigt würde. Auf diese Formel hatte es der frühere Verteidigungsminister Peter Struck (SPD) gebracht. Die Bischöfin erfuhr massive Kritik aus der Politik, insbesondere aus dem Lager der Union. Angela Merkel nahm sie dagegen öffentlich in Schutz und war auch an ihrer Seite, als sich Käßmann dazu vor dem CDU-Vorstand im Januar 2010 äußern sollte. Die Bischöfin geriet unter schweren Beschuss. Ihre Predigt sei nicht eben hilfreich gewesen. Das sei doch wohlfeile, wirklichkeitsfremde Kritik. Und auch gegenüber den Soldaten, die dort ihr Leben riskierten, höchst ungerecht. Die Kanonade war heftig. Die Kanzlerin neigte den Kopf zu ihrer Nachbarin und sagte leise: Frau Käßmann, bewahren Sie nur die Ruhe, jetzt toben sich erst mal die Kritiker aus, aber Ihre Verteidiger werden sich schon noch zu Wort melden.

So kam es.

Und schließlich war Angela Merkel auch zur Stelle, als Margot Käßmann wenige Wochen später als E K D- Ratsvorsitzende zurücktrat, weil sie unter Alkoholein- fluss Auto gefahren war. Die Kanzlerin meldete sich telefonisch, drückte ihr Bedauern aus und wünschte ihr alles Gute und Kraft für die Zukunft. Die Losung, die Margot Käßmann leitet, »ihr könnt nie tiefer fallen als in Gottes Hand«, war auch dem Kind des Waldhofs nicht fremd.

Die Kanzlerin und ihre Kinder

In vielen Familien fragen mittlerweile Kinder ihre El- tern, ob auch Männer Bundeskanzler werden kön- nen. Für eine ganze Generation hat die Kanzlerin eine Empfindung geprägt, nämlich das Gefühl, dass nur eine Frau die Geschicke des Landes lenken könne. Als nach der Bundestagswahl 2005 endlich feststand, dass Merkel mit der SPD eine Regierung unter ihrer Füh- rung würde bilden können, titelte die Berliner Tages- zeitung »taz« so unnachahmlich: »Es ist ein Mädchen«, und dazu sah man ein Kinderbild der kleinen Angela. Dieser Aufmacher arbeitete heraus, wie schwer es der Republik offenbar fiel, sich auf eine Frau als Kanzle- rin zu einigen. Nach sieben Kanzler-Männern nun die erste Frau. In der Partei spottete man lange über die

»Mutti«, aber im Lauf der Zeit entwand die Kanzlerin ihren Gegnern den Spitznamen und machte daraus die große Fürsorgliche. Tatsächlich hat die Kanzlerin in ihrer Amtszeit Hunderte von Terminen mit Kindern absolviert, in Schulen, Kindergärten, in Jugendclubs, in Bildungsstätten, Stiftungen oder Kinderhorten. Solche Termine machen ihr Spaß, sie geht auf Kinder zu, fremdelt nicht mit ihnen.

Zu den Lieblingsterminen der Kanzlerin gehört das Treffen mit den Sternsingern, die jedes Jahr am 7. Januar das Kanzleramt besuchen. Aus 27 deutschen Bistümern kommen die Sternsinger, jeweils vier, sodass die Kanzlerin 108 Kinderhände schüttelt, 27-mal zum Foto Aufstellung nimmt, 27-mal lächelt und 27-mal die Raute abliefert. Anschließend wird gesungen und kleine Ansprachen werden gehalten. Die Kanzlerin bemüht sich, oft abweichend von ihrem Manuskript, eine für Kinder verständliche, aber nicht anbiedernde Sprache zu finden: »Vielleicht habt ihr es gemerkt, als ihr in das Bundeskanzleramt hineingegangen seid: In diesem Haus ist es meistens recht ruhig, obwohl hier mehrere Hundert Männer und Frauen in den Büros sitzen. Dies ist ein bisschen wie bei einer Klassenarbeit in der Schule. Alle arbeiten angestrengt. Das hier ist eine eigene Atmosphäre. Es gibt viel zu tun. Manchmal machen wir uns viele Gedanken über wenige Sätze. Wir müssen überlegen: Was soll in einem Gesetz stehen und was nicht? Es werden Texte formuliert, um genau das erreichen zu können, was man sich vorgenommen hat. Wir überlegen, ob sich die neuen Regeln mit den alten vereinbaren lassen. Manchmal muss das auch sehr schnell gehen. Alle müssen sich konzentrieren, genau aufpassen und mitdenken. Das ist einer der Gründe, warum hier immer das herrscht, was man ›Arbeitsatmosphäre‹ nennt, also eine besondere Stille.«

Tatsächlich geht es im Kanzleramt selten laut zu und wenn man es das erste Mal betritt, ist man überrascht, wie leblos es wirkt, wie gemessen sich alle bewegen, fast glaubt man, in Zeitlupe unterwegs zu sein, fast meint man, die Menschen flüstern zu hören, die doch sprechen. Und wenn der Blick dann mal in ein Büro fällt, scheinen alle an einer besonders wichtigen Klausur zu arbeiten. Offenbar ist es mitunter so still im Kanzleramt, dass selbst die Kanzlerin erstaunt den Kopf hebt und sich fragt: Und wo steckt jetzt das Leben, das Land, wo sind all die Leute hin? Eine Ahnung dieses Gefühls findet sich in einer Begebenheit, die die Kanzlerin manchmal erzählt, wenn es um familienpolitische Fragen und die Vereinbarkeit von Familie und Beruf geht: »Dazu will ich noch einmal eine Geschichte erzählen, die vielleicht manchem schon bekannt ist. Als ich Bundeskanzlerin wurde, fiel mir auf, dass im Kanzleramt eigentlich nie schwangere Frauen auftauchten. Der Kanzleramtsminister Thomas de Maizière hat damals herausgefunden, dass jeder Mitarbeiter des Kanzleramts ein sogenanntes Mutterhaus – Bildungsministerium, Wirtschaftsministerium, Verteidigungsministerium – haben sollte, aus dem er herkommt, und dass in dem Moment, in dem Frauen schwanger wurden, sie sofort in ihr Mutterhaus geschickt wurden, weil man der Meinung war, dass volle Leistungsfähigkeit im Kanzleramt notwendig ist und es da zu viele Unsicherheitsfaktoren gibt. Ich kann Ihnen sagen: Es ist wunderbar, wenn die Mütter oder die Väter mit ihren Babys in das Kanzleramt kommen. Wir brauchen keine Referentinnen – das galt nur ab der Referentenebene – mehr wegzuschicken.« Auch in ihrem engsten Arbeitsumfeld hat die Kanzlerin an Schwangerschaften Freude gehabt und eine Rückkehr ins Kanzleramt nach der Elternzeit ermöglicht. Für Kinder oder Enkel früherer Mitarbeiter nimmt sie sich Zeit und führt sie, wenn es der Terminplan hergibt, geduldig durchs Kanzleramt, lässt sich für Familienalben fotografieren und zeigt auch bei diesen privaten Anlässen die Raute. Sie lässt es sich nicht nehmen, Kinderbriefe persönlich zu beantworten, wenn aus diesen ein echtes Anliegen spricht. Die Enkelin des Cap-Anamur-Gründers Rupert Neudeck, den die Kanzlerin sehr schätzte, hatte ein solches Anliegen. Sie hatte mit ihren Eltern drei Jahre in Simbabwe gelebt und machte sich daher Sorgen um die Zukunft des Landes: »Troisdorf, 8. Januar 2013. Liebe Angela Merkel, ich habe einen Brief für dich! Also, der Brief ist: Ich war mal in Simbabwe, das ist in Afrika. Und da gibt es einen Präsidenten, der heißt Mugabe. Und der ist böse, weil der manchmal Leute tötet. Und alle Leute aus Afrika wollen den weghaben. Und alle wollen einen anderen Präsidenten oder eine Präsidentin. Können wir bitte besprechen, dass der wegkommt? Oder dass der so wird wie du? Meine Oma kann dir sagen, wo wir wohnen, damit wir das besprechen können. Deine Nola.« Die Kanzlerin antwortete gewissenhaft und persönlich. Zwar konnte sie in diesem Fall nicht nach Troisdorf kommen, aber der Kritik an Mugabe schloss sie sich an.

Angela Merkel teilt das Schicksal vieler Frauen in der Politik, die wegen ihrer Kinderlosigkeit angefeindet wurden. Die Frau in der Politik hatte ihren Körper und ihren Familienstand immer zu erklären, für Männer galt das gleichermaßen nicht. Der Körper des Mannes war einfach fraglos Politik, mit Ausrufezeichen, um das »Gedöns« zu Hause kümmerten sich die Frauen. Schon Elisabeth Schwarzhaupt, die erste Ministerin der Bundesrepublik, konnte nach dem Willen der Kirchen und Adenauers nicht Familienministerin werden, weil sie keine Kinder hatte.

In einem Interview mit der Zeitschrift »Brigitte« wurde Angela Merkel einmal gefragt, warum sie kinderlos geblieben sei: »Das hat sich so ergeben. Ich hadere mit diesem Schicksal nicht, aber es war auch keine prinzipielle Entscheidung.« In der christdemokratischen Union jedoch blieben kinderlose Frauen noch lange erklärungsbedürftig. Noch im Wahlkampf 2002, Edmund Stoiber war statt Merkel Kanzlerkandidat geworden, trugen sich erschreckend taktlose Szenen zu. Ein Bürgermeister überreichte der Parteivorsitzenden Merkel nach einer Veranstaltung augenzwinkernd einen Strampelanzug, so ein Baby sei doch auch was Schönes! Merkel hat diese Geschichte einmal im kleinen Kreis unter Journalisten erzählt und es war ihr dabei anzumerken, wie sehr ihr diese gefühllosen Grobheiten zusetzten.

Herablassung gehört übrigens nicht zum Verhaltensrepertoire der Kanzlerin und schon gar nicht gegenüber Kindern, die sie mit großem Respekt behandelt. Eine Politikerin, die Anfang der Neunzigerjahre mit Merkel in Bonn zusammengearbeitet hatte, ehe sie selbst als Senatorin in Berlin Karriere machte, traf die Kanzlerin gelegentlich beim Einkaufen in deren Stamm-Supermarkt Hit Ullrich in Berlin-Mitte. Eines Tages wurde sie von ihrer damals siebenjährigen Tochter begleitet. Die Frauen hatten sich lange nicht gesehen und manches zu erzählen. Der Kleinen dauerte das zu lange. »Meine Mama wählt dich doch sowieso schon, können wir jetzt gehen?« Daraufhin beugte sich die Kanzlerin hinunter und sagte ganz ernsthaft: »Aber jetzt hast du mir ja ein Geheimnis verraten, denn das Wahlgeheimnis ist ja ein Geheimnis, das darf man niemandem verraten.«

Auf der Frauentoilette

Die dänische Ministerpräsidentin war gerade frisch ins Amt gewählt, als auch schon der erste Europäische Rat anstand, in dem sich zweimal im Jahr die Regierungschefs der EU versammeln. Die Regierungschefs sind immer noch sehr viele Männer in dunklen Anzügen, unter denen die wenigen Politikerinnen meist herausstechen mit farbenfroheren Kostümen und Blazern. An diesem Tag treffen die dänische Ministerpräsidentin und die deutsche Kanzlerin das erste Mal zusammen: auf der Frauentoilette. Die Politikerinnen stehen vor den Spiegeln, überprüfen die Gesichter der Macht und blinzeln sich zu. Dann stupst die Kanzlerin ihre Kollegin sanft an und meint lächelnd: Jetzt sind es die Frauen, die die politischen Geschäfte auf der Toilette einfädeln.

Nachhilfeunterricht

Amerika war ihr Sehnsuchtsland. Wenn sie in Ostberlin auf dem Weg zur Arbeit jeden Tag gegen die Mauer stieß, den Stacheldraht, die Türme und ihr beschnittenes Leben, träumte sie gelegentlich über den antifaschistischen Schutzwall hinaus. Wenn sie denn ins westliche Ausland reiste dürfte, dachte sie – mit dreiundsechzig Jahren war das Frauen in der DDR erlaubt –, dann würde sie zuerst nach Amerika fliegen, wegen der Größe, der Weite, der kulturellen Vielfalt. Sie würde sich die Rocky Mountains anschauen, endlose Highways befahren und dazu Bruce Springsteen hören.

Und jetzt, 2010, war eine Reise in die Vereinigten Staaten schon Routine und Barack Obama bereits der vierte Präsident im Amt, den sie kennenlernte. Was die Kanzlerin an den USA fasziniert, ist der Elan, der Schwung, der Unternehmergeist und die Geschwindigkeit, mit der Dinge in die Tat umgesetzt werden. Jetzt steht sie hier, auf dem Campus der Stanford University in Palo Alto, gleich nebenan das Silicon Valley und Hollywood, und blickt in die erwartungsvollen Gesichter der amerikanischen Wissenschaftlerinnen und Wissenschaftler und Studierenden. Und dann sticht sie ein bisschen der Hafer. Der pädagogische Geist ihrer Mutter geht mit ihr durch, vielleicht auch der glimmende Groll über die Langsamkeit deutscher Entwicklungs- und Verwertungsprozesse, und sie erteilt eine Lesson in kürzester Kürze: »Sie sollten wissen: Deutschland sind Erfindergeist und Ideenreichtum immer sehr wichtig gewesen. Wir sind stolz darauf, dass Deutsche das Automobil erfunden haben, den Computer, das Faxgerät, den MP3-Player und vieles mehr. Ja, wir haben den Computer erfunden, ob es Ihnen passt oder nicht! Ich lade Sie sehr gerne in das Konrad-Zuse-Zentrum für Informationstechnik in Berlin ein. Sie können ja froh sein, dass Sie heute mit der Computerindustrie so viel Geld verdienen – es ärgert uns manchmal, dass wir nicht so dabei sind, und deshalb versuchen wir auch, stärker zu werden –, aber nichtsdestotrotz: Denken Sie nicht, dass die Amerikaner alles erfunden haben!«

Einige Studenten schauten arg verblüfft. Who was that guy named Konrad Zuse? Dann zückten sie ihre Smartphones.

Er hatte gut trainiert. Er stand in diesem unüberschaubaren Pulk, die Elite-Läufer waren schon gestartet. Hubschrauber standen wie hungrige Raubvögel über dem Tiergarten, die Läufer ließen sich von Techno-Beats anpeitschen. Leistung zählt. Der Generalsekretär der CDU badete in der vibrierenden Menge. In diesem Augenblick, zwei Minuten vor dem Start, klingelt das Handy, eine unterdrückte Nummer. Peter Tauber weiß sofort, es ist die Kanzlerin. Die Chefin. Ignorieren kommt nicht infrage. Tauber hatte einen Plan für diesen Tag. Seine Bestzeit sollte fallen. Aber jetzt muss er mit der Kanzlerin sprechen. Im Rückblick eine Lappalie, die Korrektur eines missverständlichen Interviews. Dennoch, es duldet keinen Aufschub. Es ist Sonntagmorgen. Tauber hat der Kanzlerin nicht gesagt, wo er gerade steht, und sie hat auch nicht gefragt. Er macht seinen Job. Ein paar Anrufe, dann ist die Sache aus der Welt. Und auch die Kanzlerin meldet sich noch mal, will wissen, ob die Sache ausgeräumt sei. Tauber erklärt, Tauber läuft. Als er endlich im Ziel ankommt, liegt er zwei Minuten über der für Freizeitläufer magischen Vier-Stunden-Marke, Bestzeit knapp verpasst.

Angela Merkel läuft keinen Marathon, aber eine Marathonläuferin ist sie dennoch. Ihre Ausdauer, ihr Stehvermögen, ihre Konstitution, ihr Fleiß sind legendär. Wie viele Gipfelnächte hat sie überstanden, meist wacher als alle anderen und am nächsten Morgen schon wieder einsatzbereit, auf dem Sprung zum nächsten Gipfel, zum nächsten Thema, zum nächsten Konflikt, der gelöst werden will. Das ist Langstrecke, das ist Raubbau am Körper. Tauber ist Angehöriger der Leistungsgesellschaft, er gehört zur Generation der Selbstoptimierer, jeder will ein Held sein in heldenlosen Zeiten. Und für ihn ist Angela Merkel durchaus so etwas wie eine Heldin, ein Perpetuum mobile, eine sich selbst speisende, unermüdliche Politikmaschine, die läuft und läuft. Auch für ihn wird sie zum Vorbild in Sachen Dauerbereitschaft. In seinem Buch »Du musst kein Held sein« schreibt er über die Chefin: »Wenn sie das durchhalten kann, so mein Eindruck – dann muss ich das auch können. Auf die Idee, dass die Schmerz- und Belastungsgrenze bei jedem Menschen anders verläuft, komme ich gar nicht. Ich habe sicherlich Stärken und Fähigkeiten, aber eine gute Selbstwahrnehmung gehört nicht dazu. Da ich nicht gelernt habe, mich selbst zu fragen, wie weit ich gehen kann, ohne Schaden zu nehmen, laufe ich eben einfach immer weiter.« Seine Leistungsbereitschaft kostet ihn fast das Leben. Ende Oktober 2017 läuft er in Frankfurt noch einen Marathon, danach stürzt er sich sofort in aufreibende Sondierungsgespräche mit den Grünen und der FDP über die Bildung einer Jamaika-Koalition. Heftigste Bauchschmerzen fallen ihn an, Notruf, Notaufnahme, Operation, Komplikationen, erneute Operation. Knapp nur schrammt er am Tod vorbei.

Erst nach zwölf Tagen wird Tauber von der Intensiv- auf eine normale Station verlegt. Unterdessen haben die Koalitionsverhandlungen begonnen, Merkel ist Verhandlungsführerin der Union. Sie schaut dennoch bei ihm vorbei. Nimmt sich viel Zeit. Das Bundeswehrkrankenhaus summt wie ein Bienenstock. Die Kanzlerin kommt. Die gesamte Leitungsebene und einige mehr reihen sich in freudiger Erwartung auf. Auch sie wollen die Kanzlerin sehen. Aber Angela Merkel schafft es mit dem ihr eigenen Charme, die Versammlung aufzulösen. Sie bedanke sich für das Interesse, für den freundlichen Empfang, aber hier habe doch sicher jeder sehr viel zu tun, wofür sie volles Verständnis habe, niemand solle sich durch sie abgehalten fühlen, seiner Arbeit nachzugehen, und sie sei ja nun in einer ganz privaten Mission hier, nämlich nach dem Herrn Tauber zu schauen. Nachdem alle leitenden und nicht leitenden Mitarbeiter das Feld geräumt haben, setzt sich die Kanzlerin zu Tauber und sie sprechen über Gott und die Welt, die Gesundheit und über Gefühle. Was macht es mit einem, immer im Hochleistungshamsterrad der Politik zu stecken? Wie hält einer oder eine das aus?

Tauber kündigt seinen Rückzug aus der Politik an. Angela Merkel läuft weiter. Im Sommer 2019 erleidet die Kanzlerin drei Zitteranfälle. Die Spekulationen schießen ins Kraut. Wie krank ist die Politikerin? Die ganze

Welt blickt auf dieses Zittern, es scheint zum Sinnbild einer schütteren Weltordnung zu passen, die gekennzeichnet ist von politischen, kulturellen und klimatischen Katastrophen. Hier zittert nicht nur die Kanzlerin, hier zittert die Demokratie, das westliche Modell der offenen Gesellschaft. Natürlich empfiehlt man ihr Siri Hustvedts »Zitternde Frau«, natürlich lässt sie sich von Kopf bis Fuß durchchecken, aber es gibt keinen organischen Befund. War es Wasser- oder Schlafmangel? Oder hatte es damit zu tun, dass kurz zuvor ihre Mutter gestorben war und sie nun elternlos in der Welt stand? Politik ist immer auch ein Schlachtfeld: War es also eine Art posttraumatischer Belastungsstörung, also die blitzartige Erinnerung an all die verdrängten und überwunden geglaubten Auseinandersetzungen im politischen Feld, die ihr Kraft abverlangt haben über die Jahre?

Spult man bis ins Jahr 1990 zurück, da, wo ihre politische Karriere beginnt, sieht man ab diesem Zeitpunkt nicht nur eine immense Verschärfung des Lebens- und Leistungstempos, sondern eine endlose Kette von Konflikten, Verhandlungen, Streitfällen, Diskussionen, denen sich diese Politikerin zu stellen hatte. Als sie neben dem finnischen Ministerpräsidenten stehend das dritte Mal in der Öffentlichkeit zittert, bewegt sie deutlich die Lippen, so als ob sie mit sich selbst spräche. Es ist nicht genau auszumachen, was sie sagt, zwischen »Du schaffst das« oder »Scheiße« liegt die Bandbreite der Deutungen. Zwei Jahre später, im Sommer 2021, ist es der frühere EU-Kommissionspräsident Jean-Claude

Juncker, der vermeintlich eine Erklärung abliefert. Es sei Merkel selbst gewesen, die ihm verraten habe, es habe sich um »latente Übermüdung« gehandelt. Und er fügt hinzu: »Diese Frau hat siebzehn, achtzehn Stunden pro Tag gearbeitet, das halten auch gestandene Männer nicht aus.« Sie, eine gestandene Frau mit langem Atem, hat es ausgehalten. Unter vier Stunden ist diese Marathonläuferin eher selten geblieben. Sprinten, das war einfach noch nie ihr Ding.

Coda

Angela Merkel hat – ganz gleich wie man ihre Politik von Fall zu Fall bewertet – dem Amt des Bundeskanzlers wieder Ansehen und Würde verliehen, ein Ansehen, das durch das Verhalten zweier Altkanzler arg ramponiert worden war. Helmut Kohl und Gerhard Schröder beförderten durch ihre Leben nach dem Amt Politikverdrossenheit und schürten Ressentiments gegen die Politik insgesamt. Beide Altkanzler vergingen sich gegen den Geist ihrer Volksparteien, weil sie sich – so oder so – über das Volk erhoben. Kohl trat in der Parteispendenaffäre das Gesetz mit Füßen und pflegte ein quasi feudales Amtsverständnis. Was ich darf, darf Lieschen oder Mandy Müller lange nicht. Gerhard Schröder hingegen erweckte durch seine sozial unausgewogenen Agenda-

Reformen einerseits und seine später unverhohlene Geldorientierung andererseits den Eindruck, dass ihm die Klasse und die Partei, aus der er stammte, schnuppe waren. Seine fortgesetzte Kumpelei mit einem Potentaten, der anfänglich als Hoffnungsträger galt, sich aber dann zum Autokraten wandelte, der Schröder gut bezahlte Jobs verschaffte, vermittelte vielen Menschen den Eindruck, Politik sei ein Durchlauferhitzer für skrupellose Karrieristen und das Kanzleramt nur eine Sprosse auf der Ego-Leiter.

Helmut Kohl und Gerhard Schröder ließen sich von den Mythen auffressen, in denen sie sich selbst geborgen glaubten. Als Kanzler der Einheit glaubte sich Kohl imprägniert gegen jede Alltagszumutung und erstarrte in Posen aus Öl, Bronze, aus Marmor und Granit. Gerhard Schröder, schon eher den Mythen der Popkultur zugewandt, sah sich selbst als erfolgreichen Anwalt im Stile Perry Masons, als Macher und Manager, der sein Land wie eine marode Autofirma renovierte und der Belegschaft eine Rosskur verpasste, während er sich selbst an dicken Zigarren labte. Aus diesen stereotypen Mythen, diesen Bildgefängnissen fanden beide Männer nicht mehr heraus. Kohls Leben endete als Tragödie und Schröder lebt eine Farce.

Merkels Beziehung zum Amt der Bundeskanzlerin ist auf faszinierende Weise anders, weil sie einerseits eine mythenresistente Frau ist, andererseits aber gerade dadurch die Mythenmaschinerie so richtig angeworfen hat. Auch als Kanzlerin blieb Merkel immer bodenständig, normal, dem Leben zugewandt, integer. Aber dadurch, dass sie ihr Privatleben sorgfältig abschirmte, machte sie das Amt zur einzigen Kenngröße ihrer Existenz. Die Insignien der Macht scheute sie. Den übergroßen Schreibtisch Gerhard Schröders mied sie. Er war so groß, dass man ihn hätte zerlegen müssen, wenn man ihn hätte austauschen wollen; stattdessen setzte sie sich an einen Konferenztisch nahe der Tür, die meist offen stand, sodass ihr Arbeitsplatz befreit blieb von allen ikonischen Zuschreibungen. Kamen Gäste, empfing sie sie an der Tür, wollten sie Kaffee, schenkte sie gerne selber ein. Das war nicht so sehr Strategie, sondern das Erbe der Mutter, Höflichkeit gegenüber jedem Gast. Sie ging das Amt mit einer gewissen Demut an, nicht mit jener Chuzpe, die ihrem Amtsvorgänger eigen war; der hängte sich einen kopfüber stürzenden Adler von Georg Baselitz an die Wand, womit er sich als Kunstkenner zu erkennen gab und zugleich als ironisch-entspannter Machtmensch, der zeigen wollte, dass er sich weder vom Amt, seinen Amtsvorgängern oder den Bürden der Aufgabe etwas vorschreiben lassen wollte. Angela Merkel hingegen wählte ein eher traditionelleres Adenauer-Gemälde von Oskar Kokoschka, womit sie einerseits den großen Alten der CDU und den ersten Kanzler der Bundesrepublik ehrte und sich andererseits selbst erst mal hintenan stellte. Das Adenauer-Gemälde lenkte auch davon ab, dass sie eher Willy Brandt und Helmut Schmidt in ihrer inneren Kanzlergalerie mit sich trug, aber die konnte sie als CDU-Kanzlerin nun mal nicht in ihrem Büro aufhängen. Ansonsten kaufte sie sich einen schwarzen Globus, um Bildungslücken zu schließen und die Welt im Blick zu haben. Und Blumen. Sie liebte es, das große Zimmer der Macht mit bunten Sträußen aufzuheitern.

Dennoch, wie gegen ihre eigene Absicht, schlich sich über die Jahre das gleichsam Mythische ein, denn die Kanzlerin übte so viel Selbstverzicht, dass ihre Gesten der Bescheidenheit, ihr Verzicht auf pathetische Gesten selbst etwas Heroisches bekamen. Sie, die so demütige und schnörkellose Politikerin, wurde gerade durch die Härte gegen sich selbst, die sich nicht vorzeigte, zur Heroin, zur Heldin in eigentlich postheroischen Zeiten. Sie warb mit dem Slogan »Sie kennen mich« und doch blieb sie undurchschaubar für viele. Das nahezu Unheimliche an ihr ist wohl, dass die öffentliche und die private Figur gar nicht so sehr auseinanderfallen, sonst hätte sie diese Zeitspanne gar nicht durchgehalten, denn die permanente Verstellung höhlt den Wesenskern eines Menschen aus. Verstellt hat sie sich nie, sie hat sich jedoch – und das ist vielleicht noch schwieriger – immer kontrolliert, Affekte beherrscht, einen Teil ihres Wesens auf Eis gelegt, stumm geschaltet. Sie ging in die Politik, weil sie die Freiheit suchte und gestalten wollte, ihre erste Partei, der »Demokratische Aufbruch«, stand schon mit dem Namen dafür, wonach sie strebte: aufbrechen, anfangen, sich Freiheiten erstreiten und verteidigen, die sie zuvor nie kennengelernt hatte. Sie wollte ihre gesamte Herkunftshaut abstreifen, zumindest den Teil, der von dem SED-Staat DDR geprägt war, der so vielen Menschen innere Ketten und Maulkörbe angelegt hatte, der es so schwer gemacht hatte, den aufrechten Gang zu üben und seine Fähigkeiten zu erkunden. Die DDR war auch das Land der tausend toten Träume, weil das System die kreative Selbstentfaltung des Einzelnen verhinderte und ihn in ein klebriges Netz von Phrasen und Lebensdiktaten einwickelte.

Merkel wollte mehr Freiheit wagen, das war auch der Slogan ihrer ersten Regierungserklärung 2005. Aber als sie 1990 vom Demokratischen Aufbruch in die CDU wechselte, als sie Abgeordnete und Ministerin wurde, ja, sogar noch als Kohls Stellvertreterin merkte sie immer wieder, dass ihre Freiheiten sich wieder in engen terminologischen und taktischen Bahnen zu bewegen hatten. Sie musste an ihre Grenzen gehen, um sich frei zu entfalten, aber sie stieß bald an Grenzen, die denen, die sie überwunden glaubte, mitunter verdächtig ähnelten. Um politisch zu überleben, durfte sich die eigene Zunge nur vorsichtig aus der Deckung wagen, sie musste meistens klingen wie die anderen und immer auch den Takt beachten, den die oberste Zunge, die Kanzlerzunge, vorgab. Sie wurde denen, die sie von früher kannten, bisweilen fremder, weil die alte Angela, die DDR-Angela, freier klang als die neue Angela, die CDU-Angela. Ihre Mutter, Herlind Kasner, gab so gut wie nie Interviews, ebenso ihr Vater, nur einmal gelang es einem Fernsehjournalisten des WDR, mit der Mutter ein längeres

Gespräch zu führen. Das war 1993, da war Angela Merkel noch Frauen- und Jugendministerin und sie sollte in den Medien unentwegt ihre Jugendlichkeit und Jugendministerinnen-Tauglichkeit nachweisen. Ihre Mutter sagte damals: »Ich habe Angela eigentlich immer sehr lebhaft und nach außen gewandt, sehr offen erlebt und dieses sehr Beherrschte und Konzentrierte ist mir manchmal auch – ich will nicht sagen fremd, aber neu an ihr. Sie hat natürlich auch durch das naturwissenschaftliche Studium, das sagt sie auch selber immer wieder, gelernt, sehr exakt zu denken, und ich könnte mir vorstellen, dass sie auch in der neuen Position gelernt hat, dass sie nun nicht alles so sagen kann, wie man es vielleicht sagen möchte. Aber ich würde mir schon wünschen, dass so eine gewisse Offenheit dableibt, weil ich denke, die gehört einfach zu ihr und sie wird ja auch hin und wieder erwähnt. Vielleicht ist das schon ein Zugeständnis an das Amt.« Die Jugendministerin war in einer Sendung des WDR zu Gast und wurde mit den Eindrücken der Mutter durch Einspieler konfrontiert, wobei der Zuschauer am Fernsehgerät ihre Gesichtsreaktionen mitlesen konnte, denn immer wieder wurde zwischen dem Einspielfilm und der Studiosituation hin und her geschaltet. Die junge Politikerin fand es höchst unangenehm, dergestalt mit der Wahrnehmung der Mutter konfrontiert zu werden. Sie wollte nicht, dass das Vergangene, dass die Familie Macht über sie hatte, denn sie hatte sich ja früh vom Elternhaus gelöst. Sie achtete von nun an darauf, dass die

Medien nie wieder so einen intimen Zugang zu ihrer Familie fanden.

Dass Angela Merkel ihr Privatleben so entschieden verteidigte, hatte auch damit zu tun, dass sie sich möglichst stark von ihren Amtsvorgängern Helmut Kohl und Gerhard Schröder absetzen wollte. Gerade an diesen ließ sich ja exemplarisch studieren, was Politik, was das Kanzleramt mit Menschen macht, die ihre gesamte Existenz dafür aufs Spiel setzen. Das Unglück, das über Helmut Kohl nach seiner Kanzlerschaft hereinbrach und seine Familie zerstörte, hatte auch damit zu tun, dass diese Familie so in Dienst genommen wurde, dass sie Teil des politisch-symbolischen Spiels und daher selbst zur Zielscheibe des politischen Gegners geworden war. Und auch Gerhard Schröder zerschliss seine Ehen und Familien in und an der Politik, denn die Politik frisst das Private vollständig, wenn man ihr nur den kleinen Finger reicht. Merkel machte diesen ruinösen Raubbau nicht mit. Erst recht nicht ihr Mann, der sich nur ein einziges Mal auf die Besuchertribüne des Bundestages setzte, als seine Frau zur Kanzlerin vereidigt wurde. Und dann hatte er auch noch einen Laptop auf den Knien, augenscheinlich in ein wichtiges, außerhalb der Politik liegendes Thema vertieft, mehr Desinteresse an Öffentlichkeit konnte man gar nicht zur Schau stellen. Diese Politik der Distanz wurde Merkel als Geheimniskrämerei ausgelegt, als Unnahbarkeit und Kälte-Gestus, doch tatsächlich ist die Kanzlerin ein sehr warmherziger und einfühlsamer Mensch, der jedoch findet, dass nicht alles Private politisch sein darf.

So undurchlässig sich Merkel gab, wenn es um ihr Privatleben ging, so durchlässig war die Kanzlerin des Landes für das Land und seine politischen Strömungen. Und auch hier gehörte es zum Programm ihrer Merkeligkeit – das eben kein Programm war –, dass alles immer widersprüchlich daherkam und dialektisch. Sie ist also letztlich eine große Strömungsdurchlässige, weil sie in drei Großen Koalitionen stets den Konsens suchen musste. Sie machte den Ausnahmefall der GroKo zum Regelfall, sicherte dadurch Stabilität, beschwor aber neue und andere Instabilitäten herauf. Sie, die eigentlich auf den politischen und wirtschaftlichen Wettbewerb setzte, setzte damit den Wettbewerb zwischen Regierung und Opposition außer Kraft, denn gegen eine GroKo ließ sich nur schwer ankommen. Sie, die gegen den Mindestlohn war, führte ihn ein, sie, die die Laufzeit der Kernkraftwerke zunächst verlängerte, stieg dann abrupter und radikaler aus der Kernkraft aus als Rot-Grün, sie, die eine Anti-Migrationspartei führte, machte Deutschland zum Einwanderungsland und sie, die gegen die Ehe für gleichgeschlechtliche Paare war, gab die Abstimmung darüber frei und verhalf der »Homo-Ehe« zum Durchbruch, stimmte aber selbst dagegen. Sie, die sich 1989 zuerst bei der SPD umschaute, aber dann doch zum Demokratischen Aufbruch wechselte, landete über den Umweg CDU dann doch bei der

SPD, deren beste Kanzlerin sie wurde, die die Genossen nie hatten. Irgendwie eine verpasste Geschichte. Zugleich wäre Merkel ohne die CDU nie Kanzlerin geworden, denn nur deren hierarchische Fixierung auf Helmut Kohl, nur seine beinahe feudale Macht verhalf ihr zur Blitzkarriere, die in der SPD, die strukturell sehr viel multipolarer war als die Union, so nie gelungen wäre.

Gegen Ende ihrer Amtszeit als Kanzlerin weiß man kaum noch, wie nah sie ihrer Partei ist, in der sie sich mitunter wie eine Fremde fühlte, unverstanden und ungewollt. Sie, die Anti-Charismatikerin, die sich am besten mit dem Charismatiker Barack Obama verstand, hat ihr eigenes Charisma entwickelt und ja, sie – jeder Ekstase abhold – weckt glühende Begeisterung gerade bei jenen, für die die Union ein rotes Tuch, und Hass bei denen, denen die Union nicht schwarz genug ist.

Und schließlich streiten auch in ihrem Abschied entgegengesetzte Tendenzen, aber im besten, eher versöhnlichen Sinne. Ihr gelingt es als erster Kanzlerin, sich bedeutungsvoll bedeutungslos zu machen, indem sie zuerst vom Parteivorsitz zurücktrat und zugleich bekannt machte, dass sie nicht noch einmal zur Wahl antreten werde. Dass ein Kanzler selbstbestimmt abtritt – das gab es in der Geschichte der Bundesrepublik noch nicht. Damit schleicht sie sich einerseits so unauffällig wie möglich davon, aber zugleich schauen alle in besonderer Weise hin, weil ab einem bestimmten Punkt alles als letztes Mal, als Abschiedsgruß, als Adieu gedeutet werden konnte.

Wie bei allen echten Ikonen ist auch Angela Merkels Biografie und Amtszeit von widerstreitenden Motiven durchzogen, es sind gerade die Ambivalenzen, die jene Energieströme freisetzen, die sie zur vitalen, langlebigen Figur machen. Sie ist die Frau, die zitterte, aber immer stand und stehen blieb, selbst wenn sie sich zitternd setzte; sie ist die Frau, die nie Feministin sein wollte, aber wider Willen dazu gemacht wurde; sie liebt die große dramatische Wagner-Oper, aber auf der politischen Bühne gab sie stets die Anti-Drama-Queen; sie hätte für ihr Leben gern Französisch gesprochen, fand aber durch die Lotterie des Lebens zur russischen Sprache; sie war »Kohls Mädchen«, das dann zur »Mutti«, zur Mutter und schließlich zu »Mama Merkel« wurde; sie war die Politikerin, die die Flüchtlinge aufnahm, um ihnen dann doch sehr robuste Grenzen zu setzen. In ihrer Regierungszeit wurde Deutschland als Land reicher und zugleich wuchs die Armut; sie nahm es mit allerlei männlichen Mumien, Monstren und Mutationen auf, ohne dabei zur Eisernen Lady oder zu Lady Macbeth zu werden; sie galt früh als die Klimakanzlerin, viel zu lange aber war sie es nicht und sie trug Europa stets im Herzen, auch wenn ihr Herz durch den Kopf reisen musste. Sie liebte die Freiheit und war doch so viel unfreier als wir, sie galt als die mächtigste Frau der Welt und war doch oft so viel ohnmächtiger als wir und jetzt hat sie Zeit und muss doch erst wieder lernen, Zeit zu haben, ehe es zu spät ist.

Methode und Material

Das vorliegende Buch erhebt Anspruch auf Unvollstän-
digkeit. Die Lücke ist Programm. Die großen politischen Linien sollen hier nicht gezogen, eine geschlos-
sene und lineare Biografie soll nicht vorgelegt werden.
Es geht um Fragmente, Erinnerungssplitter, um über-
schaubare Mitteilungen aus dem Leben der Bundeskanzlerin und des Menschen Angela Merkel. Im besten
Fall lassen sich die kleinen Kapitel als in sich geschlos-
sene Miniaturen lesen, die aber aufeinander verweisen
und hoffentlich eine dialogische Dynamik entfalten.
Nicht immer soll es auf Chronologie ankommen. Mir
war daran gelegen, die Kapitel mitunter wie kleine Erzählungen klingen zu lassen, ohne dass etwas erfunden
worden oder hinzugedichtet worden wäre. Fantasie war
nicht im Spiel, nur gelegentlich Empathie und der Versuch, möglichst anders zu prononcieren, als politische
Biografien es in der Regel tun. Für das Buch habe ich
die unterschiedlichsten Quellen und Materialien aus-
werten können. Die Auswahl des Materials und der Gesprächspartner ist absichtsvoll bunt. Ich habe mit Volker Kauder gesprochen, der Inbegriff des Realpolitikers,
und ich habe mit Günther Jauch gesprochen, der Inbegriff des Showmasters. Zwischen diesen beiden Polen

liegt das Spektrum meiner Gesprächspartner und Interessen.

Im Jahr 2016 habe ich an einem Film über die Kanzlerin gearbeitet, dessen Titel »Die Unerwartete« darauf verwies, dass Angela Merkel eine Politikerin ist, die Veränderungen immer begrüßt hat wie willkommene Überraschungsgäste. Ihre erstaunliche Biografie lebt ja gerade davon, dass das Unwahrscheinlichste, ja das Unglaublichste passierte. Nach diesem ersten Film beschäftigte ich mich ein Jahr später für den Film »Drei Tage im September« mit der Flüchtlingspolitik Angela Merkels und darauf folgten ein Buch (»In der Männer-Republik«) und ein Film (»Die Unbeugsamen«) über Politikerinnen in der alten Bonner Republik. Für diese Projekte vertiefte ich meine Recherchen zur Bundeskanzlerin und sprach mit zahlreichen Politikerinnen, die ihren Weg gekreuzt hatten oder als ihre Vorläuferinnen betrachtet werden können. Der Vorteil bei der Verschränkung dieser Buch- und Filmprojekte war, dass ich einerseits sehr viele Interviews und Hintergrundgespräche führen, andererseits aber auch die meisten deutschen Film- und Fernseharchive nach Angela Merkel durchforsten konnte. Das war eine faszinierende Zeitreise durch vergangene Medienbilder, weil all die alten Talkshowauftritte, Reportagen, »Berichte aus Bonn«, Dokumentationen, »Tagesschauen« oder Magazinbeiträge sehr viel erzählen, aber auch schnell wieder vergessen sind. Es gibt seit 1990 so viel Merkel-Material in den Archiven, dass das, was eben noch aktuell war, bereits morgen schon von gestern ist und übermorgen längst vergessen. Zu sehen, wie die »blutjunge« Jugendministerin Merkel durch Diskotheken, Dörfer, Jugendclubs und sämtliche Provinzen zieht, ist aufschlussreich und es kommt einem vor, als reiste man mit ihr in ein unbekanntes Land. Man sieht förmlich, wie sich die politische Quereinsteigerin immer wieder aufs Neue über die Bewohner der alten Bundesländer wundert, wie sie mit einem gleichsam ethnologischen Blick auf die Autochthonen dieser fremden Stämme blickt und sich fragt, was diese eigentlich zum Gelingen der Deutschen Einheit beitragen.

Eine wichtige Auskunftsquelle waren auch die Reden der Bundeskanzlerin jenseits des Bundestages. Genau gezählt habe ich sie nicht, aber es dürften an die tausend Reden sein, die ich auf der Suche nach persönlichen Einsprengseln durchstreift habe, die meisten dieser Reden sind online verfügbar. In diesen tagtäglichen Reden der Kanzlerin – bei Arbeitnehmer- oder Arbeitgeberverbänden, beim Bauernverband oder bei den Landfrauen, zu Firmenjubiläen, im Wahlkampf, zu Festtagen, auf Messen, in Schulen oder Museen, bei Preisverleihungen oder Ehrungen – finden sich immer wieder improvisierte Passagen, wo man feststellt, dass sie die vorgeschriebenen Texte verlässt und einer plötzlichen Eingebung folgend etwas aus ihrem Leben erzählt, um den Vortrag aufzulockern. Das sind selten gravierende Dinge, aber es sind – auf dem Weg zu einem Porträt – viele kleine Mosaiksteine. Wenn man dazu noch die Videoaufzeichnungen studiert – und es kommt mittlerweile kaum noch vor, dass solche Termine nicht filmisch festgehalten werden –, dann entdeckt man bisweilen wieder Abweichungen von den protokollierten Reden, die interessant sind. So etwa 2017, als die Bundeskanzlerin das Oberlin-Haus in Potsdam besucht, eine diakonische Einrichtung. Hier erzählt die Kanzlerin aus ihrer Kindheit und Jugend und auch in einem anschließenden Talk kommt sie auf ihre Zeit auf dem Waldhof zurück. Sie unterbricht ihren Vortrag und auch das anschließende Gespräch mit dem Vorstand des Hauses, weil sie sich in der Kirche, wo die Veranstaltung stattfindet, von den zahlreichen Fotografen gestört fühlt. Zunächst mahnt sie die Fotografen mit Witz, dann aber auch mit Strenge, und sie erläutert, dass ihr Verständnis von Andacht und Kirchenraum sich nicht mit den klickenden Kameras verträgt. Solche Paraphrasen, oder sagen wir Abweichungen vom Protokoll, finden sich durch die Jahre immer wieder und lassen den Menschen Merkel neben der Politikerin nach vorne treten.

Manches Mal hätte ich gerne auch das Film- und Fernsehmaterial ausführlicher montiert, wie in einem Film miteinander verschränkt, ohne es zu kommentieren oder in einen Kontext zu betten, aber dazu war einerseits die Materialfülle viel zu groß und andererseits hätte es dem Rahmen der anekdotischen Zuspitzung und Verknappung widersprochen.

Hier sei nur ein Beispiel angeführt. Es ist eine Szene aus Sabine Christiansens Talkshow, in der Angela Merkel zwischen 1998 und 2005 sage und schreibe 24-mal aufgetreten ist. Dieses Beispiel ist aus dem Jahr 2003. Die Konstellation ist interessant, weil hier neben Angela Merkel die amerikanische Politikerin Hillary Rodham Clinton zu Gast ist, die als nächste mögliche Präsidentschaftskandidatin der Demokraten gehandelt wird und damit auch als Vorbild für Angela Merkel gilt. Auf die Frage, wie sehr Politik unter der Beschleunigung der neuen digitalen Medien leide, antwortet Merkel: »Ich glaube, dass eine der Führungsqualitäten des 21. Jahrhunderts sein muss, dass man auch mal versucht zu schweigen, dass man auch mal sagt, bitte noch einmal warten, weil ich habe noch keine abgeschlossene Meinung dazu. Politik jedenfalls in Deutschland hat viel zu lange den Eindruck erweckt, wir könnten alles sofort und würden für alles verantwortlich sein. Und ich glaube, gute Politik muss auch ein Stück den Verantwortungsbereich begrenzen, den dann aber auch gut ausfüllen und irgendwann auch mal sagen: ›Ich muss jetzt nach Hause.‹ Ich mache zum Beispiel immer das Experiment, wenn ich Samstagnachmittag um fünf Uhr von irgendwo wegfahre, dann sagt der Veranstalter: ›Sie muss zum nächsten Termin.‹ Ich sage: ›Wenn Sie das noch einmal sagen, sage ich selber, dass ich nach Hause muss.‹ Ich bin ein Mensch, der muss einmal in der Woche nach Hause und ich werde das auch beibehalten, egal, wohin mich das Leben führt.« In diesem Aufruf zum Innehalten, diesem Aufruf zur zeitweisen Stille und heimatlichen Besinnung steckt schon die ganze

Merkel. Dieses Programm hat sie auch als Kanzlerin durchgehalten, auch ihre politische Technik hat viel mit bewusster Wortenthaltung, mit Abwarten und Tempodrosselung zu tun. Merkel wusste früh, dass man seine Ressourcen schonen muss, wenn man lange durchhalten will, und dass man die Uhr auch mal anhalten muss, um nicht von den gefräßigen Zeigern dieser Welt, ihren Imperativen und Forderungen verschlungen zu werden.

Auch wenn ich nur einen Bruchteil dieser Archivfunde hier aufzeigen oder andeuten konnte, gaben mir diese Zeitreisen und retrospektiven Erkundungen doch eine Ahnung davon, wie Merkel über Jahrzehnte hinweg spricht, sich ausdrückt, sich vor der Kamera positioniert, wie sie mit Angriffen und Attacken umgeht. Dieser Merkel-Sound im Ohr half auch da, wo es darum ging, Merkels Meinungen, Empfindungen oder Gedanken anzudeuten. Immer dort, wo die Anmutung eines inneren Monologs entsteht, habe ich dabei stets auf Merkel-Zitate, Dialoge oder Interviews zurückgegriffen. Nichts wurde erfunden, allenfalls atmosphärisch kontextualisiert, wenn es etwa darum ging, Nuancen anzudeuten oder Szenen einen anschaulichen Raum zu geben. Nur an einer Stelle habe ich mir die Freiheit genommen, Merkel-Sound zu erfinden: in der Miniatur »Auf dem Fensterbrett«, die Horst Seehofers Eisenbahnkeller schildert. In diesem Stück habe ich den Gedankenstrom der Playmobil-Figur Merkel erfunden, darauf vertrauend, dass der Leser erkennt, dass es hier nicht um Faktizität, sondern um Stimmung geht. Diese

Freiheit habe ich mir in diesem einzelnen Stück auch gegenüber Horst Seehofer herausgenommen, obwohl das, was er da sagt oder denkt, zu etwa neunzig Prozent authentische Seehofer-Rede ist; ich habe verschiedene Interviews Seehofers mit Informationen verschränkt, die ich aus Hintergrundgesprächen gewonnen hatte, und dieser Rede einen Rhythmus verliehen. Diese Miniatur ist aber – was die relativ freie Ausgestaltung angeht – die Ausnahme, ich habe es mir an dieser Stelle auch deshalb erlaubt, weil dieses Szenario selbst in der Realität so skurril ist und wie erfunden wirkt: ein Minister, der schon immer ein Erzrivale der Kanzlerin war, sitzt in seinem Eisenbahntraumland mit einer Playmobil-Figur, die die Kanzlerin darstellt. Ließe sich diese Szene nicht ausführlich in einer Fernsehdokumentation bestaunen, man würde sie kaum glauben.

Für dieses Buch habe ich deutlich über hundert Gespräche, Interviews und Hintergrundgespräche geführt. Manchmal waren es kurze Telefonate, manchmal stundenlange Begegnungen, oftmals sehr intensive Zeitreisen. Manche Gesprächsfäden spannen sich über Jahre. Für Hinweise, Erinnerungen, Tipps, Kontaktanbahnungen, Fehlermeldungen und Unterstützung bedanke ich mich bei Dieter Anschlag, Renate Augstein, Beate Baumann, Iris Berben, Bernd Birnbaum, Robert Birnbaum, Daniel Biskup, Thorben Bockelmann, Peter Brandt, Nikolaus Brender, Melanie Brinkmann, Regina Claussen, Karin Clement, Gitta Connemann, Herta Däubler-Gmelin, Adnan Demirsöz, Kristina Dunz, Annette Dittert,

Ulf Fink, Nico Fried, Ines Geipel, Regina Görner, Robert Habeck, Elisabeth Haines, Gerda Hasselfeldt, Dieter Hackler, Jürgen Hardt, Margaret Heckel, Günther Jauch, Margot Käßmann, Volker Kauder, Gottfried Kerner, Stephanie Kratz, Peter Kurth, Friedrich Küppersbusch, Ursula Männle, Ulrich Matthes, Sabine Gräfin von Nayhauß-Cormons, Christel Neudeck, Ursula Ott, Hans Helmut Prinzler, Peter Tauber, Susanne Rast, Matthias Rau, Johanna Martina Rief, Diemut Roether, Gabriele Rogowski, Michael Rogowski, Michael Prinz zu Salm-Salm, Annette Schavan, Walter Schels, Volker Schlöndorff, Ulla Schmidt, Matthias Schmidt, Steffen Seibert, Josef Albert Slominski, Georg Streiter, Jutta Struck, Reinhard Wiesner, Cornelia Yzer.

Literatur

Alexander, Robin: Die Getriebenen. Merkel und die Flüchtlingspolitik, München 2017.
Alexander, Robin: Machtverfall, München 2021.

Bannas, Günter: Machtverschiebung. Wie die Berliner Republik unsere Politik verändert hat, Berlin 2019.
Baring, Arnulf/Schöllgen, Gregor: Kanzler. Krisen. Koalitionen. Von Konrad Adenauer bis Angela Merkel, München 2006.
Bierling, Stephan: Vormacht wider Willen. Deutsche Außenpolitik von der Wiedervereinigung bis zur Gegenwart, München 2014.
Biskup, Daniel: Angela Merkel. Aufnahmen von 1990 bis 2019, Augsburg 2019.
Blome, Nikolaus: Angela Merkel. Die Zauder-Künstlerin, München 2013.
Bollmann, Ralph: Die Deutsche. Angela Merkel und wir, Stuttgart 2013.
Bollmann, Ralph: Angela Merkel. Die Kanzlerin und ihre Zeit, München 2021.
Boysen, Jacqueline: Angela Merkel. Eine Karriere, Berlin 2005.
Brandt, Lars: Andenken, Hamburg 2007.

Crawford, Alan/Czuczka, Tony: Angela Merkel. A chancellorship forged in crisis, Cornwall 2013.

Dausend, Peter/Knaup, Horand: »Alleiner kannst Du gar nicht sein.« Unsere Volksvertreter zwischen Macht, Sucht und Angst, München 2020.

De Maizière, Thomas: Damit der Staat den Menschen dient, München 2013.

Dempsey, Judy: Das Phänomen Merkel. Deutschlands Macht und Möglichkeiten, Hamburg 2013.

Foroutan, Naika/Hensel, Jana: Die Gesellschaft der Anderen, Berlin 2020.

Gloger, Katja/Mascolo, Georg: Ausbruch. Innenansichten einer Pandemie, München 2021.

Graf von Bassewitz, Sebastian (Hg.): Angela Merkel. Das Porträt, München 2009.

Hachmeister, Lutz: Nervöse Zone. Politik und Journalismus in der Berliner Republik, München 2007.

Heckel, Margaret: So regiert die Kanzlerin, München 2009.

Herzau, Andreas: AM, Zürich 2018.

Illner, Maybrit (Hg.): Frauen an der Macht, München 2005.

Kershaw, Ian: Achterbahn. Europa 1950 bis heute, München 2019.

Koelbl, Herlinde: Spuren der Macht, München 2002.

Kornelius, Stefan: Angela Merkel. Die Kanzlerin und ihre Welt 2013.

König, Ewald: Merkels Welt zur Wendezeit, Halle 2015.

Kunze, Reiner: auf eigene hoffnung, gedichte, Frankfurt am Main 1987.

Kurbjuweit, Dirk: Angela Merkel. Die Kanzlerin für alle?, München 2009.

Kurbjuweit, Dirk: Alternativlos. Merkel, die Deutschen und das Ende der Politik, München 2014.

Langguth, Gerd: Angela Merkel, München 2005.

Langguth, Gerd: Kohl. Schröder. Merkel. Machtmenschen, München 2009.

Lau, Miriam: Die letzte Volkspartei. Angela Merkel und die Modernisierung der CDU, München 2009.

Leinemann, Jürgen: Höhenrausch. Die wirklichkeitsleere Welt der Politiker, München 2005.

Leßnerkraus, Patricia: Merkel. Macht. Politik, Saarbrücken 2005.

Leutheusser-Schnarrenberger, Sabine: Haltung ist Stärke, München 2017.

Merkel, Angela: Der Preis des Überlebens, Stuttgart 1997.

Merkel, Angela: Mein Weg. Angela Merkel im Gespräch mit Hugo Müller-Vogg, Hamburg 2004.

Minkmar, Nils: Der Zirkus. Ein Jahr im Innersten der Politik, Frankfurt am Main 2013.

Mishra, Robin (Hg.): Angela Merkel. Machtworte. Die Standpunkte der Kanzlerin, Freiburg 2010.

Neudeck, Rupert: Radikal leben, Gütersloh 2015.

Obama, Barack: A promised land, New York 2020.

Oehmke, Philipp: Die Toten Hosen. Am Anfang war der Lärm, Hamburg 2015.

Qvortrup, Matthew: Angela Merkel. Europe's most influential leader, London 2016.

Renterghem, Marion van: C'était Merkel, Paris 2021.

Resing, Volker: Angela Merkel. Die Protestantin, Freiburg im Breisgau 2017.

Reuth, Ralf Georg/Lachmann, Günther: Das erste Leben der Angela M., München 2013.

Rhodes, Ben: The world as it is. Inside the Obama White House, London 2019.

Rinke; Andreas: Das Merkel-Lexikon. Die Kanzlerin von A–Z, Springe 2016.

Roll, Evelyn: Die Kanzlerin, Angela Merkels Weg zur Macht, Berlin 2013.

Schindhelm, Michael: Roberts Reise, München 2000.

Schlarmann, Josef: Angela Merkel aus der Nähe, Hamburg 2017.

Schöllgen, Gregor: Gerhard Schröder. Die Biografie, München 2015.

Schramm, Julia: Fifty Shades of Merkel, Hamburg 2016.

Schröder, Gerhard: Entscheidungen. Mein Leben in der Politik, Hamburg 2006.

Schumacher, Hajo: Die zwölf Gesetze der Macht. Angela Merkels Erfolgsgeheimnisse, München 2006.

Schwan, Heribert/Jens, Tilman: Vermächtnis. Die Kohl-Protokolle, München 2014.

Schwarz, Hans-Peter: Helmut Kohl. Eine politische Biographie, München 2014.

Schwartz, Patrick (Hg.): Angela Merkel. Die Unerwartete, Hamburg 2011.

Schwarzer, Alice: Damenwahl. Vom Kampf ums Frauenwahlrecht bis zur ersten Kanzlerin, Köln 2008.

Schwarzer, Alice: Lebenswerk, Köln 2020.

Simon, Jana: Das explodierte Ich. Menschen zwischen Abgrund und Aufbruch, Berlin 2014.

Sternburg von, Wilhelm (Hg.): Die deutschen Kanzler. Von Bismarck bis Merkel, Berlin 2006.

Stock, Wolfgang: Angela Merkel. Eine politische Biografie, München 2000.

Süssmuth, Rita: Wer nicht kämpft, hat schon verloren. Meine Erfahrungen in der Politik, München 2002.

Tauber, Peter: Du musst kein Held sein. Spitzenpolitiker, Marathonläufer, aber nicht unverwundbar, München 2020.

Tooze, Adam: How a decade of financial crises changed the world, London 2019.

Willemsen, Roger: Das Hohe Haus. Ein Jahr im Parlament, Frankfurt am Main 2015.

1. Auflage 2022

© 2021, 2022, Verlag Kiepenheuer & Witsch, Köln
Alle Rechte vorbehalten
Umschlaggestaltung und -motive: Rudolf Linn, Köln
Gesetzt aus der Scala Pro Regular
Satz: Buch-Werkstatt GmbH, Bad Aibling
Druck und Bindung: GGP Media GmbH, Pößneck
ISBN 978-3-462-00400-7

TORSTEN KÖRNER

IN DER MÄNNER-REPUBLIK

WIE FRAUEN DIE POLITIK EROBERTEN

KiWi

Die Bundesrepublik war lange eine Männerrepublik. Männer schrieben Geschichte. Männer gaben den Ton an. Frauen, die sich politisch engagierten, waren wenig sichtbar. »In der Männer-Republik« ist die spannende Chronik des Kampfes um politische Gleichberechtigung.

»Ein sehr lesenswertes Buch« *Margarete Stokowski, Der Spiegel*

Leseproben und mehr unter www.kiwi-verlag.de